35,57

RUDOLF STEINER GESAMTAUSGABE
VORTRÄGE

VORTRÄGE VOR MITGLIEDERN
DER ANTHROPOSOPHISCHEN GESELLSCHAFT

RUDOLF STEINER

Das Verhältnis der Sternenwelt zum Menschen und des Menschen zur Sternenwelt

Die geistige Kommunion der Menschheit

Zwölf Vorträge, gehalten in Dornach
vom 26. November bis 31. Dezember 1922

1984

RUDOLF STEINER VERLAG
DORNACH/SCHWEIZ

Nach vom Vortragenden nicht durchgesehenen Nachschriften
herausgegeben von der Rudolf Steiner-Nachlaßverwaltung

Die Herausgabe besorgten Ernst Weidmann † und Edwin Froböse

1. Auflage, in zwei Bänden, Dornach 1927

2. Auflage, in einem Band, Dornach 1955

3. Auflage Gesamtausgabe Dornach 1966

4. Auflage (photomechanischer Nachdruck)
Gesamtausgabe Dornach 1976

5. Auflage (photomechanischer Nachdruck)
Gesamtausgabe Dornach 1984

Bibliographie-Nr. 219

Zeichnungen im Text nach Tafelzeichnungen Rudolf Steiners,
ausgeführt von Assja Turgenieff †

ISBN 3-7274-2190-8 (Ln)   3-7274-2191-6 (Kt)

Zu den Veröffentlichungen
aus dem Vortragswerk von Rudolf Steiner

Die Grundlage der anthroposophisch orientierten Geisteswissenschaft bilden die von Rudolf Steiner (1861–1925) geschriebenen und veröffentlichten Werke. Daneben hielt er in den Jahren 1900–1924 zahlreiche Vorträge und Kurse, sowohl öffentlich wie auch für die Mitglieder der Theosophischen, später Anthroposophischen Gesellschaft. Er selbst wollte ursprünglich, daß seine durchwegs frei gehaltenen Vorträge nicht schriftlich festgehalten würden, da sie als «mündliche, nicht zum Druck bestimmte Mitteilungen» gedacht waren. Nachdem aber zunehmend unvollständige und fehlerhafte Hörernachschriften angefertigt und verbreitet wurden, sah er sich veranlaßt, das Nachschreiben zu regeln. Mit dieser Aufgabe betraute er Marie Steiner-von Sivers. Ihr oblag die Bestimmung der Stenographierenden, die Verwaltung der Nachschriften und die für die Herausgabe notwendige Durchsicht der Texte. Da Rudolf Steiner aus Zeitmangel nur in ganz wenigen Fällen die Nachschriften selbst korrigieren konnte, muß gegenüber allen Vortragsveröffentlichungen sein Vorbehalt berücksichtigt werden: «Es wird eben nur hingenommen werden müssen, daß in den von mir nicht nachgesehenen Vorlagen sich Fehlerhaftes findet.»

Über das Verhältnis der Mitgliedervorträge, welche zunächst nur als interne Manuskriptdrucke zugänglich waren, zu seinen öffentlichen Schriften äußert sich Rudolf Steiner in seiner Selbstbiographie «Mein Lebensgang» (35. Kapitel). Der entsprechende Wortlaut ist am Schluß dieses Bandes wiedergegeben. Das dort Gesagte gilt gleichermaßen auch für die Kurse zu einzelnen Fachgebieten, welche sich an einen begrenzten, mit den Grundlagen der Geisteswissenschaft vertrauten Teilnehmerkreis richteten.

Nach dem Tode von Marie Steiner (1867–1948) wurde gemäß ihren Richtlinien mit der Herausgabe einer Rudolf Steiner Gesamtausgabe begonnen. Der vorliegende Band bildet einen Bestandteil dieser Gesamtausgabe. Soweit erforderlich, finden sich nähere Angaben zu den Textunterlagen am Beginn der Hinweise.

INHALT

Für Marie Steiner

Sterne sprachen einst zu Menschen,
Ihr Verstummen ist Weltenschicksal;
Des Verstummens Wahrnehmung
Kann Leid sein des Erdenmenschen;
In der stummen Stille aber reift
Was Menschen sprechen zu Sternen;
Ihres Sprechens Wahrnehmung
Kann Kraft werden des Geistesmenschen.

25. Dez. 1922.   Rudolf Steiner.

ERSTER VORTRAG

Dornach, 26. November 1922

Von dem Durchgang des Menschen durch die beiden Seiten seines Lebens, durch die geistige Welt zwischen dem Tode und einer neuen Geburt und durch die physisch-irdische Welt zwischen der Geburt und dem Tode, sollen diese Vorträge handeln.

Ich möchte heute an einiges erinnern, was uns innerhalb der letzten Vorträge hier vor die Seele getreten sein kann. Ich sagte Ihnen: In der wichtigsten Zeit, welche verfließt zwischen dem Tode und einer neuen Geburt, findet sich der Mensch innerhalb der geistigen Welt mit einem wesentlich höheren Bewußtsein, als er es hier innerhalb des physischen Leibes auf der Erde hat. – Wenn wir hier auf der Erde in unserem physischen Leib stehen, so hängt ja dieses irdische Sinnen- und Nervenbewußtsein ab von der Gesamtorganisation des Menschen. Wir fühlen uns als Menschen hier, indem wir innerhalb unserer Haut tragen: unsere Gehirnorganisation, unsere Lungen-, Herzorganisation und so weiter. Das ist dasjenige, wovon wir sagen können, es ist in unserem Innern. Das aber, was um uns herum ist, mit dem fühlen wir uns verbunden, sei es durch unsere Sinne, sei es durch unsere Atmung, sei es durch unsere Nahrungsaufnahme.

Wenn wir nun in jenem Zustande leben, der da verfließt zwischen dem Tode und einer neuen Geburt, so können wir nicht in dem gleichen Sinne von unserem Innern sprechen. Denn in dem Augenblick, wo wir durch die Pforte des Todes gehen, ja schon in dem Augenblick, wo wir in den Schlaf hinübergehen, wenn da auch das Bewußtsein herabgelähmt ist – die bewußtlosen Lebenszustände laufen doch so ab, wie ich sie dargestellt habe –, befinden wir uns in einem solchen Zustande, daß wir eigentlich da die ganze Welt, das Weltenall als unser Inneres bezeichnen können.

Während wir also hier auf der Erde eine Organisation haben, die sich in unseren Organen und deren Wechselwirkung innerhalb der Haut offenbart, offenbart sich uns – im Schlafe bloß bewußtlos, aber lebensvoll zwischen dem Tod und einer neuen Geburt, vollbewußt –

unser Inneres als ein Sterneninneres. Wir fühlen uns der Sternenwelt gegenüber so, daß wir zu den Wesenheiten der Sterne ebenso sagen, sie seien unser Inneres, wie wir hier zu Lunge und Herz sagen, sie gehören zu unserem physischen Inneren. Wir haben vom Einschlafen bis zum Aufwachen ein kosmisches Leben. Wir haben von dem Tode bis zu einer neuen Geburt ein kosmisches Bewußtsein. Dasjenige, was hier auf der Erde Außenwelt ist, insbesondere wenn wir den Blick hinausrichten in die Weiten des Weltenraumes, das wird zu unserem Inneren.

Und was stellt sich uns in der geistigen Welt als das Äußere dar? Unser Äußeres wird gerade das, was jetzt unser Inneres ist. Unser Äußeres wird der Mensch selbst, aber der Mensch in einer ganz besonderen Weise, der Mensch so, daß wir dasjenige, was dann Äußeres ist, wie eine Art geistigen Keim aufbauen, aus dem hervorgehen soll unser künftiger physischer Erdenkörper. Im Zusammenhang mit den Wesenheiten der höheren Hierarchien arbeiten wir diesen Geistkeim aus. Der ist vorhanden in einem bestimmten Zeitpunkte des Durchlaufens des Lebens zwischen dem Tode und einer neuen Geburt. Er ist als Geistwesenheit da, aber er trägt als Geistwesenheit in sich die Kräfte, welche dann den physischen Leib des Menschen organisieren, so wie, sagen wir, der Pflanzenkeim in sich trägt die Kräfte, welche die spätere Pflanze organisieren. Nur müssen wir uns den Pflanzenkeim klein, die Pflanze groß vorstellen; der Geistkeim des menschlichen physischen Organismus aber ist sozusagen ein Universum von unermeßlicher Größe, obwohl im eigentlichen Sinne von «groß» zu sprechen ja für diese Zustände nicht mehr ganz richtig ist.

Ich habe aber auch darauf hingedeutet, daß dieser Geistkeim uns gewissermaßen in einer gewissen Zeit entfällt. Wir fühlen von einer gewissen Zeit an: wir haben den Geistkeim unseres physischen Organismus im Zusammenhange mit andern Wesen des Weltenalls, mit Wesen der höheren Hierarchien ausgearbeitet; wir haben ihn bis zu einem gewissen Punkte gebracht. Dann entfällt er uns, und er senkt sich ein in die physischen Erdenkräfte, mit denen er verwandt ist und die vom Vater und von der Mutter kommen. Er verbindet sich mit dem Menschlichen der Vererbungsströmung. Er geht früher auf die Erde herunter als wir selbst als geistig-seelische Menschen, so daß wir noch eine wenn auch kurze Zeit in der geistigen Welt zubringen, wenn schon der Kräftezusammenhang unseres physischen Organismus auf die Erde heruntergegangen ist und als solcher in dem Menschenkeim im Leibe der Mutter lebt.

In dieser Zeit, da ziehen wir zusammen aus dem Weltenäther die Kräfte und Substanzen des Weltenäthers selber und bilden unseren Ätherleib zu unserem astralischen Leib und dem Ich hinzu. Und als solches Wesen im Ich und im astralischen Leib und Ätherleib kommen wir selber zur Erde herunter und verbinden uns mit dem, was aus dem schon früher heruntergeschickten Geistkeim geworden ist. Wer diesen Vorgang genauer betrachtet, dem wird ganz besonders klar, wie der Mensch eigentlich in seinem Verhältnisse zum Weltenall steht. Und es wird einem das klar, wenn man vor allen Dingen auf drei Äußerungen der Menschenwesenheit hinschaut, auf die hier und an andern Orten im anthroposophischen Zusammenhange auch schon aufmerksam gemacht worden ist, wenn man hinschaut auf jene drei Äußerungen der Menschennatur, durch welche der Mensch eigentlich das Wesen wird, das er auf der Erde ist.

Wir werden eigentlich ganz anders als Kind geboren, als wir dann später sind. Wir lernen erst auf der Erde gehen, sprechen, denken. Dasjenige, was, ich möchte sagen, dumpf bleibt beim Menschen zwischen der Geburt und dem Tode, der Wille, und was halb dumpf bleibt, das Gefühl, sie sind, wenn auch in einer primitiven Weise, schon beim ganz kleinen Kinde vorhanden. Das Gefühlsleben, wenn es auch ganz nur den inneren Funktionen zugewendet ist, es ist beim kleinen Kinde vorhanden. Das Willensleben ist vorhanden. Dafür sind ein Beweis die, wenn auch chaotischen Bewegungen, die das Kind ausführt.

Daß aus dem Gefühlsleben und aus dem Willensleben im späteren Daseinsalter etwas anderes wird, als es beim Kinde ist, davon ist die Ursache, daß sich allmählich das Denken ausbildet und dieses Denken das Gefühl durchdringt, den Willen durchdringt, und so Gefühl und Wille etwas Vollkommeneres werden. Aber sie sind eben beim Kinde schon vorhanden. Dagegen ist das Denken etwas, was das Kind erst hier auf der Erde ausbildet, im Zusammenhange mit andern Menschen, was es gewissermaßen unter der Lehre der andern Menschen ausbildet. Ebenso ist es mit dem Gehen und Sprechen, die vor dem Denken von dem Kinde angeeignet werden.

Wer für das wahrhaft Menschliche ein genügend tiefes Gefühl hat, dem wird schon aus der Betrachtung, wie das Kind sich durch Gehen, Sprechen und Denken entwickelt, aufgehen, welche bedeutungsvolle Rolle dieses Gehen, Sprechen und Denken in der menschlichen Erdenentwickelung spielt. Aber der Mensch ist eben nicht nur ein Erdenwesen. Der Mensch ist ein Wesen, welches ebenso, wie es der Erde und ihren Kräften, ihren Substanzen angehört, auch angehört der geistigen Welt, den Wesenheiten der höheren Hierarchien, den Tätigkeiten, die sich abspielen zwischen den einzelnen Wesen dieser höheren Hierarchien. Der Mensch gehört sozusagen nur mit dem einen Teile seines Wesens dem irdischen Dasein an, mit dem andern Teil seines Wesens gehört er einer Welt an, die nicht die sinnliche ist.

In dieser Welt, die nicht die sinnliche ist, bereitet er, wie ich schon erwähnt habe, seinen Geistkeim. Ich habe Ihnen gesagt, man soll ja nicht glauben, daß alle Kultur- und Zivilisationstaten der Menschen auf der Erde, so kompliziert und so großartig sie sein mögen, an Großartigkeit das erreichen, was getan wird zwischen den Menschen und den Wesenheiten der höheren Hierarchien, um dieses ganze Wunder des menschlichen physischen Organismus zunächst in der geistigen Welt aufzubauen. Aber das, was da aufgebaut wird, und was, wie ich dargestellt habe, eigentlich vor uns auf die Erde heruntergeschickt wird, das ist doch etwas anders organisiert als dasjenige, was dann hier auf Erden als Mensch vorhanden ist zwischen der Geburt und dem Tode.

Dasjenige, was da der Mensch aufbaut am Geistkeim seines physischen Organismus, hat auch Kräfte in sich. Der ganze Aufbau, der sich dann zusammenschließt mit dem physischen Menschenkeim, der eigentlich zum physischen Menschenkeim wird, indem er die Substanzen von den Eltern nimmt, der ist mit allen möglichen Eigenschaften und Kräften ausgerüstet; nur zu drei Dingen bekommt er innerhalb der geistigen Welt selbst keine Kräfte, und das sind gerade das Denken, das Sprechen, das Gehen. Denken, Sprechen und Gehen sind durchaus menschliche Tätigkeiten auf der Erde.

14

Nehmen wir einmal das Gehen, nehmen wir überhaupt alles, was mit dem Gehen verwandt ist, ich könnte sagen, das Orientieren des Menschen innerhalb seines physischen Erdendaseins überhaupt. Denn schließlich, wenn ich den Arm bewege, wenn ich den Kopf bewege, so ist das ja auch etwas, was verwandt ist mit dem Mechanismus des Gehens. Das Aufrichten des Menschen im kindlichen Alter ist ein Orientieren. All das hängt zusammen mit dem, was man die Schwerkraft der Erde nennt, hängt zusammen mit der Tatsache, daß alles, was physisch auf der Erde lebt, ein Gewicht hat. Bei dem aber, was als Geistkeim ausgebildet wird zwischen dem Tode und einer neuen Geburt, kann man nicht von einem Gewicht, nicht von einer Schwere reden.

Es hat also alles das, was mit dem Gehen zusammenhängt, mit der Schwerkraft zu tun. Es ist ein Überwinden der Schwerkraft. Es ist ein Sich-Hineinstellen in die Schwerkraft. Indem wir ein Bein heben zu einem Schritt, fügen wir uns in die Schwerkraft hinein. Das eignen wir uns erst auf der Erde an, dieses Sich-Hineinstellen in die Schwerkraft, das ist nicht vorhanden zwischen dem Tode und einer neuen Geburt, aber es hat sein Analogon dort. Auch dort haben wir eine Orientierung, nur ist es nicht die in der Schwerkraft, denn in der geistigen Welt gibt es keine Schwerkraft, gibt es kein Gewicht. Dort ist die Orientierung lediglich eine geistige, und zwar so, daß dem, was hier auf der Erde entspricht dem Aufheben eines Beines, dem Sich-Hineinstellen in die Schwerkraft, daß dem in der geistigen Welt entspricht das Verwandtwerden, sagen wir mit einem Wesen der höheren Hierarchien, das der Form der Angeloi oder Archangeloi angehört. Fühle ich mich innerlich seelisch nahe unter dem Einflusse eines Wesens aus der Hierarchie der Angeloi, oder sagen wir der Exusiai, mit denen der Mensch zusammenarbeitet, so orientiert sich der Mensch zwischen dem Tode und einer neuen Geburt. Wie wir es hier auf der Erde mit unserem Gewicht zu tun haben, haben wir es dort zu tun mit dem, was an Sympathiekräften mit unserem eigenen menschlichen Wesen von den einzelnen Wesen der höheren Hierarchien ausgeht.

Es ist nicht so wie bei der Schwerkraft, die eine Richtung hat: hin zur

Erde. Das, was dort in der geistigen Welt der Schwerkraft entspricht, hat alle Richtungen, denn die geistigen Wesen der höheren Hierarchien sind nicht zentral geordnet, sie sind überall, und die Orientierung ist nicht eine solch geometrische, möchte man sagen, wie die Schwere-Orientierung nach dem Mittelpunkte der Erde, sie ist eine Orientierung nach allen Richtungen hin. Je nachdem der Mensch seine Lunge aufzubauen hat, oder irgend etwas anderes zu arbeiten hat in Verbindung mit den Wesen der höheren Hierarchien, kann er sagen: Es zieht mich an die dritte Hierarchie, es zieht mich an die erste Hierarchie. – Er fühlt sich hineingestellt in die ganze Welt der Hierarchien. Er fühlt sich gewissermaßen nach allen Seiten, nicht physisch wie durch die Schwerkraft, sondern geistig, gezogen oder wohl auch abgestoßen. Das entspricht in der geistigen Welt der physischen Orientierung innerhalb der Schwere auf Erden.

Hier auf der Erde lernt der Mensch sprechen, und das gehört wiederum zu seinem Erdenwesen. Sprechen können wir nicht innerhalb der geistigen Welt zwischen dem Tode und einer neuen Geburt. Zum Sprechen gehören die physischen Sprachorgane. Die sind nicht da, aber wir haben innerhalb der geistigen Welt zwischen dem Tode und einer neuen Geburt folgende Erlebensform: wir fühlen uns abwechselnd rhythmisch gewissermaßen zusammengezogen in unser eigenes Menschenwesen. Da zieht sich unser viel höheres Bewußtsein zusammen. Wie wir hier auf der Erde den Schlaf haben, wo wir uns in uns selbst abschließen, so schließen wir uns auch zwischen dem Tode und einer neuen Geburt in uns selbst ab. Dann aber schließen wir uns wieder auf. Wie wir hier auf der physischen Erde unser Auge, unsere andern Sinne hinausrichten in das Universum, so ist es auch dort: wir richten unsere geistigen Wahrnehmungsorgane hinaus zu den Wesenheiten der höheren Hierarchien, wir lassen gewissermaßen unser Wesen in die Weiten ausströmen, wir ziehen es wieder zusammen.

Das ist ein geistiger Atmungsprozeß, aber er verläuft so, daß man es etwa so darstellen kann, wenn man das, was man sich da sagt in der geistigen Welt, mit irdischen Worten, mit Vorstellungen, die dem irdischen Leben entnommen sind, darstellen wollte, so müßte man etwa das Folgende sagen: Ich habe als Mensch in der geistigen Welt dies oder jenes zu tun. Ich weiß das durch diejenigen Wahrnehmungsmöglichkeiten, die mir innerhalb der geistigen Welt eigen sind zwischen dem Tode und einer neuen Geburt. Ich fühle mich als dieses Menschenwesen, als diese Individualität. Aber so, wie ich auf der Erde ausatme, so lasse ich mich seelisch in das Universum hinausströmen – ich werde eins mit dem Kosmos. Und wie ich auf der Erde einatme, so nehme ich dasjenige, was ich erlebt habe in meinem ausgeströmten Wesen, wiederum in mich als Mensch zurück. – Das findet fortwährend statt zwischen dem Tode und einer neuen Geburt. Schematisch könnte ich es so darstellen:

Nehmen Sie an, der Mensch fühlt sich in seinem eigenen Wesen (rot). Dann fühlt sich der Mensch ausgedehnt in die Weltenweiten. Er breitet sein eigenes Wesen aus in das, was da draußen ist (gelb). Bald ist der Mensch also zusammengezogen in sein eigenes Wesen (rot), bald ist er ausgebreitet mit seinem eigenen Wesen in die Weiten des Weltenalls. Ich will diese Zusammenziehung, nachdem die Ausbreitung geschehen ist, noch einmal besonders zeichnen: Da ist also das Menschenwesen (rot), und jetzt zieht es dasjenige, was draußen ist (gelb), wiederum in sich herein, so daß es verdichtet in dem eigenen

Wesen ist, wie der Mensch aus den physischen Weiten des Weltenalls die Luft in sich hereinzieht beim Einatmen.

Ja, aber wenn wir erst unser Wesen über den Kosmos ausgebreitet haben, dann es wiederum in uns hereinziehen, dann beginnt in uns, ich kann es nicht anders ausdrücken, dasjenige zu sagen, was wir umfaßt haben, indem wir unser Wesen ausgebreitet haben in die Weltenweiten, und was wir wiederum in uns zusammenziehen, es beginnt in uns zu sagen, was es ist. Und wir sagen dann zwischen dem Tode und einer neuen Geburt: der Logos, in den wir uns zunächst hinausversenkt haben, der Logos spricht in uns.

Wir haben hier auf der Erde in bezug auf die physische Sprache vorzugsweise das Gefühl, daß wir die Worte entwickeln, indem wir ausatmen. Wir haben zwischen dem Tode und einer neuen Geburt die Wahrnehmung, daß die Worte, die im Weltenall ausgebreitet sind und die das Wesen des Weltenalls bedeuten, beim Einatmen unseres Wesens in uns hereinkommen und sich selber als Weltenwort in uns offenbaren. Wir sprechen hier auf der Erde ausatmend, wir sprechen in der geistigen Welt einatmend. Und indem wir mit uns vereinen, was uns der Logos, was uns das Weltenwort sagt, leuchten auf in unserem Wesen die Weltgedanken. Hier mühen wir uns durch unser Nervensystem ab, die Erdgedanken zu hegen, dort saugen wir in uns selbst die Weltgedanken aus der Sprache des Logos, die auftritt, nachdem wir zuerst unser Wesen ausgebreitet haben über das Weltenall.

Und nun fassen Sie in aller Lebendigkeit diesen Zusammenhang! Sie sagen sich zwischen dem Tode und einer neuen Geburt: Ich habe dieses zu tun – das nehmen Sie als innere Erfahrung aus dem, was Sie bisher erlebt haben, daß Sie dies oder jenes tun sollen. Mit dieser Absicht, dies oder jenes zu tun, breiten Sie Ihr Wesen in die Weiten der

Welt hinaus, aber so, daß dieses Ausbreiten in Orientierung geschieht. Wenn Sie hier sich sagen: Ich muß mir Butter kaufen –, so ist das eine Absicht. Sie setzen sich in Bewegung nach Basel hinein zum Beispiel, um dort sich Ihre Butter zu kaufen und bringen sie hierher zurück. Zwischen dem Tod und einer neuen Geburt hegen Sie auch eine Absicht in bezug auf diejenigen Dinge, die eben drüben in der andern Welt getan werden müssen, und Sie breiten Ihr Wesen aus. In Ihrer Absicht liegt es, daß Sie alles das in sich tun, was nun auch Sie orientiert, aber, wenn dieses getan wird, zieht es Sie zu einem Engelwesen hin, wenn jenes getan wird, vielleicht zu einem Willenswesen hin und so weiter. Die vereinen sich mit Ihrem ausgebreiteten Wesen. Sie atmen ein: dieses Wesen spricht dasjenige aus, was sein Anteil an dem Logos ist, und die Weltgedanken von diesem Wesen gehen Ihnen auf.

Eigentlich, wenn der Mensch hier auf die Erde in bezug auf seinen Geistkeim herunterströmt – wir selbst bleiben dann noch etwas, wie ich dargestellt habe, in der geistigen Welt oben –, da ist er aus der geistigen Welt her nicht zum Denken im irdischen Sinne, nicht zum Sprechen im irdischen Sinne, auch nicht zum Gehen im irdischen Sinne der Schwerkraft veranlagt, sondern er ist veranlagt, zwischen den Wesen der höheren Hierarchien sich zu bewegen, sich zu orientieren. Er ist nicht zum Sprechen veranlagt, er ist veranlagt dazu, den Logos in sich ertönen zu lassen. Er ist nicht zu den finsteren Gedanken des Erdenlebens veranlagt, er ist veranlagt zu den Gedanken, die in ihm leuchtend werden innerhalb des Kosmos.

Dasjenige, was hier auf der Erde Gehen, Sprechen, Denken ist, das hat seine Analogien drüben in der geistigen Welt: Erstens in der Orientierung innerhalb der Hierarchien, zweitens in dem In-sich-lebendig-Tönendwerden des Weltenwortes und drittens in dem geistigen innerlichen Aufleuchten der Weltgedanken.

Stellen Sie sich jetzt lebhaft das Hinausgehen des Menschen nach dem Tode in die Weiten des Universums vor. Er passiert dabei die Planetensphären im Umkreise der Erde. Über solche Dinge habe ich in den letzten Vorträgen hier gesprochen. Er passiert die Mondensphäre, die Venussphäre, die Merkursphäre, die Jupitersphäre, die Saturnsphäre. Denken Sie sich, er ist da hinausgekommen in die

Weltenweiten. Er sieht die Sterne dann immer von der andern Seite. Von der Erde aus sehen wir zu den Sternen hinauf (Pfeil aufwärts); wenn wir aber draußen sind, sehen wir von außen herein (Pfeil abwärts). Die Kräfte, die uns hier befähigen, die Sterne zu sehen,

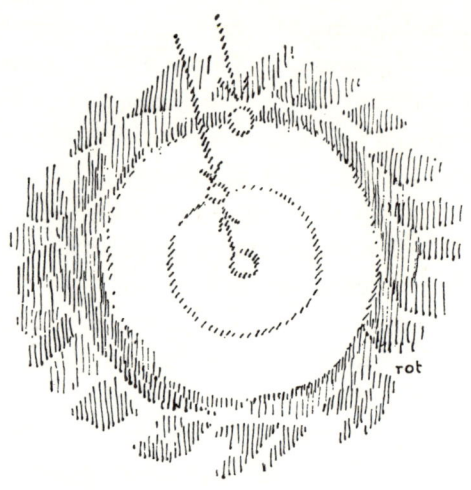

geben uns das physische Abbild der Sterne. Die Kräfte, welche uns befähigen, die Sterne von der andern Seite zu sehen, lassen uns die Sterne nicht so erscheinen, wie sie uns hier erscheinen, sondern von der andern Seite sehen wir die Sterne durchaus als geistige Wesenheiten. Und wenn wir dann, ich muß mich natürlich irdischer Ausdrücke bedienen, aus dem Gebiete unserer Planetensphäre hinauskommen, so wie die Weltenentwickelung jetzt eben ist – dieses «jetzt» ist allerdings ein kosmisches Jetzt, das dauert lange –, dann sagen wir uns aus dem Verständnis, das wir uns aneignen durch das höhere Bewußtsein, das wir zwischen dem Tode und einer neuen Geburt haben: Die größte Wohltat ist es für uns, daß die Kräfte des Saturns nicht nur hereinscheinen in die Planetenwelt der Erde, sondern auch in die Weiten des Weltenraumes. – Da sind sie allerdings etwas ganz anderes als die kleinen unbedeutenden bläulichen Strahlen des Saturns, die hier auf der Erde sichtbar sein können. Da erscheinen uns die Geiststrahlen, die ins Weltenall hinausstrahlen und die sogar aufhören, räumlich zu sein, die in ein Unräumliches hineinscheinen, so, daß wir uns zwischen dem Tode und einer neuen Geburt sagen: Wir schauen in Dankbarkeit hierher zurück zu dem äußersten Planeten unseres Erden-Planetensystems, zu dem Saturn – denn Uranos und Neptun sind ja nicht eigentliche Planeten der Erde, sie sind später hinzugekommen –, wir sind uns bewußt, er scheint nicht nur auf die Erde nieder, er scheint auch in die Weiten des Weltenraumes hinaus. Dem, was er da hinausstrahlt an Geiststrahlen, verdanken wir es, daß wir entkleidet werden der irdischen Schwere, entkleidet werden dessen, was die physischen Sprachkräfte sind, dessen, was die physischen Denkkräfte sind. Saturn ist in der Tat unser größter Wohltäter zwischen dem Tode und einer neuen Geburt in seinem Hinausstrahlen in die Weltenweiten, er ist in dieser Beziehung vom geistigen Gesichtspunkte aus das Entgegengesetzte der Mondenkräfte.

Die geistigen Mondenkräfte bannen uns auf die Erde herein, die geistigen Saturnkräfte befähigen uns, in den Weiten des Weltenalls zu leben. Hier auf Erden sind uns als Menschen die Mondenkräfte von ganz besonderer Bedeutung; ich habe dargestellt, wie sie sogar bei unserem alltäglichen Aufwachen ihre Rolle spielen. Dasjenige, was uns die Mondenkräfte hier auf Erden sind, das sind uns die Kräfte, die von der äußersten Sphäre unseres Planetensystems als Saturnkräfte in das Weltenall hinausstrahlen. Denn in der Tat, dieses Hinausstrahlen ist nicht so, daß Sie sich vorstellen sollen: Nun ja, der Saturn hat eben eine Vorderseite, strahlt auf die Erde herunter, hat eine Rückseite, strahlt in das Weltenall hinaus. So ist es nicht, sondern der Saturn, wenn er das wäre (siehe Zeichnung), bewegt sich in dieser Bahn. Nun strahlt er von überall geistig aus (rot), so daß das Hinausstrahlen so geschieht. – Im Gegenteil: der physische Saturn erscheint, ich möchte sagen, wie ein Loch in dieser Sphäre des Weltensaturns, die hinausleuchtet geistig in den Weltenraum. Es ist durchaus so, daß dasjenige, was da hinausstrahlt, alles Irdische uns von einem bestimmten Zeitpunkte an nach dem Tode zudeckt, aber mit Licht zudeckt.

Nun, kosmisch angeschaut ist das so: hier auf der Erde steht der Mensch unter dem Einfluß der geistigen Mondenkräfte, zwischen dem Tod und einer neuen Geburt steht er unter dem Einfluß der

Saturnkräfte. Und indem er wiederum auf die Erde heruntergeht, entzieht er sich den Saturnkräften und kommt allmählich in die Sphäre der Mondenkräfte. Was geschieht da? Solange der Mensch mit der Sphäre der Saturnkräfte verwandt ist – und dem Saturn, wenn ich so sagen darf, helfen Jupiter und Mars dabei, die eine besondere Aufgabe haben, von der ich in der nächsten Zeit hier sprechen werde –, solange der Mensch also unter dem Einflusse von Saturn, Jupiter und Mars steht, will er eigentlich ein Wesen werden, das nicht geht und spricht und denkt im irdischen Sinne, sondern das sich unter Geistwesen orientieren will, das den Logos in sich tönend erleben will, das die Weltgedanken in sich aufleuchtend haben will. Und mit diesen inneren Absichten wird nun in der Tat der Geistkeim des physischen Organismus auf die Erde herunter entlassen.

Der Mensch, der von den geistigen Welten auf die Erde steigt, hat nämlich nicht die geringste Neigung, sich der Erdenschwere zu fügen, er hat keine Neigung zu gehen, die Sprachorgane in Vibration zu bringen so, daß seine physische Sprache ertönt, und mit einem physischen Gehirn über die physischen Dinge nachzudenken. Das hat er alles nicht. Das bekommt er dadurch, daß er, indem er aus der Sphäre der Saturnkräfte, also als physischer Geistkeim, auf die Erde hinunter entlassen wird, durch die Sonne durchgeht und dann in die andere Planetensphäre hineinkommt, in die Merkur-, Venus-, Mondensphäre. Merkur-, Venus- und Mondensphäre verwandeln die kosmischen Anlagen zur Geistorientierung, zum Logoserleben, zum Aufleuchten der Weltgedanken im Innern, in die Anlagen zum Sprechen, zum Denken, zum Gehen. Und die Umkehrung bewirkt die Sonne, das heißt, die geistige Sonne.

Dadurch, daß der Mensch in die Mondensphäre kommt – und den Mondenkräften helfen eben die Venus- und Merkurkräfte –, werden die, wenn ich mich so ausdrücken darf, himmlischen Orientierungs- und Logos- und Gedankenanlagen in die irdischen verwandelt. Eigentlich müßten wir das Menschenkind hier auf der Erde, indem es beginnt, sich aus der kriechenden Stellung aufzurichten, so ansprechen, daß wir sagen: Du warst, ehe du aufgenommen worden bist von Merkur-, Venus-, Mondenkraft, veranlagt drüben in den himmlischen

Sphären für Geistorientierung innerhalb der Hierarchien, für das innerliche Erleben des tönenden Logos, für das innere Erleuchtetsein mit den Weltgedanken. Die Metamorphose von jenen himmlischen Fähigkeiten in irdische Fähigkeiten hast du vollzogen, und gearbeitet hast du an diesem Vollzug, indem du durch die ganze Planetensphäre gegangen bist, und die Sonne gerade die Umkehrung des Himmlischen in das Irdische bewirkt hat.

Dabei aber vollzieht sich noch etwas ganz Gewaltiges: dabei vollzieht sich dieses, daß der Mensch, indem er aus dem Himmlischen in das Irdische tritt, nur die eine Seite des Ätherischen erlebt. Das Ätherische ist ausgebreitet innerhalb der ganzen Planeten- und Sternensphäre. Aber in dem Moment, wo sich die himmlischen Fähigkeiten in die irdischen Fähigkeiten verwandeln, verliert der Mensch das Erlebnis der kosmischen Moralität. Wenn man die Orientierung unter den Wesen der höheren Hierarchien erlebt, dann erlebt man sie nicht bloß mit Naturgesetzen durchsetzt, sondern man erlebt sie als moralische Orientierung. Da ist alles zugleich moralisch. Ebenso spricht der Logos in dem Menschen, nicht wie die Naturerscheinungen amoralisch – wenn auch nicht antimoralisch, aber amoralisch sprechen die Naturerscheinungen –, der Logos spricht mit Moralität. Und ebenso leuchten die Weltgedanken im Sinne der Moralität.

Saturn, Jupiter, Mars enthalten, wenn das auch zum Horror der Physiker ausgesprochen werden muß, neben ihren sonstigen Kräften durchaus Kräfte, die moralisch orientierend sind. Erst indem der Mensch diese charakterisierten Fähigkeiten umwandelt in das Gehen, Sprechen, Denken, verliert er die moralischen Ingredienzien.

Das ist außerordentlich wichtig. Wenn wir hier auf der Erde vom Äther sprechen, in dem wir zunächst leben, wenn wir uns der Erde nähern, um dann geboren zu werden, da sprechen wir vom Äther so, daß wir ihm allerlei Eigenschaften zuschreiben. Aber das ist nur die eine Seite des Äthers. Die andere Seite ist die, daß er eine moralisch wirkende Substanz ist, daß er von Moralimpulsen überall durchsetzt ist. Wie er vom Licht durchsetzt ist, so ist er von Moralimpulsen durchsetzt. Die sind im irdischen Äther nicht vorhanden.

Nun ist es aber doch so, daß der Mensch als irdisches Wesen sozusagen nicht ganz verlassen ist von den Kräften, innerhalb derer er zwischen dem Tode und einer neuen Geburt lebt. Es könnte ja auch so sein – wenn es in der Weltenordnung durch irgendeine göttliche Fügung so gekommen wäre, daß der Mensch hier auf der Erde gar keine Ahnung davon hätte, daß er neben einem physischen auch ein moralisches Wesen sein soll –, daß sein Gehen, Sprechen, Denken hier auf der Erde einer himmlischen Orientierung, einem himmlischen Logos, einem himmlischen Erleuchtetwerden mit den Weltgedanken entspricht. Der Mensch weiß, wenn es nicht in ihm angeregt wird, auf der Erde nicht viel von diesen himmlischen Gegenbildern seines Irdischen, aber Ahnungen davon sind in ihm doch vorhanden. Alles, was den Menschen mit der geistigen Welt verbinden würde, würde auf der Erde spurlos vergessen sein, nicht einmal das Gewissen würde sich regen, wenn nicht auf der Erde dennoch Nachwirkungen des Himmlischen vorhanden wären.

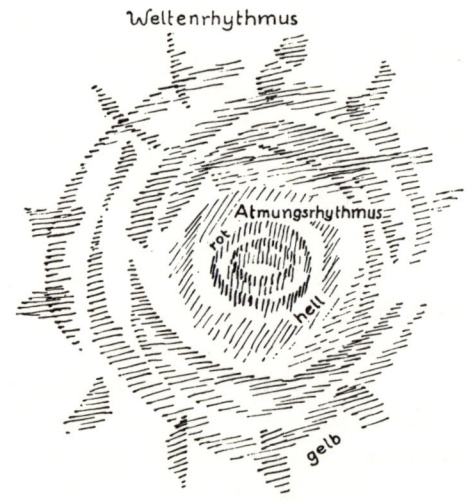

Ich will von etwas ganz Bestimmtem ausgehen. Es wird zunächst etwas paradox erscheinen, was ich Ihnen jetzt sagen werde, aber es entspricht durchaus den geistig festzustellenden Tatsachen. Nehmen wir an, wir haben hier die Erde selbst (rot), wir haben hier ihre Luftumgebung (hell). Es ist natürlich nicht in dem richtigen Verhältnis gezeichnet, das macht aber nichts. Und wir haben dann weiter draußen dasjenige, was allmählich übergeht in die geistige Welt: wir haben den kosmischen Äther, der allmählich übergeht in die geistige Welt. Da hört es dann auf. Wenn ich zeichne, so muß ich noch räumlich zeichnen, aber eigentlich wird es unräumlich da hinaus (siehe Zeichnung, gelb).

Nun, hier auf der Erde atmen wir, atmen die Luft ein und aus, und das ist der Atmungsrhythmus. Aber draußen breiten wir unser Wesen in den Kosmos aus, so daß wir den Logos, die Weltgedanken in uns hereinnehmen. Da lassen wir die Welt in uns sprechen. Das geschieht auch im Rhythmus, in einem Rhythmus, der sich nach den Sternenwesen richtet. Da draußen ist auch Rhythmus. Hier auf der Erde ist bei uns Menschen also der Atmungsrhythmus, der in einem gewissen Verhältnis steht zum Zirkulationsrhythmus, wie eins zu vier, während eines Atemzuges vier Pulsschläge. Da draußen ist das, was wir da geistig ausatmen und wieder einatmen, Weltenrhythmus. Hier leben wir dadurch, daß wir eine bestimmte Anzahl von Atemzügen, eine bestimmte Anzahl von Zirkulationsschlägen in der Minute haben. Wir leben als Menschen auf der Erde von unserem Atmungsrhythmus, von unserem Zirkulationsrhythmus. Wir dringen hinaus in die Welt, wir leben da draußen in einem Weltenrhythmus, indem wir gewissermaßen die moralisch-ätherische Welt einatmen – da sind wir in uns; und indem wir sie wieder ausatmen –, da sind wir mit den Wesen der höheren Hierarchien zusammen. So wie wir hier in unserem physischen Leib innerhalb der Haut regelmäßige Bewegungen rhythmisch angeregt haben, so haben wir draußen in dem Gang und in der Stellung der Sterne diese Anreger in dem Weltenrhythmus, in den wir uns einleben zwischen dem Tode und einer neuen Geburt.

Es ist also wirklich so, da (siehe Zeichnung) ist die Erde mit ihrer nächsten Umgebung. Wir leben in der Luft, entfalten in der Luft unseren Atmungsrhythmus. Der ist außerordentlich regelmäßig. Seine Unregelmäßigkeit bedeutet Krankheit für den Menschen. Draußen – da müßten wir aber, ich möchte sagen, einen Weltenzwischenraum durchgehen – erleben wir den Weltenrhythmus, indem wir in dem moraldurchdrungenen Weltenäther draußen leben. Das sind zwei verschiedene Rhythmen: der Menschenrhythmus, der Weltenrhythmus; beides sind Menschenrhythmen, denn der Weltenrhythmus ist der Menschenrhythmus zwischen dem Tode und einer neuen Geburt.

Die Welt hat sozusagen hier auf der Erde den regelmäßigen Menschheitsrhythmus, draußen den Rhythmus, an dem wir selber teilnehmen zwischen dem Tode und einer neuen Geburt. Was ist da zwischen beiden? Der Menschheitsrhythmus befähigt uns zwischen der Geburt und dem Tode, menschliche Worte zu sprechen, die Menschenworte, die Menschensprache uns anzueignen. Der Weltenrhythmus befähigt uns zwischen dem Tode und einer neuen Geburt, das Weltenwort in uns ertönen zu lassen. Die Erde gibt uns die Sprache; das Universum, das Geistuniversum gibt uns den Logos. Sie werden ahnen, daß es da ganz anders ausschaut, wo jener Rhythmus webt, der uns den Logos gibt, als hier auf der Erde in der Luft, wo wir das Menschenwort entfalten.

Wodurch sind denn die beiden Gebiete abgegrenzt? Wir schauen hinaus in die physische Welt. Wir schauen da draußen nicht den Weltenrhythmus. Beides sind harmonisch innerlich durch und durch gesetzmäßige Zusammenhänge. Was ist zwischen beiden? Zwischen beiden ist dasjenige, an dem der Weltenrhythmus, indem er, ich möchte sagen, der Erde zu nahe kommt, zerstiebt, und das unter Umständen auch den menschlichen Atmungsrhythmus in Unordnung bringt; zwischen beiden sind all diejenigen Erscheinungen, die sich ausdrücken in den Lufterscheinungen, in alldem, was zur Meteorologie gehört. Würden auf unserer Erde nicht Schneegestöber, Gewitter, Wolkenbildung, Wind stattfinden, würde nicht die Luft zunächst neben dem, was sie regelmäßig an Sauerstoff und Stickstoff für unsere Atmung bedeutet, dieses Wesen der Meteorologie in sich haben – denn es ist immer da, auch wenn sie scheinbar rein ist –, wir würden hinausblicken in das Weltenall und draußen einen andersgearteten Rhythmus, aber das volle Gegenbild, nur ins Grandiose übersetzt, unseres Atmungsrhythmus überblicken. Die chaotischen Wettererscheinungen liegen zwischen den beiden Regelmäßigkeiten der Welt. Die chaotischen Wettererscheinungen trennen voneinander den Weltenrhythmus und den Menschen-Atmungsrhythmus.

Und in einer ähnlichen Weise ist der Mensch hier auf Erden der Schwere unterworfen. Er ordnet seinen Gang, er ordnet jede Handbewegung in diese Schwere, in diese Kräfte der Schwere ein. Draußen sind sie ganz anders, da sind sie nach allen Seiten orientiert. Da laufen die Linien von Wesenheit zu Wesenheit der höheren Hierarchien. Was ist zwischen beiden? So wie das Wetter zwischen Himmelsrhythmus und Menschen-Erdenrhythmus ist – was ist zwischen dem Gegensatz der Schwere des Kosmos und der Schwere der Erde?

Nun, geradeso wie das Wetter zwischen den Rhythmen ist, so ist zwischen den einander entgegengesetzten Kräften, der Schwerkraft und der geistigen Himmelsorientierungskraft, dasjenige, was sich auf der Erde als die vulkanischen Kräfte, als die Erdbebenkräfte auslebt. Die sind unregelmäßig.

Mit welchem Interesse sind zum Beispiel die wunderbaren Bildungen der im Stillen Ozean draußen liegenden Osterinsel beschrieben worden, die ganz besonders wunderbare Reste aus alten Bildungen enthält. Sie werden sich erinnern, wie gerade diese Bildungen beschrieben worden sind. Seit Anfang November alles fort! Ein furchtbares Erd- und Seebeben hat die Osterinsel von dem Erdboden verschwinden lassen; sie ist hineingesunken in das Meer.

Dasjenige, was sich in Wind und Wetter abspielt, steht im innigen Zusammenhange mit unseren Atmungsvorgängen auf die Weise, wie ich es geschildert habe vom Kosmos aus gesehen. Was sich in den vulkanischen Kräften abspielt, das steht so im Zusammenhange mit der Schwerkraft, daß es uns tatsächlich erscheint, wenn wir es nur in diesem Zusammenhang erblicken wollen, wie wenn sich von Zeit zu Zeit die übersinnlichen Mächte Stücke von der Erde heimholten, indem sie in die Gesetzmäßigkeit der Schwerkräfte eingreifen, indem sie von der andern Seite her das, was die Schwerkräfte nach und nach aufgebaut haben, ins Chaotische hineinprägen, um es heimzuholen.

So wirkt in der Tat alle irdische Bildung, wie sie durch die Schwerkraft entstanden ist, durch solche, ich möchte sagen terrestrischen Erscheinungen. Aber während sich beim Wetter das Luftförmige, das Warme bewegt und das Wäßrige, haben wir es hier mit dem Irdisch-Festen zu tun und mit dem Wäßrigen, durch das die Erde revoltiert.

Wir haben es da zu tun mit demjenigen, was über die Regelmäßigkeit der Gewichtsverhältnisse hinausführt und was nach und nach die Erde ebenso wieder hinwegnehmen wird, wie sie entstanden ist durch die Schwerkraft. Daß dazu noch ein Drittes kommt zur Meteorologie und zum Vulkanismus, davon werde ich dann das nächste Mal sprechen.

Eine gewöhnliche Wissenschaft weiß eigentlich nicht viel mit den vulkanischen Erscheinungen anzufangen und erklärt sie oftmals so, wie ich zum Beispiel neulich gerade in Anknüpfung an dieses furchtbare Erdbeben gelesen habe. Da schrieb jemand einen Artikel darüber. Ein Geologe, das heißt ein Weiser auf diesem Gebiete, beschrieb die Sache und sagte dann: Ja, aber wenn wir über die Ursache dieser Erscheinungen, die von Zeit zu Zeit immer wiederkommen und so vieles auf der Erde zerstören, nachdenken, so müssen wir dieses letzte Erdbeben in die Kategorie der tektonischen Erderschütterungen rechnen. – Was heißt das: Wenn wir über die Ursache nachdenken, müssen wir das in die Reihe der tektonischen Erderschütterungen rechnen? – Wenn man sagt tektonische Erderschütterungen, so sind das Erschütterungen, wo sich die verschiedenen Partien der Erde so umeinander umwälzen. Also wenn wir über die Ursache dieses Umwälzens sprechen wollen, da müssen wir über das Umwälzen sprechen! Die Armut kommt von der pauvreté!

Es ist eben schon durchaus so: wenn wir Zusammenhänge in diesen Dingen sehen wollen, dann müssen wir herantreten an das Geistige. Denn in dem Augenblicke, wo wir das, was uns die gewöhnliche Naturgesetzlichkeit auf irgendeinem Gebiete, sagen wir auf dem Gebiete der Schwerkraft oder auf dem der rhythmischen Erscheinungen im Äther, gibt, wenn wir von dem übergehen zu dem, was aus dem Kosmos in ein scheinbares Chaos führt – um aber durch dieses Chaos hinauf in das Höhere des Kosmos zu führen –, wenn wir mit andern Worten durch Vulkanismus und Meteorologie dringen wollen, so müssen wir an das Geistige heran.

Was sich wie ein Zufälliges – so nennt man es ja dann – hineinstellt in das Weltenganze, das enthüllt sich innerhalb des Geistigen in seinem vollgültigen gesetzmäßigen Zusammenhange. Man kann wissen, daß man durch das Meteorologische als Mensch zwischen der Geburt und dem Tode herausgenommen wird aus dem, worinnen man zwischen dem Tode und einer neuen Geburt ist. Wenn man konkret spricht gegenüber den vielen Abstraktionen, die es heute gibt, so kann man sagen: In den himmlischen Regionen ist der Mensch in einer Gesetzmäßigkeit darinnen, die ihm hier auf Erden dadurch verdeckt ist, daß er in die meteorologischen Erscheinungen des Luftkreislaufes eingespannt ist. Das Meteorologische ist die Scheidewand zwischen dem, was der Mensch auf Erden erlebt, und dem, was er erlebt zwischen dem Tode und einer neuen Geburt.

Auf diese Weise möchte ich mich bemühen, Ihnen immer mehr und mehr Zusammenhänge zu zeigen, die wirklich ins Konkrete gehen und nicht bloße Umschreibungen sind.

ZWEITER VORTRAG

Dornach, 1. Dezember 1922

Die Vorträge, die ich nun seit einer Reihe von Wochen hier gehalten habe, hatten im wesentlichen die Aufgabe, zu zeigen, wie der Mensch ebenso durch sein geistiges Leben teilnimmt an dem, was wir die Sternenwelt nennen können, wie er durch sein physisches Erdenleben teilnimmt an dem irdischen Dasein und Geschehen. Man muß im Sinne jener Anschauung, die wir durch die Anthroposophie aufgenommen haben, den Menschen zunächst in diejenigen Kräfte gliedern, die in seinem physischen und in seinem Ätherleib oder Bildekräfteleib liegen, und in diejenigen, die in seinem Ich-Wesen und in seinem astralischen Leib liegen. Sie wissen, daß er diese beiden Seiten seines Wesens in jedem Schlafzustande voneinander trennt.

Lenken wir einmal für einige Augenblicke den Blick auf diesen schlafenden Menschen. Da haben wir auf der einen Seite also den physischen Menschenleib, den ätherischen oder Bildekräfteleib, bewußtlos, aber auch bewußtlos die Ich-Wesenheit und den astralischen Leib. Wir können nun fragen: Gibt es auch eine Beziehung zwischen diesen beiden bewußtlosen Seiten der Menschennatur während des Schlafzustandes? – Wir wissen, daß es im Wachzustande, in dem das gewöhnliche Bewußtsein des heutigen Menschen zustande kommt, diejenige Beziehung gibt, die auflebt durch das Denken, durch das Fühlen, durch das Wollen. Wir müssen uns das so vorstellen, daß, wenn die Ich-Wesenheit und der astralische Leib gewissermaßen untertauchen in den ätherischen Leib und in den physischen Leib, dann aus diesem Zusammensein aufflackern Denken, Fühlen, Wollen.

Denken, Fühlen, Wollen sind nun im schlafenden Menschen nicht vorhanden. Aber wenn wir hinschauen auf den physischen Erdenleib, dann werden wir sagen müssen: In diesem physischen Erdenleib sind wirksam alle diejenigen Kräfte, welche zum Erdendasein nach unserer Menschenbeobachtung gehören. – Wir können diesen physischen Menschenleib abwägen, und wir werden finden, daß er ein Gewicht hat. Man könnte an diesem physischen Menschenleib – oder man kann

30

sich wenigstens hypothetisch vorstellen, daß man es könnte – Untersuchungen anstellen, wie stoffliche Vorgänge sich in ihm abspielen. Man würde solche stoffliche Vorgänge in ihm finden, die Fortsetzung jener Vorgänge sind, die wir draußen im Erdendasein finden, die durch die Ernährung sich fortsetzen in des Menschen Inneres. Wir finden im physischen Leib auch dasjenige, was durch den Atmungsprozeß sich vollzieht. Nur ist gewissermaßen herabgedämmert oder in völlige Finsternis getaucht alles das, was von der Kopforganisation des Menschen ausgeht, was dem Sinnes-Nervensystem angehört.

Wenn wir dann den ätherischen Leib in Betracht ziehen, der den physischen durchzieht, so ist es allerdings nicht so leicht, sich Aufklärung darüber zu verschaffen, wie nun dieser ätherische Leib während des Schlafzustandes wirkt. Aber wer schon etwas eingedrungen ist in das, was Geisteswissenschaft über den Menschen zu sagen hat, wird unschwer erkennen, wie der Mensch auch durch seinen Ätherleib schlafend in alledem lebt, was eben die ätherischen Verhältnisse, die ätherischen Kräfte im Umkreise des Erdendaseins sind. So daß wir sagen können: Wir finden innerhalb des physischen Körpers alles das wirksam im Schlafzustande, was dem Erdendasein angehört; wir finden wirksam im ätherischen Leib alles, was eben der die Erde umhüllenden und sie durchdringenden Ätherwelt angehört.

Nun wird die Sache aber schwieriger, wenn wir unser Augenmerk – selbstverständlich das seelische Augenmerk – auf das lenken, was nun außerhalb des physischen und des Ätherleibes ist, wenn wir es auf die Ich-Wesenheit und auf die astralische Wesenheit des Menschen lenken. Wir können unmöglich uns der Vorstellung hingeben, daß diese Ich-Wesenheit, diese astralische Wesenheit des Menschen etwas zu tun habe mit der physischen Erde, etwas zu tun habe mit dem, was als Äther die Erde umgibt und durchdringt.

Was da nun stattfindet während des Schlafes – ich habe es Ihnen ja, ich möchte sagen, beschreibend angegeben in den Vorträgen, die ich hier vor kurzem gehalten habe; ich will es heute von einem andern Gesichtspunkte aus skizzieren. Was in der Ich-Wesenheit und im astralischen Leibe des Menschen vorgeht, können wir eben nur dann erkennen, wenn wir durch Geisteswissenschaft eindringen in das, was außerhalb der physischen Kräfteentwickelungen und außerhalb der ätherischen Kräftewirkungen noch auf der Erde, um die Erde herum vorgeht.

Da richten wir zunächst unseren Blick auf die Pflanzenwelt. Wir sehen die Pflanzenwelt alljährlich – wenigstens der Hauptsache nach, insofern es sich nicht um die dauernden Bäume und dergleichen handelt – im Frühling aus der Erde herausprießen. Wir sehen sie dann immer farbiger und üppiger werden, und wir sehen sie mit dem Herbste wiederum verwelken. Wir sehen sie im gewissen Sinne von der Erde verschwinden, wenn die Erde sich mit Schnee bedeckt.

Das ist aber nur die eine Seite in der Entfaltung der Pflanzenwelt. Das physische Erkennen sagt uns, daß diese Entfaltung der Pflanzenwelt im Frühling, ihr Verwelken gegen den Herbst zu, mit der Sonne zusammenhängt. Das physische Erkennen zeigt uns auch, wie zum Beispiel der grüne Farbstoff der Pflanzenwelt sich allein unter dem Einfluß des Sonnenlichtes bilden kann. Was also sich innerhalb der physischen Wirkung vollzieht, das zeigt uns das physische Erkennen; nicht aber zeigt es uns, daß, während sich das alles abspielt: Hervorsprießen, Grünen, Blühen, Verwelken der Pflanzen – auch Geistiges vorgeht. Aber geradeso wie in dem physischen Menschenorganismus sich zum Beispiel der Blutkreislauf vollzieht, wie sich die ätherischen Vorgänge im physischen Organismus als Gefäßwirkungen und so weiter äußern, und wie doch dieser physische Menschenorganismus durchzogen ist von dem Seelisch-Geistigen, so sind auch die Vorgänge, welche sich in dem Sprießen, Grünwerden, Blühen, Verwelken der Pflanzen abspielen und die wir als physische Vorgänge beobachten, überall durchsetzt und durchzogen von geistigen und seelischen Weltenwirkungen. Und wie wir, wenn wir das Antlitz eines Menschen sehen – wenn sein Blick auf uns fällt, sein Mienenspiel, vielleicht die Rötung seines Gesichtes sich uns zeigt –, dann nach unserem Zusammenleben mit der übrigen Menschenwelt gar nicht anders können, als gewissermaßen durch das Physische durch auf das Seelische, auf das Geistige unseren seelischen Blick zu richten, so sollen wir uns angewöhnen, auch in dem, was da in der – wenn ich so sagen darf – Physiognomie und Färbungsänderung der Pflanzendecke unserer Erde vor sich geht, ein Geistig-Seelisches zu sehen.

Insofern wir bloß physisch erkennen wollen, sagen wir: Die Sonnenwärme und das Sonnenlicht betätigen sich an der Pflanze, formen in ihr die Pflanzensäfte, formen in ihr Chlorophyll und so weiter. – Wenn wir aber mit geistigem Blicke das alles beschauen, wenn wir uns gegenüber dieser Pflanzenphysiognomie der Erde so verhalten, wie wir uns der Menschenphysiognomie gegenüber gewohnheitsmäßig verhalten, dann enthüllt sich uns etwas, was ich ausdrücken möchte mit einem ganz bestimmten Worte, weil dieses Wort tatsächlich die Wirklichkeit wiedergibt, die sich da abspielt. Die Sonne, die nur nach außen hin der Erde ihr Licht zusendet, ist eben nicht bloß ein leuchtender Gasball, sondern noch etwas wesentlich anderes. Sie sendet ihre Strahlen zur Erde nieder, aber so, wie sie ihre Strahlen nach außen sendet und man überall, wenn man hinschaut zur Sonne, sozusagen das Äußere des Strahles hat, so hat der Strahl auch sein Inneres.

Könnte jemand durchschauen durch das Sonnenlicht, könnte er das Sonnenlicht nur wie eine äußere Haut betrachten und durchschauen auf das Seelische, so würde er die seelische Macht, die seelische Wesenheit der Sonne sehen. Wir sehen eigentlich mit dem gewöhnlichen Menschenbewußtsein die Sonne so, wie wir einen Menschen sehen würden, der aus Papiermaché gemacht ist. Wenn Sie sich einen Abdruck von sich machen lassen, in dem nichts ist als die Form, die tote Form, und ihn hinstellen, so ist das natürlich etwas anderes als der Mensch, den Sie wirklich vor sich sehen. Beim wirklichen Menschen sehen Sie durch diese äußere Form auf das Seelisch-Geistige hin. Bei der Sonne ist es für das gewöhnliche Menschenbewußtsein so, daß sie sich eigentlich selber für dieses gewöhnliche Menschenbewußtsein zum Papiermaché-Abdruck macht. Man sieht durch ihre Haut, die aus Licht gewoben ist, nicht hindurch. Sieht man aber hindurch, dann sieht man das ganze geistig-seelische Wesen der Sonne.

Dieses geistig-seelische Wesen kann uns in seiner Betätigung ebenso zum Bewußtsein kommen wie das physische Papiermaché der Sonne. Vom physischen Erkenntnisstandpunkte aus sage ich: Die Sonne scheint auf die Erde, sie glänzt auf die Steine auf, auf den Boden auf. Da wird das Licht zurückgeworfen. Dadurch sieht man alles Mineralische. Die Sonnenstrahlen dringen in die Pflanzen hinein, machen sie grünen, machen sie sprießen. Das ist alles Äußerlichkeit. – Sieht man jetzt auf das geistig-seelische Wesen der Sonne, dann kann man nicht bloß sagen: Das Sonnenlicht glänzt auf die Mineralien drauf, das Sonnenlicht wird zurückgeworfen, dadurch sieht man die Mineralien, das Sonnenlicht oder die Sonnenwärme dringt in die Pflanzen, dadurch grünen sie – sondern man muß sagen: Die Sonne – und man meint jetzt diese unzähligen geistigen Wesen, welche die Sonne bevölkern und welche ihr Seelisch-Geistiges sind –, die Sonne träumt, und ihre Träume umhüllen die Erde und gestalten die Pflanzen.

Wenn Sie sich die Erdoberfläche denken, die physischen Pflanzen aus ihr herauskommend, die es bis zur Blüte bringen, so haben Sie darinnen die Wirkung der physischen Sonnenstrahlen. Aber darüber nun lebt und webt die Traumeswelt der Sonne. Das sind lauter Imaginationen. Und man kann sagen: Wenn die Schneedecke schmilzt im Frühling und die Sonne wiederum ihre Kraft gewinnt, dann umschweben und umweben nach und nach die Imaginationen der Sonne die Erde.

Und diese Imaginationen der Sonne sind imaginierte Kräfte, und diese weben an der Pflanzenwelt. Wenn wir nun auch sagen müssen, daß diese imaginative Welt, diese imaginative Atmosphäre, welche die Erde umgibt, ganz besonders lebendig vom Frühling bis zum Herbst ist in irgendeiner Gegend, wo eben gerade Frühling oder Herbst der Erde ist, so ist aber natürlich dennoch in einer gewissen Weise dieses traumhafte Element der Sonnenwirkung auch während der Winterszeit da. Nur ist es während der Winterszeit, ich möchte sagen so, daß es dumpfe Träume sind, während der Sommerszeit sind es in sich gestaltende, bewegliche Träume. Dieses Element ist es, in dem sich die Imaginationen der Sonne entwickeln, in dem vor allen Dingen auch lebt und webt die Ich-Wesenheit und der astralische Leib des Menschen, wenn sie außer dem physischen und dem Ätherleib sind.

Sie werden aus dem, was ich gesagt habe, entnehmen, daß eigentlich das Schlafen im Sommer etwas ganz anderes heißt als im Winter, wenn auch zunächst das menschliche Leben und sein Bewußtsein innerhalb des gegenwärtigen Bewußtseinszustandes ein so dumpfes und herabgelähmtes ist, daß diese Dinge nicht wahrgenommen werden. In älteren Zeiten der Menschheitsentwickelung unterschieden die Menschen durch ihre Empfindungen sehr genau zwischen dem Winterschlaf und dem Sommerschlaf. Und sie wußten auch, welche Bedeutung der Winterschlaf und der Sommerschlaf für sie hatte. Die Menschen wußten in diesen älteren Zeiten, daß der Sommerschlaf ein solcher war, daß sie sagen konnten: Während des Sommers ist die Erde mit Bildgedanken umwoben. – Das drückten die Menschen der älteren Zeiten so aus: Da steigen die oberen Götter herunter während des Sommers und umschweben die Erde; während des Winters steigen die unteren Götter aus der Erde herauf und umschweben die Erde. – Diese imaginative Welt, die anders gestaltet ist während des Winters und des Sommers, empfand man als das Weben von oberen und von unteren Göttern. Aber man wußte auch in diesen älteren Zeiten der Menschheitszivilisation, daß der Mensch mit seiner Ich-Wesenheit und mit seinem astralischen Leibe in dieser webenden imaginativen Welt ist.

Nun zeigt uns aber gerade diese Tatsache, die ich eben Ihnen entwickelt habe, wenn wir sie geisteswissenschaftlich beobachten, in welcher Beziehung der Mensch zum außerirdischen Weltenall schon während seines irdischen Daseins steht. Im Sommer, wenn es in irgendeiner Gegend der Erde Sommer ist, da ist der Mensch eigentlich während seines Schlafes immer umwoben von einer scharfkonturierten kosmischen Imagination. Dadurch ist er während dieser Sommerszeit an die Erde herangedrückt, möchte ich sagen, mit seinem geistig-seelischen Wesen. Während der Winterszeit ist es anders. Während der Winterszeit, da werden die Konturen dieser Imaginationen gewissermaßen weiter.

Während des Sommers, da sind ganz deutlich ausgeprägte Imaginationen – in mannigfaltigsten Figuren –, innerhalb welcher wir während unseres Schlafes mit unserer Ich-Wesenheit und unserer astralischen Wesenheit leben. Während des Winters sind weitmaschige Figuren um die Erde herum, und das hat zur Folge, daß jedesmal, wenn der Herbst beginnt, das, was in unserer Ich-Wesenheit und in unserem astralischen Leibe lebt, zur Nachtzeit weit in die Welt hinausgetragen wird. Während der heißen Sommerszeit bleibt dasjenige, was in unserem Ich und in unserem astralischen Leibe lebt, sozusagen mehr in der geistig-seelischen Atmosphäre der Menschen. Während der Winterszeit wird dasjenige, was in unserer Ich-Wesenheit und in unserer astralischen Wesenheit lebt, hinausgetragen in die Weltenweiten. Man kann schon sagen, ohne daß man irgend etwas bloß Bildliches, sondern indem man etwas ganz Wirkliches sagt: Das, was der Mensch seelisch in sich ausbildet und was er hinaustragen kann zwischen dem Einschlafen und dem Aufwachen durch seine Ich-Wesenheit und durch seine astralische Wesenheit aus seinem physischen und aus seinem Ätherleibe, das speichert sich auf während der Sommerszeit und strömt während der Winterszeit in die Weiten des Kosmos hinaus.

Wir können nicht als Menschen nun so denken, daß wir uns gewissermaßen im Erdendasein abschließen und die Weite der Welt von uns nichts weiß. So ist es nicht. Man kann zwar sagen, zur Johannizeit, im Sommer, da kann sich der Mensch vor den Weltengeistern zunächst verstecken, und es könnte ihm gelingen, da auch verwerfliche Gefühle zu haben; das dichte Netz von Imaginationen läßt das nicht hinaus. Aber das bleibt ja. Und zur Weihnachtszeit, da schauen die Götter herein auf die Erde; da verrät sich alles, was in den Menschenwesen lebt und mit ihrem Ich und mit ihrer astralischen Wesenheit hinausgeht. Und man dürfte schon das Bild hinstellen, das eine Wirklichkeit darstellt: daß sich mit der Winterszeit die Erdenfenster öffnen und die Engel und Erzengel nachschauen, wie die Menschen auf der Erde sind.

Wir auf der Erde haben uns allmählich in der neueren Zivilisation daran gewöhnt, das, was wir uns vor der Erkenntnis gestatten dürfen, philiströs-nüchtern auszudrücken, unpoetisch. Die höheren Wesen bleiben immer Dichter, und deshalb drückt man ihr Wesen niemals richtig aus, wenn man es mit physisch-nüchternen Worten schildert, sondern da muß man schon zu solchen Worten greifen, wie ich sie eben gebraucht habe: zur Weihnachtszeit öffnen sich der Erde Fenster, und die Engel und Erzengel schauen durch die Fenster, was die Menschen das ganze Jahr hindurch treiben. Die Wesen der höheren Hierarchien sind, auch wenn sie denken, Poeten und Künstler. Die Logik, wie wir sie gewöhnlich entwickeln wollen, ist nur ein Ergebnis der Erdenschwere, womit nicht gesagt sein soll, daß sie nicht auf der Erde höchst nützlich ist.

Von dem nun, was in dem Menschen lebt, ist aber so in seinem Verhalten, wie ich es jetzt geschildert habe, eigentlich das, was im Gemüte des Menschen lebt, das Wesentliche für diese höheren Wesen. Was die Professoren ausdenken, das interessiert die Engel nicht, die zum Weihnachtsfenster hereinschauen, da schauen sie darüber hinweg. Um die Gedanken kümmern sie sich nicht so sehr zunächst. Was in des Menschen Gefühlen, im menschlichen Gemüte vorgeht, das hängt zusammen mit diesem Jahreskreislauf der Sonne in bezug auf seine kosmische Geltung. Also nicht so sehr kommt zur Winterszeit vor das Antlitz der göttlich-geistigen Welten, ob wir dumm oder gescheit sind auf Erden, sondern lediglich, ob wir gute oder schlechte Menschen sind, ob wir gemütvolle Menschen oder Egoisten sind. Das ist dasjenige, was durch die Regelung des Jahreskreislaufs den kosmischen Welten mitgeteilt wird.

Was wir denken, so könnten Sie glauben, bleibt bei der Erde, weil ich vorhin gesagt habe, darum kümmern sich die Engel und Erzengel nicht, wenn sie zu den Weihnachtsfenstern hereinschauen. Aber sie kümmern sich aus dem Grunde nicht darum, weil sie – wenn ich mich jetzt etwas nüchtern ausdrücken soll – da eben die größeren Münzsorten, die wertvolleren Münzsorten, die aus dem geistig-seelischen Wesen des Menschen geprägt werden, entgegennehmen. Und diese wertvolleren Münzsorten werden durch das Gemüt, das Gefühl und durch das, was durch den Inhalt seines Gefühles, seines Gemütes der Mensch wert ist, geprägt. Die Gedanken sind für den Kosmos nur die Scheidemünzen, die kleinen Münzsorten, und diese kleinen Münzsorten, die werden nämlich von niederen Geistern jede Nacht belauscht. Also, ob wir dumm oder gescheit sind, das wird für den Kosmos, allerdings nicht für sehr weite Strecken des Kosmos, sondern nur für den Umkreis der Erde von den, ich möchte sagen, allernächsten, daher auch untergeordnetsten, mehr elementarischen Wesen, die im Umkreise der Erde sind, jede Nacht belauscht. Der Tageskreislauf der Sonne, der ist da, um den Wert unserer Gedanken dem Kosmos mitzuteilen, so weit die Gedanken gehen; sie gehören nur dem Umkreis des Irdischen an. Der Jahreskreislauf der Sonne, der ist dazu da, um unser Gemüt, um unsere Gefühlswesenheit weiter in die kosmischen Welten hinauszutragen.

Und unsere Willensnatur kann in dieser Weise nicht in den Kosmos hinausgetragen werden. Denn der Tageskreislauf ist streng geregelt, er verläuft in vierundzwanzig Stunden. Der Jahreskreislauf der Sonne ist streng geregelt. Die strenge Regelung des Tageskreislaufes merken wir in der strengen logischen Regelung unserer Gedanken. Die Regelung des Jahreskreislaufes merken wir in der Nachwirkung in unserem Gemüte, indem es gewisse Empfindungen gibt, welche zu irgend etwas, was der Mensch tut, sagen: Es ist gut –, zu etwas anderem: Es ist böse.

Aber ein Drittes lebt im Menschen, das ist der Wille. Der Wille steht zwar in Verbindung mit dem Fühlen, und das Fühlen kann nicht anders, als zu gewissen Handlungen sagen: Sie sind moralisch gut –, zu andern: Sie sind moralisch nicht gut. – Aber der Wille kann das moralisch Gute tun und kann auch das moralisch Nicht-Gute tun. Da sehen wir, daß eine strenge Regelung nicht vorhanden ist. Wie unser Wille zu unserem Menschenwesen steht, das ist nicht in demselben Sinne streng geregelt, wie das Denken und das Gefühl geregelt sind. Wir können nicht eine schlechte Handlung gut oder eine gute Handlung schlecht nennen, können auch nicht einen logischen Gedanken unlogisch, einen unlogischen logisch nennen. Das rührt davon her, daß das Denken unter dem Einfluß der Tageswirkung der Sonne steht, das Fühlen unter dem Einfluß des Jahreskreislaufes der Sonne steht. Der Wille aber ist auf der Erde der Menschheit überlassen. Und nun könnte der Mensch sagen: Ja, höchstens passiert es mir, wenn ich unlogisch denke, daß meine unlogischen Gedanken jede Nacht in den Kosmos hinausgetragen werden und da Unheil anrichten, aber was macht mir das? Ich bin ja nicht dazu da, den Kosmos in Ordnung zu bringen. – Hier auf Erden, wo er ein Leben in der Illusion hat, könnte er unter Umständen so sagen, aber zwischen dem Tode und einer neuen Geburt würde er niemals so sagen, denn zwischen Tod und neuer Geburt ist er selbst in den Welten, wo er durch seine dummen Gedanken Unheil angerichtet haben kann, und er muß all das Unheil durchmachen. Ebenso ist er zwischen dem Tode und einer neuen Geburt in denjenigen Welten, in die seine Gefühls- und Gemütszustände eingeflossen sind. Aber auch hier könnte er wieder auf Erden sagen: Nun ja, in den Kosmos, da dampft allerdings dasjenige hinaus, was in meinen Gefühlen lebt, aber ich überlasse den Göttern, was da durch mich an Unheil angerichtet werden könnte.

Aber mein Wille, der ist nur auf der Erde ungeregelt. Der materialistische Mensch, der das Menschenleben nur nach der Zeit zwischen der Geburt und dem Tode zählt, kann niemals irgendwie zu dem Gedanken kommen, daß sein Wille eine kosmische Bedeutung habe. Er kommt allerdings auch nicht zu dem Gedanken, daß seine Gedanken oder daß seine Gefühle eine kosmische Bedeutung haben. Aber selbst derjenige, der gut weiß, daß Gedanken durch den Tageskreislauf, Gefühle durch den Jahreskreislauf der Sonne eine kosmische Bedeutung haben, sieht nun sich abspielen, was durch den guten oder bösen Willen der Menschen auf der Erde verrichtet wird, und er muß von dem Kosmischen abgehen und an die Menschennatur selber herangehen, um zu sehen, wie nun das, was im menschlichen Willen wirkt, in den Kosmos hinauskommt. Das nämlich, was im menschlichen Willen wirkt, das muß der Mensch selbst in den Kosmos hinaustragen, und das trägt er hinaus, wenn er durch die Pforte des Todes gegangen ist. Dafür sind nicht Tages-, nicht Jahresläufe, sondern dafür ist die Todespforte, durch die der Mensch dann dasjenige trägt, was er durch seinen Willen hier auf der Erde an Gutem oder Bösem angerichtet hat.

Das ist ein eigentümliches Verhältnis des Menschen zum Kosmos in bezug auf sein Seelisches. Wir sagen von unseren Gedanken: *Wir* haben die Gedanken. – Aber sie stehen nicht in unserer Willkür. Wir müssen uns nach den Gesetzen der Welt richten, wenn wir denken, sonst werden wir mit allem, was in der Welt vorgeht, in Konflikt kommen. Wenn ein kleines Kind vor mir steht und ich denke: Das ist ein Greis –, so habe ich vielleicht meiner Willkür gefrönt in bezug auf das Denken, aber ich stehe dann nicht in der Welt drinnen mit den Gedanken. Also in bezug auf die Gedanken sind wir durchaus nicht unabhängig, und wir sind so wenig unabhängig, daß unsere Gedanken gleich mit dem Tageskreislauf der Sonne in den Kosmos hinausgetragen werden.

Auch mit unseren Gefühlen sind wir nicht unabhängig; die werden durch den Jahreskreislauf hinausgetragen. Also schon während des irdischen Daseins lebt dasjenige, was in unserem Kopfe durch die Gedanken und in unserer Brust durch unsere Gefühle ist, nicht nur in uns, sondern es lebt ein kosmisches Dasein mit. Lediglich was in unserem Willen lebt, das bewahren wir bei uns bis zu unserem Tode. Dann, wenn wir den Körper abgelegt haben, wenn wir nichts mehr zu tun haben mit den irdischen Kräften, tragen wir sie durch die Todespforte hinaus.

Und nun tritt der Mensch durch die Todespforte, beladen mit dem, was aus seinen Willenshandlungen geworden ist. Wie er hier um sich herum hat, was in Mineralien, Pflanzen, Tieren, im physischen Menschen lebt, was in Wolken, Flüssen, Bergen, Sternen, insofern sie äußerlich durch das Licht sichtbar sind, lebt, wie er das hier während seines Daseins zwischen Geburt und Tod um sich herum hat, so hat er eine Welt um sich herum, wenn er den physischen und Ätherleib abgelegt hat und durch die Todespforte geschritten ist. Gerade diejenige Welt hat er um sich, in die in jeder Nacht seine Gedanken hineingegangen sind, in die in jedem Jahreskreislauf seine Gefühle hineingegangen sind: Das hast du gedacht; das hast du gefühlt. – Und ihm ist es jetzt so, als ob die Wesenheiten der höheren Hierarchien ihm seine Gedanken und Gefühle entgegenträgen. Sie haben sie in der Weise, wie ich es charakterisiert habe, angeschaut. Jetzt strahlt ihm sein Verstand, jetzt strahlt ihm sein Gemüt entgegen. So, wie hier dem Erdendasein die Sonne vom Morgen bis zum Abend leuchtet, wie sie untergeht und es Nacht wird, so strahlen uns entgegen unsere Weistümer als Tag, wenn wir durch die Todespforte geschritten sind, so dunkeln und dämmern ab die Geisteslichter um uns herum, und es wird Nacht durch die angesammelten Torheiten. Was hier auf dieser Erde Tag und Nacht ist, das ist, nachdem wir durch die Todespforte geschritten sind, um uns herum als das Ergebnis unserer Weistümer und unserer Torheiten. Und was hier auf diesem Erdenrund der

Mensch erlebt als Frühling und Sommer, Herbst und Winter im Jahres-kreislauf, als Änderung des Wärmezustandes, Änderung des sonstigen Sich-Fühlens, das erlebt er, indem er durch die Todespforte hindurch-geschritten ist, auch als eine Art von Kreislauf, der allerdings wesent-lich länger dauert. Er erlebt das Wärmende, das Lebenfördernde, das heißt, das sein Geistselbst Fördernde seiner guten Gefühle, seiner Sympathie für das Gute; er erlebt fröstelnd, nachdem er durch die Todespforte geschritten ist, seine Sympathie mit dem Bösen, mit dem Unmoralischen. So, wie wir hier durch Sommerwärme und Winter-kälte hindurch auf der Erde leben, so leben wir nach dem Tode, er-wärmt durch unser gutes Fühlen, fröstelnd durch unser schlechtes Fühlen; und die Wirkungen unseres Willens tragen wir durch diese geistigen Jahreszeiten und durch diese geistigen Tageszeiten hindurch.

Wir sind, indem wir durch die Todespforte geschritten sind, zu-nächst die Wirkung unseres Moralischseins auf Erden. Und wir haben eine Umgebung, welche durchsetzt ist von unseren Torheiten und Weistümern, von unseren Sympathien und Antipathien für das Gute.

So daß wir sagen können: Wie wir auf Erden die Sommerluft um uns herum haben, die warme, lebenfördernde, wie wir die fröstelnde Winterluft um uns herum haben, so haben wir nach dem Tode eine Atmosphäre um uns, die geistig-seelische Atmosphäre, die warm, lebenfördernd ist, insofern sie zubereitet ist durch unsere guten Ge-fühle, und wir haben eine fröstelnde Atmosphäre um uns, insofern sie zubereitet ist durch unsere schlechten Gefühle. – Hier auf dieser Erde ist uns die Sommer- und Winterwärme wenigstens für gewisse Gegen-den gemeinsam. In der Zeit nach dem Tode hat jeder seine eigene Atmosphäre, die er sich selbst erzeugt. Und das sind gerade die be-deutsamsten Erlebnisse nach dem Tode, daß der eine neben dem andern geht fröstelnd, während der andere im lebenfördernden Warmen ist.

Das sind die Erfahrungen, die gemacht werden können nach dem Tode. Und zu den Erfahrungen, die durchgemacht werden in der Seelenwelt, wie ich sie in meiner «Theosophie» beschrieben habe, ge-hört es hauptsächlich, daß diejenigen Menschen, welche böse Ge-fühle entwickelt haben hier auf Erden, ihre schlimmen Erfahrungen im Anblicke derjenigen entwickeln müssen, die gute Gefühle entwickelt haben.

Man kann schon sagen, alles, was zunächst im Innern des Menschen verborgen bleibt, das enthüllt sich, wenn der Mensch durch die Todespforte geschritten ist. Und der Schlaf gewinnt jetzt auch eine kosmische Bedeutung, und das Dasein während des Winters gewinnt auch eine kosmische Bedeutung. Wir schlafen jede Nacht, damit wir uns das Licht bereiten, in dem wir leben müssen nach dem Tode, wir machen die Wintererfahrungen durch, damit wir uns die Wärmeverhältnisse geistig-seelischer Art bereiten, in die wir eintreten nach dem Tode. Und in das, was wir uns selber sozusagen als die Atmosphäre der geistigen Welt bereiten, in das hinein tragen wir die Wirkungen unserer Taten.

Hier auf der Erde leben wir durch unseren physischen Leib als erdenschweres Wesen. Wir leben durch unser Atmen im Luftkreislauf, und wir sehen außerhalb die Sterne. Sind wir durch die Pforte des Todes geschritten, draußen in der geistig-seelischen Welt, da sind wir der Erde entrückt; wir sind gewissermaßen außerhalb der Sterne, schauen die Sterne von hinten an, schauen zurück zur Sternenwelt. Wir stehen nicht auf dem Boden der Erde, wir wesen in den Weltgedanken und in den Weltenkräften. Wir leben in der Atmosphäre, die wir uns selber bereitet haben geistig-seelisch, wie ich es beschrieben habe. Wir schauen zurück zu den Sternen, sehen nicht die Sterne glänzen, sondern sehen die Hierarchien, die Geistwesen, welche in den physischen Sternen nur ihr Abbild haben.

So kann immer mehr und mehr der Mensch hier auf dieser Erde lernen, wie sein Leben sein wird, wenn er durch die Todespforte tritt. Es gibt Menschen, die sagen: Was brauche ich das alles zu wissen? Ich werde es ja sehen nach dem Tode! – Ja, das ist ungefähr so, wie wenn der Mensch den Wert seines Augenlichtes anzweifelte. Denn der Mensch tritt einmal im Laufe der Erdenentwickelung immer mehr und mehr in ein Leben ein, in dem er sich das Miterleben dessen, was ich beschrieben habe, dadurch erwerben muß für die Zeit nach dem Tode, daß er es hier auf der Erde zunächst im Gedanken faßt. Ausschließen das Wissen von den geistigen Welten auf der Erde heißt, sich geistig-seelisch blenden für sein Leben nach dem Tode. Und man tritt einfach als ein Krüppel in die geistige Welt ein, wenn man durch die Todespforte tritt, wenn man es hier auf dieser Welt verschmäht, von der geistigen Welt etwas zu wissen, denn die Menschheit entwickelt sich zur Freiheit.

Das ist etwas, was der Menschheit immer klarer und klarer werden sollte und woraus sie einsehen sollte die Notwendigkeit des Wissens von der geistigen Welt.

DRITTER VORTRAG

Dornach, 3. Dezember 1922

Ich möchte im Laufe dieser jetzt gepflogenen Betrachtungen immer mehr begreiflich machen, wie der Mensch nicht nur mit seiner Wesenheit der Erdenwelt, dem Erdendasein angehört, sondern auch dem kosmischen Dasein, dem Dasein der Sternenwelt. Manches, was in dieser Beziehung zu sagen ist, habe ich bereits auseinandergesetzt. Ich möchte nur, damit nicht Mißverständnisse entstehen, den folgenden Betrachtungen eine Bemerkung voranschicken. Man wird immer vielleicht dem Vorwurfe ausgesetzt sein, daß man hinneige zu der auch heute vielfach gepflogenen dilettantischen Astrologie, wenn man von dem Zusammenhange des Menschen mit der Sternenwelt spricht. Es muß nur das, was man in dieser Beziehung vorbringt, in der richtigen Weise erfaßt werden, dann wird schon der gewaltige Unterschied hervortreten zwischen dem, was hier gemeint ist, und allen Dilettantismen, die heute so vielfach in Anknüpfung an alte astrologische Traditionen zutage treten.

Wir sagen, daß der Mensch hier zwischen Geburt und Tod ein Wesen ist, das im Zusammenhange steht mit der Erde und ihrem Geschehen. Was meinen wir damit? Wir meinen damit, daß der Mensch zwischen Geburt und Tod sein Dasein dadurch hat, daß er zunächst einmal in sein Stoffwechselsystem herein die Stoffe der Erde als Nahrungsmittel nimmt und sie in seinem Organismus verarbeitet; daß er durch seine Atmung und durch die Vorgänge, die sich im Innern an die Atmung anschließen, des weiteren mit der Erde, das heißt, mit dem Luftumkreis der Erde in einem Verhältnisse steht. Wir sprechen ferner davon, daß der Mensch durch seine Sinne die äußeren Dinge der Erde wahrnimmt, ja, auch noch einen Abglanz des Außerirdischen wahrnimmt, welcher Abglanz übrigens viel irdischer ist, als man gewöhnlich glaubt. So daß man im ganzen sagen kann, der Mensch nimmt durch seine Sinne, durch seine rhythmische Organisation und durch seine Stoffwechselorganisation das Erdendasein in sich auf, und er hat in sich selber die Fortsetzung derjenigen Vorgänge, die durch das Erdendasein und seine Prozesse angeregt werden. Ebenso aber ist im Menschen die Fortsetzung der kosmischen, der außerirdischen Vorgänge vorhanden. Nur muß man nicht glauben, daß, wenn davon gesprochen wird, auf den Menschen werde, sagen wir, von dem Planeten Mond oder Venus oder Mars ein Einfluß ausgeübt, das so zu verstehen ist, als ob nur irgendwelche Strahlungen oder dergleichen von Mars oder Venus oder Mond heruntergeschickt würden und der Mensch von diesen durchdrungen würde. Man muß, wenn zum Beispiel gesagt wird, der Mensch unterliege dem Mondeneinfluß, dieses durchaus in Analogie auffassen zu dem, was gemeint ist, wenn man sagt, der Mensch unterliege dem Einfluß der Substanzen der Erde.

Wenn der Mensch an einem Apfelbaum vorbeigeht und einen Apfel pflückt und ihn ißt, so kann man sagen, der Apfelbaum habe einen Einfluß auf den Menschen; aber man wird sich das nicht so geradlinig vorstellen, daß der Apfelbaum eben seine Strahlungen nach dem Menschen hingeschickt hat. Oder wenn der Mensch meinetwillen an einer Weide vorbeigeht und da ein Ochse ist, und der Mensch nach acht Tagen das Fleisch von diesem Ochsen ißt, wird man auch nicht so unmittelbar sich vorstellen, daß der Ochse einen Einfluß auf den Menschen ausgeübt hat. So muß man sich natürlich auch nicht zu geradlinig dasjenige vorstellen, was von dem Einfluß der Sternenwelt auf den Menschen zu sagen ist. Das Verhältnis der Sternenwelt zum Menschen und des Menschen zur Sternenwelt ist doch real da, ebenso wie das Verhältnis des Menschen zu dem Ochsen, an dem er vorbeigeht und dessen Fleisch er dann ißt.

Nun habe ich heute von gewissen Beziehungen zu sprechen, welche bestehen zwischen dem Menschen und der Welt sowohl des Erdendaseins wie auch des außerirdischen Daseins. Wenn wir noch einmal unseren Blick darauf wenden, wie der Mensch in den Wechselzuständen des Wachens und des Schlafens lebt, so müssen wir zunächst uns klar darüber sein, daß eigentlich im Wachzustande vorzugsweise das Wechselverhältnis des Menschen zu den irdischen Substanzen und irdischen Kräften hergestellt wird. Der Mensch nimmt durch seine Sinne während des Wachens wahr. Er nimmt nicht wahr durch seine Sinne während des Schlafes. Der Mensch ißt und trinkt auch nur in der Regel während des Tagwachens, obwohl vielleicht manche das auch noch im Schlafe möchten. Nur der Atmungsprozeß und der Prozeß, der im Zusammenhange mit dem Atem steht, der Blutkreislaufprozeß, das sind solche Prozesse – wie überhaupt die rhythmischen Prozesse –, die sich im Menschen im Wach- und im Schlafzustande abspielen. Nur sind sie doch voneinander verschieden im Wach- und im Schlafzustande. Davon will ich später noch sprechen, was für ein Unterschied zum Beispiel zwischen dem Wachatmen und dem Schlafatmen ist. Aber halten wir uns zunächst daran, daß der Mensch durch seine Sinne und auch durch seinen Stoffwechsel mit der Außenwelt in einer Beziehung steht während des Wachens, zunächst nur in bezug auf diejenigen Dinge, die jeder kennt; es soll also nichts anderes als etwas Bekanntes damit konstatiert sein.

Nun, gehen wir einmal davon aus, daß der Mensch die Nahrungsmittel von der Außenwelt hereinnimmt während seines Wachzustandes. Während seines Wachzustandes tritt auch eine innere Tätigkeit im Menschen auf unter dem Einflusse der Verarbeitung der Nahrungsmittel. Aber es darf nicht außer acht gelassen werden, daß, während im Wachen, nachdem die Nahrungsmittel aufgenommen sind und unter dem Einflusse der Nahrungsmittel die innere physische und auch ätherische Tätigkeit im Menschen vor sich geht, daß da der menschliche Organismus, sowohl der physische wie der ätherische, durchdrungen ist von der Ich-Wesenheit und von der astralischen Wesenheit des Menschen.

Es ist auch so, daß während des Wachens die Ich-Wesenheit und die astralische Wesenheit des Menschen sich durchaus desjenigen bemächtigen, was da im Anschluß an die Ernährung im physischen und im ätherischen Menschen vor sich geht. Aber was da unter dem Einflusse der Ich-Wesenheit und des astralischen Menschen vor sich geht, geht nicht während des Schlafzustandes vor sich. Während des Schlafzustandes wird auf den physischen Leib und auf den Ätherleib des Menschen eine Tätigkeit, eine Wirkung ausgeübt, die nun nicht von der Erde, sondern von dem kosmischen Umkreis der Erde, von der Sternenwelt ausgeht.

Man möchte sagen, und es ist das wiederum nicht etwa figürlich gesprochen, sondern es hat einen realen Sinn: bei Tag ißt der Mensch das Substantielle der Erdenstoffe, und bei Nacht nimmt der Mensch in sich auf dasjenige, was ihm geben die Sterne und ihre Vorgänge. So daß also gewissermaßen der Mensch dadurch, daß er wacht, an die Erde gebunden ist; und er wird gewissermaßen von der Erde weggenommen und es spielen sich in ihm, wenn ich so sagen darf, Himmelsprozesse ab, während er schläft, und zwar Himmelsprozesse im physischen und ätherischen Leibe.

Die materialistische Erkenntnis meint, daß, wenn der Mensch einschläft, nur die Stoffe, die er aufgenommen hat, ihre eigenen Kräfte in ihm regsam machen, während in der Tat, ob der Mensch nun diese oder jene Stoffe aufnimmt, in ihm während seines Schlafzustandes diese Stoffe verarbeitet werden durch die Kräfte der Umgebung der Erde, durch die kosmischen Kräfte. Sagen wir zum Beispiel, wir nehmen Eiweiß zu uns. Dieses Eiweiß wird nur dadurch an die Erde gefesselt, daß wir während des Wachzustandes durchsetzt sind als Mensch von unserem Seelischen und Geistigen, nämlich von unserem astralischen Wesen und von der Ich-Wesenheit. Während des Schlafzustandes wirkt auf dieses Eiweiß die ganze Planetenwelt vom Mond bis zum Saturn, wirkt die Fixsternwelt. Und ein Chemiker, der den Menschen untersuchen möchte in bezug auf seine inneren Vorgänge während des Schlafes, müßte nicht nur eine irdische Chemie kennen, sondern er müßte auch eine geistige Chemie kennen, denn die Vorgänge sind dann andere als während des Tagwachens.

Ebenso ist es mit der Ich-Wesenheit und dem astralischen Wesen des Menschen, die im Schlafe von dem physischen Leibe und dem ätherischen Leibe abgetrennt sind. Diese stehen zwar nicht unmittelbar in Beziehung zu der Sternenwelt, wohl aber zu jenen Wesenheiten, deren physisches Abbild Sonne, Mond und die Sterne sind, also zu den Wesenheiten der höheren Hierarchien. So daß man sagen könnte: Der Mensch ist schlafend eine Zweiheit. Sein Ich und sein astralischer Leib – ich könnte auch sagen sein Geist und seine Seele – sind hingegeben an die Geistwesen der höheren Weltenreiche. Seine Leiber, der physische Leib und der Ätherleib, sind an den physischen Abglanz, an das physische Abbild, an das kosmisch-physische Abbild dieser höheren Wesenheiten hingegeben. – Der Mensch, indem er sich als Erdenwesenheit weiß, ist unter dem Einflusse des Intellektualismus eigentlich immer mehr und mehr ein materialistischer Philister geworden. Fast ebensogut, wie man die neuere Zeit die Zeit des intellektuellen wissenschaftlichen Fortschrittes nennt, könnte man sie nennen die Zeit des Fortschrittes der Philistrosität, der materialistischen Philistrosität. Denn der Mensch ist sich nicht bewußt, daß er von etwas anderem abhängig ist als von den Sinneseindrücken der Erde, von den rhythmischen Vorgängen, die in ihm durch Erdenvorgänge ausgelöst werden, von den Stoffwechselvorgängen, die auch durch Irdisches in ihm veranlaßt werden. Daher ist sich der Mensch nicht bewußt, wie er eigentlich im Weltenall darinnensteht. Und dieses Darinnenstehen im Weltenall ist etwas ungeheuer Kompliziertes. Sobald man, ich möchte sagen, den Schleier hinweghebt, der doch immer vor dem Menschen sich ausbreitet, so daß der Mensch nur die sinnliche Welt sieht und nicht das dahinterliegende Geistige, sobald man diesen Schleier hinweghebt, wird das Leben doch eine außerordentlich komplizierte Sache. Da zeigt sich zunächst, daß nicht nur diejenigen Wesenheiten und ihr physischer Abglanz, die Sterne, auf den Menschen einen Einfluß haben, die jetzt unmittelbar beobachtet werden können, sondern daß innerhalb des irdischen Daseins selber übersinnliche Wesenheiten vorhanden sind, die verwandt sind mit den Sternenwesen, die aber gewissermaßen ihre Wohnsitze im Bereich des Irdischen aufgeschlagen haben.

Sie wissen, daß das alttestamentliche Volk den Jahve verehrt hat. Die Verehrung galt einer wirklichen Wesenheit. Diese Wesenheit hat einen Zusammenhang mit dem, was sich in der physischen Welt als Mond offenbart. Natürlich ist es immer mehr oder weniger bildlich, aber in der Bildlichkeit zugleich real gesprochen, wenn man sagt, jene Jahve-Wesenheit habe ihren Wohnsitz im Monde. Und alles, was zu dieser Jahve-Wesenheit gehört, hängt mit dem Mondendasein zusammen.

Aber nun gibt es Wesenheiten, welche, als sich der Mond von der Erde abgespalten hat, es verschmäht haben, wenn ich mich so ausdrücken darf, die Reise nach dem Monde zu machen mit den Jahve-

Wesenheiten, und die im Bereich des Irdischen geblieben sind. So daß wir gewissermaßen die ordnungsgemäßen Jahve-Wesenheiten ahnen können, wenn wir den Mond anschauen. Wir können sagen: Das ist der äußere physische Abglanz alles dessen, was in rechtmäßiger Weise teilnimmt an der Weltenordnung als Jahve-Wesenheit. – Aber wenn wir kennenlernen, was innerhalb der Oberfläche der Erde, sowohl in der festen Erde wie im Wäßrigen, sich abspielt, so haben wir Wesenheiten, die es verschmäht haben, ihren Wohnsitz auf dem Monde aufzuschlagen, die auf der Erde ihren Wohnsitz unrechtmäßigerweise aufgeschlagen haben.

Nun gibt es Helfer derjenigen Wesenheiten, die ich also Mondenwesenheiten nennen möchte. Diese Helfer gehören ebenso zu Merkur und Venus, wie die Mondenwesen zum Monde gehören, so daß gewissermaßen die Mondenwesen, die Venuswesen und die Merkurwesen eine Art von Dreiheit bilden. Die rechtmäßigen Wesen im Weltenall von dieser Art gehören eben diesen Sternen an. Aber sowohl im Irdischen der Erde wie im Wäßrigen der Erde finden sich Wesenheiten, die durchaus derselben Kategorie, aber, man möchte sagen, einem andern Zeitalter angehören, die nicht mitgegangen sind, als das Irdische durch den Mond und durch die Venus und so weiter kosmisch geworden ist. Diese Wesenheiten haben nun auf den schlafenden Menschen ebenso einen Einfluß wie die kosmischen Wesen selber, aber sie haben einen unheilvollen Einfluß. Sie haben den unheilvollen Einfluß, den ich etwa für einen Fall so charakterisieren kann: Wenn der Mensch einschläft, dann im Schlafzustande ist, zwischen dem Einschlafen und dem Aufwachen, da treten diese unrechtmäßigen Monden-, Venus- und Merkurwesen an ihn heran und sie setzen sich zur Aufgabe, ihm zu sagen, ihm einzureden – es spielt sich das alles zwischen Einschlafen und Aufwachen im unbewußten Zustande ab –, das Böse sei gut und das Gute sei bös.

Das ist in der Tat das Erschütternde, das furchtbar Schmerzliche, das die Initiation gibt, daß man dadurch Dinge kennenlernt jenseits der Schwelle des gewöhnlichen Bewußtseins, die für den Menschen keineswegs etwas Ungefährliches darstellen. Man macht sich eben im äußeren materialistisch orientierten Dasein keine Vorstellung, welchen Dingen der Mensch zwischen dem Einschlafen und Aufwachen ausgesetzt ist. Er ist wirklich diesen Wesen ausgesetzt, die ihm in seinem Schlafzustande durchaus einreden, daß das Gute böse und das Böse gut ist. Denn die irdisch-moralische Ordnung ist an den menschlichen ätherischen Leib gebunden, und seine moralischen Errungenschaften läßt der Mensch eigentlich, wenn er schläft, im Bette zurück. Er geht zunächst nicht ausgerüstet mit seinen moralischen Qualitäten in den Schlafzustand hinüber.

Überall streift an diejenigen Dinge, die man notwendigerweise in der Geisteswissenschaft auseinandersetzen muß, heute schon die Naturwissenschaft heran. Sie werden vielleicht neulich in den Zeitungen eine interessante Mitteilung gelesen haben, die statistisch aufgenommen worden ist und durchaus auf Wahrheit beruht. Da wurde gesagt, daß die Verbrecher in den Gefängnissen eigentlich den gesundesten Schlaf haben; sie werden durchaus nicht während ihres Schlafes, wenn sie richtige, hartgesottene Verbrecher sind, von bösen Träumen und dergleichen gequält. Das taucht nämlich erst wiederum auf, wenn sie in ihren Ätherleib untertauchen, da ist wiederum die moralische Qualifizierung darin. Gerade derjenige, der sich bemüht, moralisch zu sein, dem kann es viel eher passieren, daß er durch die moralische Konstitution seines Ätherleibes auch etwas in seinen astralischen Leib hinübernimmt und dann von Träumen gequält wird bei verhältnismäßig geringfügigem Unmoralischen. Aber jedenfalls ist es so, daß der Mensch das, was er sich als seine moralische Konstitution während des Erdendaseins erwirbt, in den Schlafzustand gar nicht oder nur mit geringer Intensität hinübernimmt, daß er aber während des Schlafzustandes zum Beispiel jenen Wesenheiten ausgesetzt ist, von denen ich eben gesprochen habe.

Diese Wesenheiten sind identisch mit denjenigen Wesenheiten, die ich sonst immer der Kategorie der ahrimanischen Wesenheiten zuzähle. Sie haben die Aufgabe, den Menschen möglichst auf der Erde zu erhalten. Sie wissen aus der Darstellung in meiner «Geheimwissenschaft im Umriß», daß die Erde sich einmal auflösen wird und in den Jupiterzustand hinübergehen wird. Das wollen diese Wesenheiten verhindern. Sie wollen namentlich verhindern, daß der Mensch regelmäßig mit der Erde sich bis zu Ende entwickelt und dann in einer normalen Weise in den Jupiterzustand hinüberwächst, sie wollen die Erde konservieren in ihrem Dasein, sie wollen die Erde erhalten und wollen den Menschen für die Erde erhalten. Daher bemühen sich diese Wesenheiten in der intensivsten Weise fortwährend, das Folgende zu machen. Das sind Vorgänge, ich möchte sagen hinter den Kulissen des Daseins, die, seit die Erde ein Menschengeschlecht hat, sich als reale Vorgänge vollziehen. Der Mensch geht in den Schlafzustand hinüber in seiner Ich-Wesenheit und in seiner astralischen Wesenheit. Diese widerrechtlich auf der Erde wohnenden Mond-, Venus-, Merkurwesenheiten versuchen nun, aus dem Erdenäther den Menschen eigentlich in jedem Schlafzustande einen Ätherleib zu geben. Es gelingt ihnen eigentlich fast nie. In seltenen Fällen, von denen ich später einmal sprechen werde, ist es ihnen gelungen, aber es gelingt ihnen fast nie. Aber sie geben den Versuch nicht auf, denn es scheint immer wieder und wiederum diesen Wesenheiten möglich, daß es ihnen gelingen könnte, wenn der Mensch schläft, wo er seinen Ätherleib im Bette zurückgelassen hat, ihn aus dem Erdenäther mit einem Ätherleib zu umgeben, zu durchdringen. Das möchten diese Wesen.

Würde es solch einem ahrimanischen Wesen wirklich gelingen, dem Menschen so stufenweise, wenn er immer wieder und wieder schläft, einen ganzen Ätherleib hineinzubringen, so würde der Mensch nach dem Tode, wenn er in seinem Ätherleib ist, sich im Ätherleibe erhalten können. Der Ätherleib löst sich sonst ja in wenigen Tagen auf. Aber der Mensch würde sich in seinem Ätherleib erhalten können, und es würde nach und nach ein ätherisches Menschengeschlecht entstehen. Das ist es, was von dieser Seite der geistigen Welt gewollt wird. Dann würde die Erde dadurch konserviert werden können. Tatsächlich haben wir innerhalb des festen und des wäßrigen Erdengefüges ein solches Heer von Wesenheiten, welche die Menschheit nach und nach bis zum Erdenende zu lauter Gespenstern, zu ätherischen Gespenstern machen möchten, so daß das Ziel, das normale Ziel der Erdenentwickelung nicht erreicht werden könnte. Nächtlicherweile verlieren diese Wesenheiten durchaus nicht ihren Mut. Sie glauben immer wieder, daß ihnen ihr Versuch gelingen könnte.

Man muß nur darüber sich klar sein: wir Menschen haben ja einen leidlichen Verstand; besonders in der jetzigen Zeit der fortschreitenden Philistrosität hat dieser Verstand eine bedenkliche Ausbildung erfahren. Also der Mensch kann sich schon eines gewissen Verstandes rühmen, aber dieser Verstand reicht nicht im entferntesten heran an den Verstand dieser ja viel höheren Wesenheiten, die das ausführen möchten, was ich Ihnen jetzt sagte. Der Mensch sollte daher nicht etwa sagen: Ja, aber diese Wesen müssen furchtbar dumm sein. – Nein, sie sind gar nicht töricht. Sie sind auch, indem sie ihre Tat nur auf den schlafenden Menschen ausüben, durchaus durch nichts abgehalten von dem Glauben, daß es ihnen doch vor dem Erdenende gelingen könnte, einen großen Teil des Menschengeschlechtes davon abzuhalten, seine künftigen Bestimmungen, die mit der Jupiterverkörperung der Erde zusammenhängen, zu erreichen.

Aber wer gewissermaßen hinter die Kulissen des sinnenfälligen Daseins sieht, kann sehen, daß doch diese Wesenheiten manchmal mutlos, enttäuscht werden. Und die Enttäuschungen, die diese Wesenheiten erleben, erleben sie nicht nächtlicherweile, sondern täglicherweile. Man sieht, wie sie diese Enttäuschungen erleben, wenn man mit diesen ahrimanischen Wesenheiten zusammentrifft, zum Beispiel in Krankenhäusern. Denn gewiß, die Krankheiten, welche die Menschen befallen, haben ihre eine Seite, die uns auffordert, unter allen Umständen zu ihrer Heilung alles, was wir tun können, beizutragen. Aber wir müssen auf der andern Seite fragen: Wie heben sich aus dem dunklen Schoße des Naturdaseins die Krankheitszustände des Menschen herauf? – Jene Krankheiten, die nicht durch äußere Einflüsse kommen, sondern die aus dem Innern des Menschen auftauchen, hängen eben damit zusammen, daß, wenn die ahrimanischen Wesen bei irgendeinem Menschen schon fast erreicht haben, daß er einen ätherischen Leib außerhalb seines gewöhnlichen ätherischen Leibes annimmt, diese Menschen, die also schon ätherische Leibesgesetzlichkeit beim Aufwachen in ihren physischen Leib und in ihren gewöhnlichen Ätherleib hineintragen, Krankheitsursachen in sich hineintragen. Durch diese Krankheitsursachen schützen die rechtmäßigen Venus-, Merkur- und Mondenwesen sich gegenüber dem schädlichen Einfluß der unrechtmäßigen. Ja, wenn ein Mensch manchmal nicht diese oder jene Krankheit bekäme, so unterläge er eben der Gefahr, von der ich jetzt gesprochen habe. Sein Leib bricht zusammen in irgendeiner Krankheit, damit er das, was er an unrechtmäßigen Ätherprozessen durch den ahrimanischen Einfluß aufgenommen hat – wenn ich mich des Ausdrucks bedienen darf –, ausschwitzen kann.

Und ein Weiteres, was als Reaktion hervorgerufen wird, damit der Mensch nicht diesem ahrimanischen Einflusse verfällt, ist die Irrtumsmöglichkeit. Und ein Drittes ist der Egoismus. Der Mensch sollte nicht krank sein, sollte nicht dem Irrtum verfallen sein, sollte nicht egoistisch sein im übertriebenen Sinne. Der Egoismus als solcher ist wiederum ein Festhalten des Menschen an der ordentlichen Erdenentwickelung gegenüber dem Herausreißen der menschlichen Wesenheit durch die ahrimanischen Wesen.

Das ist die eine Art von Wesen, die man entdeckt hinter den Kulissen des gewöhnlichen sinnlichen Daseins. Die andere Art von Wesen kann man sich dadurch zur Vorstellung bringen, daß man weiß, daß auf den Menschen aus dem Kosmos herein nicht nur Mond, Venus und Merkur Einfluß haben, sondern hinter der Sonne auch Mars, Jupiter, Saturn.

Sie wissen aus den Vorträgen, die ich hier im sogenannten Französischen Kurs gehalten habe, daß der Mond vorzugsweise der physische Abglanz derjenigen Wesen ist, die den Menschen hereinbringen in die physische Welt. Saturn ist der physische Abglanz derjenigen Wesenheiten, die den Menschen wieder hinaustragen aus der physischen Erdenwelt. Der Mond trägt den Menschen auf die Erde herunter. Saturn trägt ihn wiederum zunächst in die Weltenweiten und von da aus dann in die geistige Welt hinein. Ebenso nun, wie die Jahve-Mondgottheit zu Helfern die Venus-Merkurwesen hat, so hat der Saturn den Jupiter und den Mars zu seinen Helfern bei dem Hinausfördern der menschlichen Wesenheit in die Weltenweiten und in die geistige Welt. Das sind wiederum Einflüsse, welche auf den Menschen in entgegengesetzter Weise wirken als die mit der Mondwesenheit verwandten Influenzen.

Die Sache ist schon so, daß auf uns Menschen vorzugsweise Wirkungen ausgeübt werden bis zu unserem siebzehnten, achtzehnten Jahre von Mond, Venus, Merkur. Dann später findet vorzugsweise ein Einfluß statt, wenn wir unser zwanzigstes Jahr, einundzwanzigstes Jahr überschritten haben, von Mars, Jupiter, Saturn, der allerdings erst später dahin wächst, uns hinauszuführen aus dem irdischen Dasein in die geistige Welt. Es ist in der Tat die innere Menschenkonstitution von diesem, ich möchte sagen, Übergang von den inneren Planeten zu den äußeren Planeten abhängig. Wir sind zum Beispiel bis zu unserem siebzehnten, achtzehnten Jahre als Menschen vorzugsweise abhängig vom großen Blutkreislauf, der nach dem Gesamtkörper geht. Wir werden später mehr abhängig von dem kleinen Blutkreislauf. Doch das sind Dinge, die wir späteren Vorträgen überlassen müssen. Jetzt soll uns das andere interessieren, daß ebenso, wie unrechtmäßige Monden-, Venus- und Merkurwesen in den festen und in den flüssigen Bestandteilen der Erde ihre Wohnsitze haben, ebenso auch unrechtmäßige Mars-, Jupiter- und Saturnwesen in der Wärme und in der Luft, welche die Erde umgibt, ihre Daseinsbedingungen, bildlich ausgedrückt ihre Wohnsitze haben. Und diese Wesenheiten haben wiederum einen großen Einfluß auf den Menschen während seines Schlafzustandes. Aber ihr Einfluß geht nach der ganz entgegengesetzten Seite hin.

Diese Wesenheiten möchten den Menschen zu einem moralischen Automaten machen, wenn ich mich so ausdrücken darf, in der Art, daß der Mensch gar nicht im Wachzustande auf seine Instinkte, auf seine Triebe, auf die Sprache seines Blutes hören soll, daß er das alles verschmähen soll, daß er nur den Eingebungen eben dieser unrechtmäßigen Mars-, Jupiter- und Saturnwesen gehorchen soll und eben ein moralischer Automat ohne eine Perspektive nach einer jemals eintretenden Freiheit werden soll. Das wollen diese Wesen, und ihr Einfluß ist auch ein starker, ein außerordentlich starker. Sie sind es, welche den Menschen gewissermaßen jede Nacht dazu veranlassen möchten, den Einfluß der Sternenwelt aufzunehmen und nicht mehr zurückzukehren, um den Einfluß der Erdenwelt aufzunehmen. Sie möchten den Menschen ganz von dem irdischen Dasein hinwegheben. Sie wollen – sie haben das übrigens vom Anfange der Entstehung des

Menschengeschlechts auf der Erde gewollt –, daß der Mensch die Erde verschmäht, daß er auf der Erde, auf der er allein zur Freiheit erwachen kann, nicht zur Freiheit erwache, sondern daß er ein moralischer Automat bleibe, wie er es in der vorhergehenden Metamorphose der Erdenbildung während des Mondendaseins auf der Erde war.

Ich möchte sagen: mitten in diesen zwei Heereslagern, wovon das eine im Wärme- und im Luftelemente, das andere im Erden- und im flüssigen Elemente lagert, mitten zwischen diesen zwei sich bekämpfenden kosmischen Heereslagern steht der Mensch eigentlich drinnen. Das, was er ist im physischen Leibe, verhüllt ihm die Tatsache, daß ein furchtbarer Kampf um seine Wesenheit im Kosmos gekämpft wird. Und der Mensch muß heute in solches Wissen bewußt eintreten, das ihn als Mensch angeht, denn er ist eigentlich gerade dadurch Mensch, daß um ihn sich Kräfte aus der geistigen Welt bemühen. Es ist wichtig, daß der Mensch sich heute ein Wissen von dem erwirbt, worin er eigentlich als Mensch steht.

Man wird einmal auf der Erde viel mehr recht haben, unsere finstere materialistische Erkenntnis von heute geringzuachten gegenüber dem, was die Menschheit in der Zukunft wissen wird von dem hinter dem Physischen liegenden Geistigen, als wir heute ein Recht haben, zu sagen: Ach, was für kindische naturwissenschaftliche Erkenntnisse haben noch die Griechen gehabt! Das waren ja die reinen Kinder, wir haben es herrlich weit gebracht! – Vor allen Dingen in der Philistrosität haben wir es herrlich weit gebracht, und man wird viel mehr ein Recht zu einer solchen Kritik haben, wenn man aus vollem Wissen heraus über diese Kämpfe reden wird können, die um die Wesenheit des Menschen auf der Erde stattfinden.

Aber daß in unserer Zeit beginnen muß, daß sich ein Wissen von diesen Dingen verbreite, dafür sind auch Zeichen vorhanden. Allerdings verbirgt sich für die meisten Menschen heute noch im finsteren Dämmerdunkel ihres Daseins das, was ich Ihnen heute erzählt habe von den Kämpfen zwischen luziferischen und ahrimanischen Wesenheiten, die um die Wesenheit des Menschen im Weltenall stattfinden. Aber diese Kämpfe schlagen herein in das, was die Menschheit sehr wohl wahrnimmt, in dem sie bewußt drinnensteht. Und man muß heute die ersten Wellen, die aus der geistigen Welt von denjenigen Seiten hereinschlagen, die ich Ihnen beschrieben habe, zu beurteilen verstehen, wenn man nicht überhaupt ein Schlafesdasein innerhalb unseres Zivilisationslebens entwickeln will.

Diese zwei Heerlager, das luziferische in den Wärmeverhältnissen, in den Luftverhältnissen der Erde, das ahrimanische in den irdischen Verhältnissen und in den Wasserverhältnissen, schlagen ihre Wellen herein in unser Kulturleben. Die luziferische Heerschar infiziert heute vor allen Dingen die altgewordene Theologie, und wir sehen als einen Ausfluß dieser luziferischen Macht mitten im Kulturleben diejenigen Behauptungen, die den Christus zu einem Mythus machen wollen. Denn der Christus ist auf die Erde heruntergestiegen durch das Mysterium von Golgatha als eine reale Wesenheit. Das ist natürlich etwas, was den Wesenheiten, die den Menschen zu einem moralischen Automaten, nicht zu einem freien Wesen machen wollen, vor allen Dingen gegen alle ihre Intentionen geht. Daher: ausstreichen die reale Wesenheit des Christus, der Christus ist ein Mythus! Und Sie können in der Literatur des neunzehnten Jahrhunderts verfolgen, wie geistreich die Hypothesen von Theologen, wie zum Beispiel *David Friedrich Strauß, Kalthoff* und so weiter, oder von deren Nachbetern – man könnte besser sagen: den Nachplappernden –, wie zum Beispiel *Arthur Drews* vertreten werden, wie da überall diese Anschauung vertreten wird: Christus ist eine mythologische Figur, ein bloßes Bild, das sich der Phantasiekräfte der Menschen bemächtigt hat. – Oh, es wird noch viel mehr hereinschlagen von diesem Heerlager! Aber das ist die erste Welle, die hereingeschlagen hat.

Die andere erste Welle, die von dem ahrimanischen Heerlager kommt, von demjenigen Heerlager, das sich in den festen und irdischen Verhältnissen und in den wäßrigen Verhältnissen der Erde aufhält, schlägt die entgegengesetzte Ansicht herein: da wird der Christus verpönt, und bloß der «schlichte Mann aus Nazareth», Jesus als die physische Persönlichkeit, wird gelten gelassen – wiederum eine theologische Spezialität!

Die Verwandlung des Christus zum Mythus: rein luziferisch; die

56

Verwandlung Desjenigen, der durch das Mysterium von Golgatha gegangen ist, in einen bloßen Menschen, den man allerdings mit allen möglichen Eigenschaften ausstattet: rein ahrimanisch. Aber es gelingt eben schlecht, man muß dann immer ausschalten die Nachrichten und Traditionen, damit man diesen «schlichten Mann aus Nazareth» zusammenbringt! Aber in dieser Spezialität der Theologie zeigt sich durchaus das Hereinschlagen der ahrimanischen Welle in die Menschheitskultur.

Will man diese Dinge richtig beurteilen, dann muß man sie eben bis hinter die Kulissen des gewöhnlichen Erdendaseins verfolgen können. Sonst, wenn die Menschheit sich nicht dazu bequemen wollte, den Blick hinzurichten nach dem, was heute aus der geistigen Welt heraus gesagt werden kann, würde sie immer weniger solche Erscheinungen beurteilen können, und dadurch würden diese Erscheinungen die Menschheit in dem Unbewußten ergreifen. Aber es wird für die Menschheit immer gefährlicher, sich an das Unbewußte hinzugeben. Klare, helle Besonnenheit, Hinschauen auf das, was ist, Wirklichkeitssinn, das ist dasjenige, was die Menschheit immer mehr brauchen wird.

Und man kann vielleicht am allerstärksten spüren, wohin diese klare Besonnenheit, wohin dieser Wirklichkeitssinn sich wenden muß, wenn man sieht, wie so merkwürdige Erscheinungen – nämlich daß die Theologie auf der einen Seite den Christus verleugnet, auf der andern Seite den Christus zum Mythus macht – heute sich geltend machen. Solche Erscheinungen, die sich immer mehr und mehr ausdehnen werden, zeigen eben, daß die Menschheit einen klaren Blick, einen sicheren Blick über die geistigen Einflüsse auf die physische Welt gewinnen muß, namentlich auf den Menschen selbst, wenn sie nicht die Menschen zu ihrem Verderben ergreifen sollen.

Nun, ich habe es schon einmal wohl auch hier gesagt: Es waren einmal zwei Menschen, die fanden ein geformtes Stück Eisen. Da sagte der eine: Ein gutes Hufeisen! Ich will mein Pferd damit beschlagen. – Der andere sagte: Das geht nicht; das ist doch ein Magnet, das kann man doch zu etwas ganz anderem verwenden als zum Pferdebeschlagen! – Ich sehe nichts vom Magneten, sagte der erste; du bist ein verrückter Kerl, wenn du sagst, da seien unsichtbare, magnetische Kräfte drinnen. Pferdebeschlagen! Dazu taugt es.

So etwa sind die Menschen heute, welche nicht aufnehmen wollen die Dinge, die man aus der geistigen Welt spricht. Sie wollen, wenn ich mich bildhaft so ausdrücken darf, mit der ganzen Welt die Pferde beschlagen, weil sie die übersinnlichen Kräfte darinnen nicht gelten lassen wollen; Pferde beschlagen, nicht irgend etwas machen, wo die magnetischen Kräfte, die dadrinnen sind, verwendet werden. Aber es gab natürlich einmal eine Zeit – sie liegt gar nicht so lange hinter uns –, da hat man allerdings jenes so geformte Eisen zum Pferde-beschlagen verwendet. Nur, heute kann man das nicht mehr.

So wird eine Zeit kommen, wo der Mensch auch im gewöhnlichen sozialen Zusammenleben eben die Mitteilungen aus der geistigen Welt heraus brauchen wird. Dessen müssen wir eingedenk sein. Dann wird schon Anthroposophie nicht bloß in den Verstand hineingehen – das hat ja eine geringe Bedeutung –, sondern vor allen Dingen in den Willen hineingehen. Das hat eine große Bedeutung. Und daran wollen wir immer mehr und mehr denken.

VIERTER VORTRAG

Dornach, 15. Dezember 1922

Erinnern wir uns an die Auseinandersetzungen, die ich Ihnen für das Erleben des Menschen zwischen dem Tode und einer neuen Geburt gegeben habe. Wir haben aus den verschiedenen Darstellungen die Einsicht gewinnen können, daß dieses Leben des Menschen, vor allen Dingen in seiner Hauptzeit, um die Mitte des Zeitraumes zwischen dem Tode und einer neuen Geburt verläuft, daß der Mensch dann in Gemeinschaft lebt mit denjenigen Wesenheiten, welche in meiner «Geheimwissenschaft im Umriß» angeführt sind als die Wesenheiten der höheren Hierarchien. Dieses Leben mit den Wesenheiten der höheren Hierarchien ist ein solches, wie es hier für den Menschen, der in seinem physischen Leibe wohnt, mit Bezug auf die Wesenheiten der drei Naturreiche ist.

Alles im Grunde genommen, was wir in unserer irdischen Umgebung haben, gehört den drei Naturreichen an: dem mineralischen oder dem pflanzlichen oder dem tierischen Reiche, oder eben dem physischen Menschenreich, das in dieser Beziehung auch zum Tierreich gerechnet werden kann. Der Mensch hat seine Sinne, und durch die Eindrücke seiner Sinne lebt er mit diesen Wesenheiten der drei Naturreiche zusammen. Dasjenige, was sich in seinem Fühlen entwickelt, das bezieht sich zunächst zwischen Geburt und Tod, insofern es durch Erleben mit der Umgebung gewonnen wird, auch auf diese drei Naturreiche; ebenso das, was aus dem Willen kommt, das menschliche Handeln. Der Mensch lebt also zwischen der Geburt und dem Tode eingewoben in dasjenige, was ihm seine Sinne geben aus den drei Naturreichen heraus.

So lebt der Mensch in der angedeuteten Zeit zwischen dem Tode und einer neuen Geburt innerhalb, man könnte sagen, der höheren Reiche, innerhalb der Wesenheiten der höheren Hierarchien. Und dieses Zusammenleben mit den Wesen der höheren Hierarchien ist eigentlich ein Tun, eine fortwährende Tätigkeit. Wir haben gesehen, daß der Geistkeim des physischen Leibes im Zusammenarbeiten mit

59

diesen Wesenheiten der höheren Hierarchien zustande kommt. Hier auf der Erde fühlen wir uns, indem wir die Dinge wahrnehmen, oder indem wir unsere Handlungen innerhalb der Dinge der drei Naturreiche verrichten, außerhalb der andern Wesen. Zwischen dem Tode und einer neuen Geburt gibt es einen Zustand, durch den wir uns ganz innerhalb dieser Wesenheiten der höheren Hierarchien befinden. Wir sind an diese Wesen hingegeben. Das ist der eine Zustand, in dem wir sind. Machen wir uns recht klar, wie er ist.

Wenn wir hier auf der Erde, sagen wir, eine Blume pflücken, dann ist der Tatbestand richtig gegeben, wenn wir sagen: Ich pflücke die Blume. – So ausgedrückt, wäre der Tatbestand nicht richtig gegeben für unser Zusammenleben mit den Wesen der höheren Hierarchien. Wenn wir da etwas tun im Zusammenhange mit diesen Wesen, so müssen wir sagen: Das andere Wesen tut in uns. – Also wir sind in einem Zustande, durch den wir fortwährend gedrängt sind, die Tätigkeit, an der wir beteiligt sind, nicht als unsere Tätigkeit zu bezeichnen, sondern als die Tätigkeit dieser Wesen der höheren Hierarchien in uns. Wir haben ein kosmisches Bewußtsein. Ebenso wie wir hier Lunge, Herz und so weiter in uns fühlen, so fühlen wir dann die Welt in uns, aber die Welt der Wesenheiten der höheren Hierarchien und alles, was geschieht, geschieht durch eine Tätigkeit, in die auch wir selbst verwoben sind. Aber wenn wir den Tatbestand richtig bezeichnen wollen, so müssen wir sagen: Irgendein Wesen der höheren Hierarchien tut in uns. – Aber das ist nur der eine Zustand, und wir würden nicht in der rechten Weise Menschen sein können, wenn wir nur in diesem einen Zustande lebten. Wir würden diesen Zustand in der geistigen Welt zwischen dem Tode und einer neuen Geburt ebensowenig ertragen können, wie wir hier auf Erden das bloße Einatmen ohne das Ausatmen ertragen könnten. Dieser Zustand, den ich eben geschildert habe, muß mit einem andern wechseln. Und dieser andere Zustand besteht darin, daß wir durch unser kosmisches Bewußtsein alles Denken und Fühlen über die Wesenheiten der höheren Hierarchien auslöschen, daß wir auch allen Willen auslöschen, der in dieser Weise von den Wesenheiten der höheren Hierarchien in uns wirkt.

Also wir können sagen, es gibt solche Zeiten innerhalb des Lebens

60

zwischen dem Tode und einer neuen Geburt, wo wir uns ganz ausgefüllt finden, lichtvoll ausgefüllt mit den Wesenheiten der höheren Hierarchien, wo wir diese in uns fühlen. Aber es gibt einen andern Zustand, wo wir zuerst herabgedämpft und dann völlig ausgelöscht haben dieses ganze Bewußtsein von den in uns erscheinenden höheren Wesenheiten. Dann sind wir gewissermaßen, wenn wir jetzt irdische Ausdrücke gebrauchen, aus unserem Körper heraus – es ist ja alles geistig, aber sagen wir einmal so –, wir sind dann aus unserem Körper heraus. Wir wissen nichts von der Welt, die in uns lebt, aber wir sind in solchen Zuständen dann zu uns selbst gekommen. Wir leben nicht mehr in den andern Wesen der höheren Hierarchien, wir leben dann in uns selbst. Wir würden niemals zwischen dem Tode und einer neuen Geburt ein Bewußtsein von uns selbst bekommen, wenn wir nur in dem einen Zustand leben würden. Ebenso wie wir hier auf der Erde das Einatmen mit dem Ausatmen abwechseln lassen müssen, oder den Schlaf mit dem Wachen, so müssen wir zwischen dem Tode und einer neuen Geburt in einem rhythmischen Wechsel sein zwischen dem inneren Erleben von der ganzen Welt der höheren Hierarchien in uns und einem Zustande, in dem wir zu uns selbst gekommen sind.

Nun ist alles irdische Leben in gewissem Sinne eine Folge, eine Konsequenz desjenigen, was wir zwischen dem Tod und einer neuen Geburt im vorirdischen Dasein erlebt haben. Sie erinnern sich, wie ich Ihnen dargestellt habe, daß auch solche Errungenschaften des menschlichen Erdenlebens, wie Gehen, Sprechen, Denken, Umwandlungen sind von gewissen Betätigungen im vorirdischen Dasein. Wollen wir heute mehr auf das Seelische sehen.

Was wir im vorirdischen Dasein im Zusammentun mit den Wesen der höheren Hierarchien erleben, läßt für unser Erdenleben gewissermaßen in uns eine Erbschaft zurück, einen schwachen Schatten dieses Zusammenlebens mit den Wesen der höheren Hierarchien. Hätten wir zwischen dem Tode und einer neuen Geburt dieses Zusammenleben mit den Wesen der höheren Hierarchien nicht, wir könnten hier auf der Erde nicht die Kraft der Liebe entfalten. Denn das, was wir hier auf der Erde als die Kraft der Liebe entfalten, ist allerdings nur ein schwacher Abglanz, ein Schatten des Zusammenlebens mit den

Geistwesen der höheren Hierarchien zwischen dem Tode und einer neuen Geburt, aber es ist doch eben ein Abglanz, ein Schatten von diesem Zusammenleben. Daß wir hier auf Erden Menschenliebe entfalten können, daß wir hier auf Erden Verständnis entfalten können für einen andern Menschen, rührt davon her, daß wir zwischen dem Tode und einer neuen Geburt in der Lage sind, mit den Wesen der höheren Hierarchien zu leben. Und man kann durch geisteswissenschaftliches Anschauen wohl sehen, wie diejenigen Menschen, die sich in früheren Erdenleben nur eine geringe Gabe erworben haben – wir werden gleich nachher darauf zu sprechen kommen, wie man sich diese Gabe erwirbt –, um nach dem Tode in der geeigneten Zeit mit den Wesen der höheren Hierarchien richtig zusammenzuleben, ganz hingegeben in gewissen Zuständen an diese Wesen der höheren Hierarchien, wie diese Menschen hier auf der Erde nur eine geringe Kraft der Liebe entfalten, namentlich der allgemeinen Menschenliebe, die sich ausdrückt im Verständnis der andern Menschen.

Unter den Göttern eignen wir uns im vorirdischen Dasein die Gabe an, hinzusehen auf den andern Menschen, aufzumerken, wie er fühlt, wie er denkt, aufzufassen mit innerem Anteil das, was er ist. Und hätten wir nicht – man kann es so nennen – den geschilderten Umgang mit den Göttern, wir würden auf der Erde niemals jenes Hineinschauen in den andern Menschen entfalten können, das allein im Grunde genommen das irdische Leben möglich macht. Sie müssen sogar, wenn ich in diesem Zusammenhange von Liebe und namentlich allgemeiner Menschenliebe spreche, an die Liebe in dieser konkreten Bedeutung denken, wie ich sie eben geschildert habe: in der Bedeutung eines wirklich innigen Verständnisses des andern Menschen. Und wenn man zu der allgemeinen Menschenliebe dieses Verständnis des andern Menschen nimmt, dann hat man zu gleicher Zeit mit dem gegeben alles das, was menschliche Moralität ist. Denn die irdische menschliche Moralität beruht, wenn sie sich nicht in bloßen Phrasen oder schönen Redereien bewegt oder in Vorsätzen, die nicht ausgeführt werden oder dergleichen, auf dem Interesse, das der eine Mensch am andern nimmt, auf der Möglichkeit, in den andern Menschen hinüberzuschauen.

62

Derjenige Mensch, der Menschenverständnis hat, wird aus diesem Menschenverständnis eben die sozial-moralischen Antriebe empfangen. So daß man auch sagen kann, alles moralische Leben innerhalb des Erdendaseins hat der Mensch errungen im vorirdischen Dasein, so errungen, daß ihm von dem Zusammenleben mit den Göttern der Drang bleibt, ein solches Zusammenleben wenigstens in der Seele auch auf Erden auszugestalten. Und dieses Ausgestalten eines solchen Zusammenlebens, so daß der eine Mensch mit dem andern die Erdenaufgaben, die Erdenmission vollbringt, das führt allein in Wirklichkeit zu dem moralischen Leben auf der Erde. Wir sehen also, daß Liebe und die Wirkung der Liebe, die Moralität, durchaus eine Folge, eine Konsequenz desjenigen sind, was der Mensch im vorirdischen Dasein geistig durchgemacht hat.

Betrachten wir jetzt den andern Zustand, wo der Mensch sein Bewußtsein für das Zusammenleben mit den Wesen der höheren Hierarchien abgedämpft hat, wo gewissermaßen wie im irdischen Schlafe die Eindrücke aus der Umgebung schweigen, wo dieses willensmäßige Zusammenleben mit den Wesen der höheren Hierarchien schweigt, wo der Mensch also zu sich selber kommt zwischen dem Tode und einer neuen Geburt. Auch dieser Zustand hat eine Konsequenz, einen Nachklang, eine Erbschaft hier im Erdenleben, und das ist die Kraft der Erinnerung, des Gedächtnisses.

Die Möglichkeit, daß wir Erlebnisse haben zu einer bestimmten Zeit und dann nach einiger Zeit aus den Tiefen unseres Menschenwesens etwas heraufholen können, was in unser Bewußtsein herein Bilder von diesen Erlebnissen bringt, also die Kraft des Gedächtnisses, die wir im irdischen Leben so notwendig haben, ist ein schwacher Abglanz, ein Schatten unseres selbständigen Lebens in der geistigen Welt. Wir würden hier auf der Erde nur im Augenblicke leben können, nicht in unserer ganzen irdischen Vergangenheit bis ein paar Jahre nach der Geburt hin, wenn wir nicht auch zwischen dem Tode und einer neuen Geburt in die Lage kämen, gewissermaßen aus dem Weltenwesen herauszugehen und ganz mit uns selber zu sein.

Wenn wir hier auf Erden schlafen, da ist unser physischer und unser Ätherleib im Bette. Unser astralischer Leib und unser Ich sind außerhalb dieses physischen und dieses Ätherleibes, sie sind in der Lage, allerdings unbewußt, mitzuerleben, was dann in der geistig-seelischen Umgebung des Menschen ist. Der Mensch ist unbewußt zwischen dem Einschlafen und dem Aufwachen. Daß der Mensch Erlebnisse hat zwischen dem Einschlafen und Aufwachen, habe ich Ihnen geschildert. Ich habe Ihnen auch die einzelnen Erlebnisse geschildert, aber ins Bewußtsein kommen die Erlebnisse nicht herein. Das muß im irdischen Leben so sein. Warum? Würden wir vom Einschlafen bis zum Aufwachen in unserem Ich und in unserem astralischen Leibe das, was wir erleben, so stark erleben, daß wir es zum Bewußtsein bringen könnten, dann würden wir jedesmal, wenn wir aufwachen, das, was wir erlebt haben im Schlafe, auch in den physischen und in den Ätherleib hineindrücken, und wir würden jedesmal unseren physischen und unseren Ätherleib zu einem ganz andern machen wollen. Wer eine Kenntnis hat von dem, was zwischen dem Einschlafen und Aufwachen erlebt wird, der muß sich eine große Entsagung angewöhnen. Der muß sich nämlich sagen können: Ich verzichte darauf, das, was ich zwischen dem Einschlafen und dem Aufwachen mit meinem Ich und mit meinem astralischen Leibe erlebe, in den physischen und in den Ätherleib hineindrücken zu wollen, denn die vertragen das nicht in der Zeit des Erdenlebens.

Man könnte manchmal über diese Dinge grotesk reden; dann sieht es fast komisch aus, aber die Dinge sind sehr ernst gemeint. So erlebt der Mensch tatsächlich, wie ich einmal hier habe schildern können, eigentlich Nachbilder des Kosmos. Dadurch ist er immer versucht, aus dem Schlaf heraus zum Beispiel sich ein anderes Antlitz zu geben. Würde das, was nicht zum Bewußtsein kommt, zum Bewußtsein des Menschen kommen, so würde er fortwährend sein Gesicht ändern wollen, weil ihn dieses Gesicht, das er hat, fortwährend wieder an frühere Erdenleben, an Sünden in früheren Erdenleben erinnert. Es ist im Menschen am Morgen vor dem Aufwachen schon ein starker Drang vorhanden, mit dem physischen Leib so etwas zu machen, wie wenn man ihm Kleider anzieht. Wer Kenntnis davon hat, muß bewußt darauf Verzicht leisten, sonst würde er ganz und gar in Unordnung kommen, er würde fortwährend seinen ganzen Organismus ändern wollen, insbesondere, wenn dieser Organismus nach irgendeiner Richtung nicht ganz gesund ist und dergleichen.

Aber wenn wir in dem Leben zwischen dem Tode und einer neuen Geburt sind, da erleben wir so bewußt, daß dieses Bewußtsein dahin führt, unseren nächsten physischen Leib zu gestalten. Wäre uns das ganz selbst überlassen, dann würden wir diesen physischen Leib nicht nach dem Karma gestalten. Aber wir gestalten ihn im Zusammenhange mit den Wesen der höheren Hierarchien, die über unser Karma wachen. Und so bekommen wir zum Beispiel diejenigen Augen, diejenige Nase und so weiter, die wir uns selber wohl kaum geben würden, denn wir sind in gewissen Augenblicken zwischen dem Tode und einer neuen Geburt außerordentlich egoistisch, gerade dann, wenn wir dieses Bewußtsein des Zusammenhanges mit den Wesen der höheren Hierarchien abgedämpft haben, denn dann erleben wir so stark, daß der physische Leib aus den Kräften dieses Erlebens gestaltet werden kann. Wir gestalten ihn ja auch. Das ist also ein viel intensiveres Erleben, ein Leben, das den Keim des Schaffens in sich hat. Und eben, indem es im Erdenleben ganz abgeschwächt ist, erlebt es sich zum Teil als die irdische Liebe, zum Teil, wie ich dargestellt habe, als die Erinnerung, die Erinnerungsfähigkeit, als das Gedächtnis.

Von diesem Gedächtnis hängt es hier auf Erden ab, daß wir uns so recht in einem Ich fühlen. Würden wir nur in der Gegenwart leben, keine Erinnerungen haben, so würde unser Ich keinen inneren Zusammenhang haben. Wir würden uns überhaupt – ich habe das schon öfter ausgeführt – nicht in einem ausgesprochenen Ich fühlen können. Aber Sie sehen zugleich, diese Erinnerung kommt als irdische schattenhafte Fähigkeit dadurch zustande, daß in der geistigen Welt im vorirdischen Dasein eine mächtige Fähigkeit vorhanden ist: die Fähigkeit, die wir, ich möchte sagen, nach den Anweisungen der Wesenheiten höherer Hierarchien bekommen, wenn wir in dem andern Zustand mit ihnen leben, die Fähigkeit, daß wir nach den Anweisungen dieser Wesenheiten der höheren Hierarchien dann, wenn wir zu uns selbst kommen, unseren Leib vorbereiten.

Was also in unserem Leibe als Gestaltungskraft wirkt, was noch im Kinde als Gestaltungskraft nachwirkt, solange das Kind kein zum

Gedächtnis führendes Bewußtsein hat, wie es in den ersten kindlichen Lebenszeiten der Fall ist, diese stärkere Kraft sehen wir, wie sie noch in die Wachstumskräfte hineingeht. Dann sondert sich gewissermaßen etwas aus diesen stärkeren Kräften aus, was dünner ist, feiner ist, und das ist die menschliche Erinnerungsfähigkeit, das ist das Gedächtnis.

Mit diesem Gedächtnis hängt es wiederum zusammen, daß der Mensch vor allen Dingen auch auf Erden mit sich selbst lebt. Dieses Gedächtnis hängt aber auch sehr stark zusammen mit dem, was auf der einen Seite der menschliche Egoismus und auf der andern Seite die menschliche Freiheit ist. Freiheit wird entstehen bei einem Menschen, der richtig nachlebt, was im vorirdischen Dasein als eine Art Rhythmus erlebt werden muß: Sich-Fühlen mit den Wesenheiten der höheren Hierarchien, herauskommen aus diesem Sich-Fühlen, dann wieder hineinkommen und so weiter. Hier lebt es sich nebeneinander aus, nicht als ein Rhythmus, sondern als zwei nebeneinander bestehende Fähigkeiten des Menschen: die Fähigkeit zur Liebe, die Fähigkeit des Gedächtnisses. Aber es kann dem Menschen eine gewisse Erbschaft dieses Rhythmus im vorirdischen Dasein bleiben. Dann werden das Gedächtnis und die Liebe zueinander auch im Erdenleben das richtige Verhältnis haben. Der Mensch wird auf der einen Seite Verständnis, liebevolles Verständnis entwickeln können für die andern Menschen, und er wird auch in sein erinnerndes Denken hereinnehmen, was ihm selber zu seiner eigenen Vervollkommnung, zu der eigenen Verfestigung seines Wesens werden kann aus dem Erleben der Welt mit andern Menschen.

Es kann ein solches richtiges Verhältnis zurückbleiben aus dem notwendigen Rhythmus im vorirdischen Dasein, aber es kann auch dieses Verhältnis gestört sein, so daß der Mensch zum Beispiel immerfort sich auf das richtet, was er selber erlebt hat. Das ist ganz besonders dann der Fall, wenn der Mensch wenig Interesse dafür hat, was die Menschen außer ihm erleben, wenn er wenig hinüberschauen kann in die andern Gemüter, wenn er vorzugsweise das Interesse für dasjenige entwickelt, was sich allmählich in seinem eigenen Erinnern, in seinem eigenen Gedächtnis ansammelt, denn das hängt wiederum innig zusammen mit seinem Ich, das verstärkt den Egoismus.

Ein solcher Mensch kommt gewissermaßen dadurch in Unordnung mit sich selber, daß er nicht dieses zwischen dem Tode und einer neuen Geburt ganz bestimmt richtige Verhältnis, daß er nämlich nicht einen Rhythmus hat. Und zu gleicher Zeit, wenn der Mensch nur für das Interesse bekommt, was in seinem eigenen Seelenwesen sich aufspeichert, wenn er sich gewissermaßen immer nur mit sich selber beschäftigt, dann speichert sich auf, ich möchte sagen, eine Talentlosigkeit gegenüber dem Erleben zwischen dem Tode und einer neuen Geburt. Durch dieses Nur-für-sich-selbst-Interessiertsein verschließt sich der Mensch in einer gewissen Beziehung für das Zusammenleben mit den Wesen der höheren Hierarchien.

Derjenige aber, der das richtige Verhältnis hat zwischen Liebe und Gedächtnis, entwickelt statt des bloß egoistisch In-sich-Hineinschauens das menschliche Freiheitsgefühl. Denn dieses menschliche Freiheitsgefühl ist in anderer Beziehung auch ein Nachklang des Heraustretens aus dem Zusammenleben mit den Wesen der höheren Hierarchien zwischen dem Tode und einer neuen Geburt. Man möchte sagen: Das Freiheitsgefühl ist das gesunde Nacherleben dieses Heraustretens; der Egoismus ist das kranke Nacherleben dieses Heraustretens. – Und so, wie das Zusammenleben mit den Wesen der höheren Hierarchien zwischen dem Tode und einer neuen Geburt die Grundlage der Moralität des Menschen auf Erden ist, so ist das Heraustreten aus diesem Zusammenleben, das notwendig ist, zugleich auf Erden die Grundlage für die Unmoralität der Menschen, für das Auseinandergehen der Menschen, für das Handeln der Menschen so, daß die Handlungen des einen die Handlungen des andern stören und so weiter, denn darauf beruht dennoch alle Unmoralität. Sie sehen, daß der Mensch nötig hat, darauf zu achten, inwiefern irgend etwas, was hier auf der Erde als eine Schädlichkeit auftreten kann, für die höheren Welten eine bestimmte Bedeutung hat. Es ist auch auf Erden so, daß die Einatmungsluft gesund, die Ausatmungsluft ungesund, ja krankmachend ist, denn wir atmen Kohlensäure aus. So ist das, was hier auf Erden die Grundlage der Unmoralität ist, etwas, was notwendig ist für unser Erleben in der geistigen Welt.

Diese Zusammenhänge muß man aus dem Grunde betrachten, weil aus den irdischen Verhältnissen heraus Moralität und Unmoralität eigentlich nicht zu erklären sind. Wer solche Erklärungen versucht, wird immer fehlgehen müssen. Denn dadurch, daß der Mensch moralisch oder unmoralisch ist, setzt er sich schon seelisch in eine Beziehung zu einer Welt, die im Übersinnlichen liegt. Und wir dürfen sagen: Indem anthroposophische Geisteswissenschaft in der angedeuteten Weise des Menschen Sinn hinneigen macht zur Betrachtung dieses Verhältnisses zu einer übersinnlichen Welt, macht sie eigentlich erst möglich, daß man eine Grundlage bekommt, um das Moralische ins Auge zu fassen. Für die Betrachtungsweise der Welt, die nur eine Naturerkenntnis zugeben will, kann das Moralische nur in Scheinbildern, in Illusionen bestehen, die sich aus den Naturvorgängen heraus ergeben, die sich auch im Menschen abspielen sollen.

Nehmen Sie einmal an, es wäre wirklich so, daß am Beginne des Erdendaseins der Kant-Laplacesche Weltnebel mit seinen mechanischen Kräften und mechanischen Gesetzen stände, und nehmen Sie an, aus diesen wirbelnden Nebelmassen hätten sich nach und nach durch gleichgültige, neutrale Naturgesetze die Reiche des irdischen Daseins ergeben, und es wäre zuletzt der Mensch aus alldem heraufgestiegen, dann wären eben seine moralischen Impulse Träume. Denn alles dasjenige, was er moralisch nennt, würde vergehen, wenn die Erde wiederum nach mechanischen Gesetzen am Ende angelangt und im Wärmetod verschwinden würde. Aus einer solchen Anschauung kann niemals eine Rechtfertigung des moralischen Lebens folgen, wenn man ehrlich die letzten Konsequenzen dieser Weltanschauung zugeben will. Eine Rechtfertigung des Moralischen ergibt sich einzig und allein dadurch, daß man, so wie es anthroposophische Geisteswissenschaft tut, diejenigen Gebiete des Daseins aufzeigt, wo das Moralische eine solche Realität hat wie das Natürliche hier in dem Leben zwischen der Geburt und dem Tode. Wie hier Pflanzen wachsen und blühen, so entwickeln sich gewisse Betätigungen, wenn der Mensch zwischen dem Tode und einer neuen Geburt unter den Göttern ist. Und diese

Betätigungen sind das Moralische in Realität, sind die Wirklichkeit des Moralischen. Dieses Moralische hat da Realität, während auf der Erde nur ein Abglanz von dieser Realität vorhanden ist. Aber der Mensch gehört eben beiden Welten an. Daher hat für ihn, wenn er das richtig durchschaut im geisteswissenschaftlichen Sinne, die moralische Welt eine ebensolche Realität, nur kann man sie niemals aus dem physischen Dasein heraus erkennen.

Dadurch aber haben Sie die eine Notwendigkeit gegeben, warum es für den Menschen notwendig ist, sich Geisteswissenschaft anzueignen. Der Mensch könnte ohne diese Geisteswissenschaft nicht ehrlich sein mit seinem Wissen, denn er könnte nicht der moralischen Welt Realität zuerkennen, weil er das Gebiet nicht erforschen will, dem die Realität der moralischen Welt angehört. Das ist etwas ungeheuer Bedeutungsvolles, solch einen Satz in der richtigen Weise zu verstehen.

Aber noch in einer andern Beziehung möchte ich Ihnen gerade heute hervorheben, inwiefern das Wissen, das durch die Geisteswissenschaft erworben werden kann, für den Menschen eine Notwendigkeit ist. Auch da werden wir wiederum hinblicken müssen auf die Realitäten einer andern Welt. Schon wenn man nur bis zur imaginativen Erkenntnis aufsteigt, bis zu derjenigen Erkenntnis, die einem also gestattet, statt in der physischen Welt in der Ätherwelt zu leben, so daß man statt der physischen Dinge die Tätigkeiten im Äther wahrnimmt – denn Tätigkeiten sind es –, schon wenn man dazu aufsteigt, entfällt einem der Raum, so wie er auf der Erde hier ist. Der dreidimensionale Raum entfällt einem. Es hat keinen Sinn, von dem dreidimensionalen Raum zu sprechen, denn im wesentlichen leben wir dann in der Zeit. Deshalb habe ich Ihnen auch hier bei andern Betrachtungsweisen den Ätherleib als einen Zeitorganismus dargestellt. So wie wir hier im Raumesorganismus zum Beispiel den Kopf haben und, sagen wir das Bein, und wie Sie es im Kopfe spüren, wenn Sie sich in das Bein stechen oder schneiden, wie also ein Organ mit dem andern räumlich für diesen Raumesleib zusammenhängt, so hängen im Zeitenleibe, der in Geschehen besteht, in Geschehen von alledem, was tiefer zugrunde liegt unserem Menschenwesen zwischen der Geburt und dem Tode, so hängen da alle diese Einzelheiten zusammen.

Erinnern Sie sich, wie ich in Vorträgen zum Beispiel über Pädagogik gesagt habe: Wenn man in einer gewissen Zeit des Kindesalters verehren gelernt hat, verwandelt sich diese Kraft der Verehrung im späteren Alter in eine gewisse segnende Milde, die man für andere Menschen haben kann, während derjenige, der in der Kindheit niemals die Gelegenheit gehabt hat, richtig zu verehren, diese segnende Milde nicht entfalten kann im späteren Alter. – So wie der Fuß oder das Bein mit dem Kopf zusammenhängt im Raumesorganismus, so hängt die Jugend mit dem Alter zusammen, und ich könnte auch sagen, das Alter mit der Jugend. Denn nur für das äußere physische Anschauen verfließt die Welt nach einer Seite, von der Vergangenheit nach der Zukunft. Für das höhere Anschauen gibt es auch den umgekehrten Strom: von der Zukunft in die Vergangenheit. Wir gehen in diesen Strom, wie ich beschrieben habe, ein nach dem Tode, rückwärts wandernd. Es hängt auch in diesem Zeitenorganismus alles zusammen. Ebenso wie Sie aus dem Raumesorganismus gewisse Organe nicht entfernen können, wie sie da sein müssen, damit der ganze Organismus in Ordnung ist, wie Sie zum Beispiel nicht einen großen Teil Ihres Gesichtes entfernen können, ohne den Organismus zu zerstören, ebensowenig können Sie aus dem, was am Menschen in der Zeit fortfließt, irgend etwas entfernen.

Nun denken Sie, es wäre am Raumesorganismus an der Stelle, wo Sie Ihre Augen haben, ein ganz anderes Wachstum, so daß nicht Augen entständen, sondern irgendwie Geschwülste. Dann könnten Sie nicht sehen. Wie die Augen am Raumesorganismus an einer bestimmten Stelle sind, so ist im Zeitorganismus – und mit dem meine ich jetzt nicht nur den Zeitorganismus zwischen Geburt und Tod, sondern den Zeitorganismus, der über alle Tode und alle Geburten beim Menschen hinausgeht –, eingegliedert dasjenige, was zwischen Geburt und Tod ist und sich in diesem Dasein zwischen Geburt und Tod durch Begriffe, durch Ideen, durch Vorstellungen einer geistigen Welt entwickelt. Und das, was sich da entwickelt, sind die Augen für das übersinnliche Dasein. Wenn Sie hier zwischen der Geburt und

70

dem Tode kein Wissen über die übersinnliche Welt entwickeln, so bedeutet das für das Dasein in der übersinnlichen Welt zwischen dem Tode und einer neuen Geburt ein Geblendetsein, wie das Fehlen der Augen am Raumesorganismus ein Geblendetsein bedeutet. Man geht durch den Tod, auch wenn man hier auf der Erde kein Wissen von der übersinnlichen Welt entwickelt, aber man tritt in eine Welt ein, in der man nichts sieht, sondern in der man sich nur forttasten kann.

Das ist der ungeheure Schmerz, der, ich möchte sagen, als das Gegenbild des materialistischen Zeitalters für denjenigen erscheint, der heute in die Initiationswissenschaft richtig hineinschaut. Er sieht, wie auf der Erde die Menschen in den Materialismus verfallen. Er weiß aber auch, was dieses Verfallen in den Materialismus für das geistige Dasein bedeutet, er weiß, daß das ein Augenausreißen ist, daß es bedeutet, daß die Menschen im Dasein, das ihrer nach dem Tode wartet, nur tasten können. In älteren Zeiten der Menschheitsentwickelung, wo es ein instinktives Wissen von der übersinnlichen Welt gab, traten die Menschen durch die Pforte des Todes, indem sie sehen konnten. Dieses alte instinktive übersinnliche Wissen ist erloschen. Heute muß bewußt geistiges Wissen erworben werden, wohlgemerkt: geistiges Wissen, nicht Hellsehen! Ich habe immer betont: Hellsehen kann auch erworben werden, aber das ist es nicht, worauf es ankommt, sondern das Verstehen desjenigen, was durch die hellseherische Forschung zustande kommt, durch den gewöhnlichen gesunden Menschenverstand, denn es kann dadurch verstanden werden.

Wer behauptet, daß das gewöhnliche Wissen durch den gesunden Menschenverstand ihm nicht das Auge gibt für das übersinnliche Dasein, daß er dazu Hellsehen braucht – Hellsehen braucht man, um die Dinge zu erforschen, aber man braucht es nicht, um sich die Fähigkeit des Sehens in der übersinnlichen Welt nach dem Tode zu erwerben –, wer das behauptet, der mag nur gleich behaupten, man könne nicht denken, wenn nicht die Augen denken. So wenig die Augen hier im physischen Leben zu denken brauchen, so wenig braucht das Wissen von den übersinnlichen Welten für dasjenige, was ich heute angedeutet habe, die Hellsichtigkeit zu haben. Es würde auf der Erde natürlich kein übersinnliches Wissen geben, wenn es nicht eine Hellsichtigkeit gäbe, aber selbst der Hellseher muß in gewöhnliches Begreifen verwandeln, was er im Übersinnlichen schaut. Würde ein Mensch hier auf Erden noch so hellsehend sein, würde er noch so klar in die geistige Welt hineinschauen – wenn er zu bequem wäre, das, was er schaut in der geistigen Welt, in ordentliche, logisch begreifbare Vorstellungen zu verwandeln, er würde dennoch nach dem Tode in der geistigen Welt geblendet sein.

Das, sage ich, ist der große Schmerz für den, der in die Initiationswissenschaft der Gegenwart hineinschaut, daß er sich sagen muß: Der Materialismus macht die Leute blind, wenn sie durch die Pforte des Todes treten. – Und da haben wir wiederum etwas, an dem man sieht, daß es für die Realität, für das ganze Weltendasein eine Bedeutung hat, ob der Mensch sich heute hinneigt zu einem übersinnlichen Wissen oder nicht. Die Zeit, wo er das tun soll, ist eben gekommen. Es liegt im Fortschritt der Menschheit, heute zu übersinnlichem Wissen aufzusteigen.

FÜNFTER VORTRAG

Dornach, 16. Dezember 1922

Die Fähigkeiten, die der Mensch braucht, um der Welt gegenüberzustehen und in ihr zu arbeiten innerhalb des Erdenlebens, hängen zusammen, wie ich gerade in diesen Zeiten hier gezeigt habe, mit Betätigungen des Menschen in der geistigen Welt, die er zwischen dem Tod und einer neuen Geburt durchmacht. Dadurch ist aber bedingt, daß der Mensch hier auf Erden in gewissen Zusammenhängen darinnensteht, die auf Erden selbst nicht wirklich sind, die ihre Wirklichkeit erst zeigen, wenn man das Ganze im übersinnlichen Gebiete betrachtet.

Nun wollen wir heute von diesem Gesichtspunkte aus unser Augenmerk auf die drei eigentlich alle menschliche Tätigkeit auf der Erde umfassenden Gebiete richten. Wir wollen unser Augenmerk richten auf die Gedanken, durch die der Mensch sich in der Welt die Wahrheit aneignen will, wir wollen unser Augenmerk dann richten auf die Gefühle, insofern sich der Mensch in und durch seine Gefühlswelt das Schöne aneignen will, und wir wollen auf die Willensnatur des Menschen unser Augenmerk richten, insofern der Mensch durch seine Willensnatur das Gute verwirklichen soll.

Wenn man von Gedanken spricht, so meint man dasjenige Gebiet, durch das sich der Mensch die Wahrheit aneignen kann. Aber Gedanken selbst können nichts Wirkliches sein. Gerade wenn wir uns klar sind darüber, daß wir uns durch unsere Gedanken über die Wahrheit des Wirklichen unterrichten sollen, dann muß auch zugegeben werden, daß Gedanken als solche nichts Wirkliches sein können. Denn nehmen Sie einmal an, Sie würden in Ihren Gedanken so darinnenstecken wie in Ihrem Gehirn oder in Ihrem Herzen, dann würden diese Gedanken selber etwas Wirkliches sein. Sie würden nicht durch diese Gedanken die Wirklichkeit sich aneignen können. Man könnte nicht einmal durch die menschliche Sprache das ausdrücken, was ausgedrückt werden soll, wenn die menschliche Sprache im gewöhnlichen irdischen Sinne eine volle Wirklichkeit enthielte.

Wenn wir jedesmal, wenn wir einen Satz sprechen, ein ganz schweres Wirkliches aus dem Munde herausarbeiten müßten, würden wir nicht etwas ausdrücken können, sondern etwas hervorbringen. In diesem Sinne ist das Gesprochene nicht ein Wirkliches selbst, sondern «bedeutet» ein Wirkliches, so wie Gedanken auch nicht selbst ein Wirkliches sind, sondern ein Wirkliches bedeuten.

Wenn wir auf das Gute schauen, dann werden wir finden: dasjenige, was sich durch die physische Wirklichkeit von selber macht, das kann nicht als ein Gutes angesprochen werden. Wir müssen aus der Tiefe unseres Wesens heraus zunächst als ein volles Unwirkliches den Impuls zum Guten holen und ihn dann verwirklichen. Wenn der Impuls zum Guten so auftreten würde wie der Hunger, als ein äußeres Wirkliches, so würde es nicht das Gute sein können.

Und wenn Sie eine Statue ansehen, so kommen Sie nicht auf den Gedanken, daß Sie mit der sich besprechen können. Sie ist ein bloßes Scheingebilde. Im Schein spricht sich etwas aus, was Schönheit ist. So daß wir in der Wahrheit zwar die Wirklichkeit «bedeutet» haben, daß aber die Wahrheit selber in einem unwirklichen Element sich bewegt, ebenso die Schönheit, ebenso die Güte.

Aber so notwendig es für den Menschen ist, daß seine Gedanken nicht selber Wirkliches sind – denken Sie, wenn die Gedanken im Kopfe wie Bleifiguren herumwandern würden, dann würden Sie zwar ein Wirkliches verspüren, aber diese Bleigedanken würden Ihnen nichts bedeuten können, sie wären selber etwas Wirkliches –, so wahr also die Gedanken, so wahr auch das Schöne und das Gute nichts unmittelbar Wirkliches sein können, so wahr ist es dennoch, daß ein Wirkliches notwendig ist in dieser physisch-irdischen Welt, damit wir Gedanken haben können, damit wir das Schöne in der Welt durch die Kunst verwirklichen können, und damit wir auch das Gute verwirklichen können.

Und indem ich dieses bespreche, komme ich heute auf ein Gebiet geisteswissenschaftlicher Betrachtung, das uns recht tief hineinführen kann in dasjenige, was auch auf Erden hier an geistiger Wesenheit um uns herum ist, was sehr nötig ist zu unserem irdischen Dasein, was sich aber der Beobachtung, die den Sinnen möglich ist, eben durchaus entzieht und daher auch vom gewöhnlichen Bewußtsein, das sich nur auf die sinnliche Wahrnehmung stützt, nicht gedacht werden kann. Wir sind überall umgeben in Wahrheit von geistigen Wesen der verschiedensten Art, nur daß das gewöhnliche Bewußtsein diese geistigen Wesen nicht sieht. Aber sie sind notwendig, damit wir als Menschen unsere Tätigkeiten entfalten können, damit wir die Gedanken in ihrer unwirklichen Leichtigkeit und Flüchtigkeit haben können, so daß sie nicht selbst wie Bleigewichte in unserem Kopfe vorhanden sind, nicht selbst etwas sind, sondern etwas bedeuten können. Dazu ist notwendig, daß in der Welt Wesen vorhanden sind, welche verursachen, daß unsere Gedanken mit ihrer Unwirklichkeit uns nicht fortwährend gleich entschwinden. Wir Menschen sind eigentlich mit dem gewöhnlichen Bewußtsein, ich möchte sagen zu schwerhaltige Wesen, zu plumpe Wesen, als daß wir so ohne weiteres mit diesem gewöhnlichen Bewußtsein die Gedanken festhalten könnten, und es müssen Elementarwesen da sein, die uns fortwährend helfen, unsere Gedanken festzuhalten. Solche Elementarwesen sind auch da, nur sind sie außerordentlich schwer zu entdecken, weil sie, ich möchte sagen, sich fortdauernd verstecken.

Wenn man sich fragt: Wodurch kommt es denn eigentlich, daß man einen Gedanken festhalten kann, trotzdem er gar kein Wirkliches ist, wer hilft einem dabei? – dann wird man sehr leicht gerade bei der geisteswissenschaftlichen Anschauung getäuscht. Denn in demselben Momente, wo man sich darauf verlegt, zu fragen: Wer hält die Gedanken für den Menschen fest? – wird man schon durch diese Tendenz, von den geistigen Wesenhaftigkeiten wissen zu wollen, welche die Gedanken festhalten, in das Reich der ahrimanischen Wesenheiten hineingetrieben. Und man taucht unter in das Reich der ahrimanischen Wesenheiten und beginnt sehr bald zu glauben – aber es ist ein täuschender Glaube –, daß man von den ahrimanischen Geistern unterstützt werden muß, um die Gedanken festzuhalten, damit sie einem nicht gleich, wenn man sie faßt, entschwinden. Daher sind auch die meisten Menschen unbewußt den ahrimanischen Wesenheiten sogar dankbar dafür, daß sie sie in ihrem Denken unterstützen. Aber es ist eigentlich ein schlecht angebrachter Dank, denn es gibt ein ganzes

Reich von Wesenheiten, welche uns gerade in bezug auf unsere Gedankenwelt unterstützen und die durchaus nicht ahrimanischer Wesenheit sind.

Diese Wesenheiten sind auch für das schon vorgerückte Schauen in der geistigen Welt schwer zu entdecken. Man findet sie zuweilen, wenn man zum Beispiel einen sehr gescheiten Menschen in seinem Tun und Treiben beobachtet. Wenn man nämlich in seinem Tun und Treiben einen sehr gescheiten Menschen beobachtet, dann hat eigentlich dieser Mensch eine flüchtige Gefolgschaft. Er geht eigentlich nirgends allein herum, sondern er hat eine flüchtige Gefolgschaft von geistigen Wesenheiten, die nicht dem ahrimanischen Reich angehören, die aber eine ganz merkwürdige Eigenschaft haben, die man eigentlich erst kennenlernt, wenn man jene Wesenheiten beobachten kann, welche den elementarischen Reichen angehören, die also nicht für die sinnlichen Augen erscheinen, die sich betätigen, wenn Formen in der Natur, Kristallformen zum Beispiel und dergleichen, entstehen. Alles Formhafte unterliegt ja der Tätigkeit dieser Wesenheiten, die Sie auch in meinen Mysterien in ihrer Tätigkeit als Wesenheiten geschildert finden, die feste Formen prägen und hämmern. Wenn Sie in dem einen Mysterienspiel die gnomenartigen Wesen verfolgen, so haben Sie da diese Wesen, welche Formen hervorbringen. Nun sind – wie Sie das schon aus der Art und Weise, wie ich das in meinen Mysteriendramen dargestellt habe, ersehen können – diese Wesenheiten schlau, und aus ihrer Schlauheit heraus spotten sie über den geringen Verstand, den die Menschen haben. Vergegenwärtigen Sie sich diese Szene, wenn Sie sie aus meinem Mysterienspiel kennen.

Wenn man nun einen wirklich gescheiten Menschen verfolgt, wie er in seinem Gefolge ein ganzes Heer solcher Wesenheiten haben kann, wie ich vorhin gesagt habe, so findet man, daß diese Wesenheiten außerordentlich geringgeachtet werden von den Gnomengeistern der elementarischen Welt, weil sie plump sind, und vor allen Dingen, weil sie furchtbar töricht sind. Das Törichte ist ihre hauptsächlichste Eigenschaft. Und so kann man sagen: Gerade gescheiteste Leute in der Welt, wenn man sie daraufhin beobachten kann, werden von ganzen Trupps von Toren verfolgt aus der geistigen Welt. – Es ist, wie wenn diese Toren zu einem gehören wollten. Und diese Toren werden, wie gesagt, außerordentlich geringgeachtet von den Wesenheiten, welche Formen in der Natur verfertigen in der in den Mysterien geschilderten Weise. So daß man sagen kann: In den Welten, die zunächst dem gewöhnlichen Bewußtsein unbekannt sind, ist eine, die von einem Volk, von einem Geistervolk von Toren bevölkert ist, von Toren, die sich insbesondere zur menschlichen Weisheit und Klugheit hindrängen.

Diese Wesen haben im gegenwärtigen Zeitalter eigentlich kein eigenes Leben. Sie kommen dadurch zu einem Leben, daß sie das Leben derjenigen benutzen, welche sterben, welche durch Krankheiten sterben, aber noch Lebenskräfte in sich haben. Vergangenes Leben nur können sie benutzen. Es sind also Geistertoren, welche das Leben, das von Menschen übrigbleibt, benützen, die also sozusagen sich vollsaugen von dem, was von übrigbleibendem Leben noch an Kirchhöfen und dergleichen aufsteigt.

Gerade wenn man eindringt in solche Welten, dann bekommt man einen Begriff, wie unendlich stark die Welt, die hinter der menschlichen Sinneswelt ist, bevölkert ist, und wie mannigfaltig die Klassen von solchen geistigen Wesenheiten sind, und wie diese geistigen Wesenheiten durchaus im Zusammenhang mit unseren Fähigkeiten stehen. Denn der gescheite Mensch, den man da in seiner Tätigkeit verfolgt, kann, wenn er nicht hellsichtig, sondern bloß gescheit ist, seine gescheiten Gedanken gerade dadurch besonders festhalten, daß er von diesem Troß von geistigen Toren verfolgt ist. Die klammern sich an seine Gedanken, zerren sie und geben ihnen Gewicht, so daß sie bei ihm bleiben, während er sonst die Gedanken rasch verschwinden haben würde.

Diese Wesenheiten werden also außerordentlich stark verspottet von den gnomenhaften Wesenheiten. Die gnomenhaften Wesenheiten wollen sie in ihrem Reiche nicht dulden, aber sie gehören demselben Reiche an. Sie vertreiben sie fortwährend, und es ist ein harter Kampf zwischen dem Gnomenvolke und diesem Volke von geistigen Toren, die eigentlich erst dem Menschen die Weisheit möglich machen, denn sonst wäre die Weisheit flüchtig, würde in dem Moment vergehen, wo sie entsteht, könnte nicht bleiben. Wie gesagt, sie sind schwer zu entdecken, diese Wesenheiten, weil man sehr leicht sofort ins Ahrimanische hinunterkollert, wenn man die entsprechende Frage aufstellt. Aber man kann sie bei solchen Gelegenheiten finden, wie ich sie angedeutet habe, durch Verfolgen besonders gescheiter Menschen, die einen ganzen Troß von solchen Wesenheiten hinter sich haben. Außerdem aber, wenn nicht genug gescheite Gedanken da sind, die am Menschen haften, findet man diese Wesenheiten auf allerlei Denkmälern der Weisheit. Sie halten sich zum Beispiel – aber sie sind dort auch schwer zu finden – in Bibliotheken auf, wenn etwas Gescheites in den Büchern darinnensteht. Wenn in den Büchern Dummes steht, dann sind diese Wesenheiten nicht zu finden, sie sind eben nur dort zu finden, wo Gescheites ist; daran klammern sie sich.

Wir gewinnen da gewissermaßen Einblick in ein Reich, das uns durchaus umgibt, das wie die Naturreiche vorhanden ist, und das mit unseren eigenen Fähigkeiten etwas zu tun hat, das aber auch von uns schwer zu beurteilen ist. Daher muß man sich, wenn man es beurteilen will, schon auf diese gnomenhaften Wesen verlassen und auf ihre Aussagen etwas geben, und die finden sie außerordentlich dumm und frech. Aber sie haben noch eine Eigenschaft, diese Wesen. Wenn sie gar zu sehr von den Naturgeistern gnomenhafter Art verfolgt werden, dann flüchten sie sich in die menschlichen Köpfe, und während sie eigentlich draußen in der Natur fast Riesen sind – sie sind nämlich außerordentlich groß –, werden sie ganz klein, wenn sie in den menschlichen Köpfen sind. Man könnte sagen, daß sie eine Art abnormer Naturgeister sind, die aber mit der ganzen menschlichen Entwickelung auf der Erde innig zusammenhängen.

Eine andere Art ist diejenige, welche vorzugsweise im wäßrigen und luftförmigen Elemente lebt, so wie jene Wesenheiten, die Sie in den angedeuteten Mysteriendramen als die sylphenartigen Wesenheiten und so weiter von mir geschildert finden. Diese Wesenheiten, die ich jetzt meine, haben es vorzugsweise mit der Welt des Scheines, des schönen Scheines zu tun, sie hängen sich weniger an die gescheiten Leute als an die künstlerischen Naturen an. Aber auch sie sind wiederum sehr schwer zu entdecken, weil sie sich leicht verstecken können.

Sie sind da zu finden, wo wirkliche Kunstwerke sind, wo also im Scheine vorhanden ist die menschliche Gestalt oder natürliche Gestalten oder dergleichen. Da sind sie zu finden. Diese Wesenheiten können wir, wie gesagt, auch wieder nur schwer entdecken. Wenn wir uns nämlich fragen: Wie kommt es, daß der schöne Schein uns interessiert, daß wir unter Umständen ein größeres Vergnügen an einer schönen Statue haben als an einem lebendigen Menschen – allerdings ein Vergnügen anderer Art, aber eben größeres Vergnügen –, oder daß wir uns an der melodischen oder harmonischen Ausgestaltung von Tönen erbauen und erfreuen? – so kollern wir wieder sehr leicht in ein anderes Reich hinein, in das Reich der luziferischen Wesenheiten. Aber es sind nicht nur die luziferischen Wesenheiten, welche das Künstlerische tragen, sondern wiederum ein solches Reich von elementarischen Wesenheiten, welche den Menschen, der sonst immer geneigt sein würde, dem künstlerisch schönen Scheine gegenüber kein Interesse zu haben, weil er unwirklich ist, in diesem Interesse wachhalten, welche überhaupt das künstlerische Interesse anregen.

Nun ist es deshalb so schwierig, diese Wesenheiten zu entdecken, weil sie sich noch leichter als die Toren in der Geisterwelt verstecken können, denn sie sind eigentlich nur da, wo das Schöne sich geltend macht. Und wenn man dem Schönen hingegeben ist, wenn man das Schöne genießt, dann sieht man diese Wesen ganz gewiß nicht. Warum?

Man muß tatsächlich, um dieser Wesen auf eine normale Weise ansichtig zu werden, versuchen, wenn man irgendwie künstlerischen Eindrücken hingegeben ist, den hellseherischen Blick auf diejenigen Wesenheiten zu richten, die Sie in derselben Szene als nymphen- oder sylphenartige Wesen geschildert finden, die auch in den Elementarreichen der Natur vorhanden sind, und man muß sich in diese hineinversetzen. Man muß gewissermaßen mit diesen Luft- und Wasserwesen die andern anschauen, die da vorhanden sind im Genusse des Schönen. Und da das schwer ist, so muß man sich noch auf eine andere Weise helfen. Nun, zum Glück, möchte ich sagen, kann man diese Wesen dann leicht entdecken, wenn man irgend jemandem zuhört, der ziemlich schön spricht und dessen Sprache man nicht ordentlich versteht, wo man nur die Laute hört, ohne daß man sie in ihrer Bedeutung versteht. Wenn man sich dem hingibt, diesem Schön-Sprechen – aber es muß schön gesprochen sein, es muß oratorisch gesprochen sein, und man muß es doch nicht ordentlich verstehen –, dann kann man sich die Fähigkeit aneignen, es ist eine intime, zarte Fähigkeit, diese Wesenheiten zu sehen. Also man muß sozusagen versuchen, das Talent der Sylphen sich anzueignen und es zu verstärken durch jenes Talent, das sich dann ausbildet, wenn man Reden zuhört, die schön gesprochen werden und die man nicht versteht, wobei man auch nicht hinhört auf das, was sie bedeuten sollen, sondern nur auf das schöne Sprechen. Dann entdeckt man diese Wesenheiten, welche überall da sind, wo das Schöne ist, und ihre Unterstützung gewähren, so daß der Mensch das rechte Interesse an dem Schönen haben kann.

Und dann folgt das große Enttäuschtsein, dann folgt das große furchtbare Erstaunen. Diese Wesen sind nämlich urhäßlich, das Häßlichste, was man entdecken kann, schauderhafte Wesen, die Urbilder der Häßlichkeit. Und hat man einmal sich den geistigen Blick für diese Wesen angeeignet und besucht dann mit diesem geistigen Blick irgendein Atelier, in dem Künstlerisches geschaffen wird, dann findet man, daß es diese Wesenheiten sind, die wie Spinnen eigentlich auf dem Grunde des Weltendaseins auf Erden sind, damit der Mensch an der Schönheit Interesse hat. Diese schauderhaften Spinnenwesen elementarischer Art sind es, durch die das Interesse an der Schönheit gerade wach wird. Der Mensch würde gar nicht das richtige Interesse an der Schönheit haben können, wenn er nicht mit seiner Seele in eine Welt von urhäßlichen Spinnenwesen eingesponnen wäre.

Man ahnt gar nicht, wenn man so durch eine Galerie geht – denn das, was ich erzählt habe, ist alles nur zum Entdecken der Formen dieser Wesenheiten, sie sind jedesmal da, wenn der Mensch das Schöne genießt –, wie man in seinem Interesse für die schönsten Bilder dadurch unterstützt wird, daß in allen Ohren und in allen Nasenlöchern diese häßlichsten Spinnen aus- und einkriechen. Auf dem Grunde der Häßlichkeit erhebt sich des Menschen Begeisterung für die Schönheit. Das ist ein Weltengeheimnis. Man braucht, ich möchte sagen, die Aufstachelung durch das Häßliche, damit gerade das Schöne zum Vorschein kommt. Und die großen künstlerischen Naturen waren solche, die durch ihre starke Leiblichkeit das Durchsetztsein mit diesen Spinnen ertragen konnten, um eine Sixtinische Madonna oder dergleichen hervorzubringen. Was in der Welt an Schönem hervorgebracht wird, wird eben durchaus so hervorgebracht, daß es sich aus einem Meere von Häßlichkeit durch den Enthusiasmus der menschlichen Seele heraushebt.

Man darf nicht glauben, daß, wenn man hinter den Schleier des Sinnlichen kommt, wenn man an das Gebiet jenseits der Schwelle kommt, man da in lauter Schönes kommt. Glauben Sie nicht, daß von irgend jemandem, der diese Dinge kennt, es etwa leichtsinnig ausgesprochen ist, wenn er sagt: Die Menschen müssen, wenn sie nicht ordentlich vorbereitet sind, an der Schwelle der geistigen Welt zurückgehalten werden. – Denn zunächst muß man für alles, was man als das Erhebende und Erbauende gewissermaßen vor dem Vorhang hat, kennenlernen die durchaus nicht erbaulichen Untergründe. Und wenn Sie daher in der elementarischen Welt, die der Luft und dem Wasser angehört, sich schauend ergehen, dann sehen Sie wiederum den großen Kampf der flüchtigen Sylphenwelt und Undinenwelt gegenüber diesen Urbildern der Häßlichkeit. Ich sage Spinnentiere; sie bestehen nicht aus dem Spinnengewebe, sondern sie sind aus dem Elemente des Wassers und aus dem Elemente des Wasserdunstes gebaut. Sie sind flüchtig gestaltete Luftgestalten, die ihre Häßlichkeit noch dadurch erhöhen, daß sie in jeder Sekunde eine andere Häßlichkeit haben, wodurch man immer das Gefühl hat, jede nächstfolgende Häßlichkeit, die auf eine vorhergehende aufgesetzt wird, ist noch größer als die vorhergehende. Das ist die Welt, welche ebenso in der Luft und im Wasser vorhanden ist wie dasjenige, was erfreulich ist in Luft und Wasser.

Und damit der Mensch den Enthusiasmus für das Gute entwickeln kann, findet noch ein anderes statt. Bei den andern Wesen kann man sagen, sie sind mehr oder weniger da, aber bei den Wesenheiten, von denen ich jetzt sprechen will, muß man eigentlich sagen, sie entwickeln sich fortwährend, und zwar entwickeln sie sich gerade dann, wenn der Mensch eine gewisse innere Wärme für das Gute hat. Da entwickeln sich in dieser Wärme jene Wesenheiten, die nun feuriger, warmer Natur sind, Wesenheiten, die in der Gegenwart leben, die aber eigentlich eine solche Natur haben, wie ich sie in meiner «Geheimwissenschaft im Umriß» für das Saturndasein des Menschen beschrieben habe.

So wie der Mensch im alten Saturndasein war, so sind diese Wesenheiten heute. Nur sind sie nicht so gestaltet wie der Mensch, aber sie haben solch eine Natur. Man kann von ihnen nicht sagen, daß sie schön oder häßlich sind oder dergleichen; man muß sie beurteilen von dem Gesichtspunkte aus, der einem von den gewöhnlichen elementarischen Wärmewesen gegeben wird, die auch vorhanden sind. Die ganze geistige Untersuchung ist außerordentlich schwer, denn man kommt an diese Wesenheiten, die bloß in der Wärme, also – im alten Sinne gesprochen – im «Feuer» leben, man kommt als Mensch außerordentlich schwer an sie heran, und wenn man herankommt, so ist es nicht angenehm. Man kommt zum Beispiel heran, wenn man im heftigen Fieber liegt. Aber da ist man in der Regel kein sehr objektiver Beobachter. Sonst handelt es sich darum, daß man sich durch die weitere Ausbildung der Mittel, die in meinen Büchern angegeben sind, die Anschauung für solche Wärmewesen entwickelt. Aber diese Wärmewesen haben schon ein gewisses Verhältnis zu jenen Wesenheiten, die namentlich dann erscheinen, wenn der Mensch einen warmen Enthusiasmus für das Gute entwickelt. Aber das Verhältnis ist ganz eigentümlicher Art.

Ich will hypothetisch annehmen – denn nur so kann ich eigentlich die Sache schildern –, es seien solche Wärmewesen normaler Art da, die überhaupt von der menschlichen physischen Wärme herrühren, die ja größer ist als die Wärme der Umgebung. Der Mensch hat Eigenwärme. Dadurch sind in seiner Nähe diese Wesenheiten. Und nun werden in einem Menschen, der für das Gute enthusiasmiert ist, diese andern Wesenheiten, die auch Wärmewesen, aber anderer Art sind, hervorgebracht. Wenn sie aber in der Nähe der normalen Feuerwesen sind, ziehen sie sich gleich vor ihnen zurück und schlüpfen in das Innerste des Menschen hinein. Wenn man sich nämlich viel Mühe gibt, vom Standpunkt der normalen Wärmewesen aus die Eigenschaften dieser Wesenheiten zu entdecken, dann findet man: diese Wesenheiten haben ein intimes, aber furchtbar stark ausgebildetes Schamgefühl. Sie wollen absolut nicht beobachtet werden von andern Wesen der geistigen Welt und fliehen vor ihnen, weil sie sich schämen, gesehen zu werden, fliehen vor allen Dingen in das Innerste der Menschen hinein, so daß sie schwer zu entdecken sind. Sie sind eigentlich nur zu entdecken, wenn man, sagen wir, sich selbst beobachtet in gewissen Momenten, die man eigentlich willkürlich nicht so leicht herbeiführen kann. Nehmen Sie einmal an, Sie lesen irgend etwas und werden einfach dadurch, daß Sie eine Szene lesen, die Sie dramatisch sehr ergreift, ohne daß Sie ein sentimentaler Mensch sind, zu Tränen gerührt. Irgendeine große, gute Handlung, meinetwillen im Roman, wird geschildert, Sie werden bis zu Tränen gerührt. Wenn Sie dann Selbstbeobachtung haben, da können Sie entdecken, wie ganze Scharen solcher Wesenheiten – die ein so fein und intim ausgebildetes Schamgefühl haben, daß sie von allen anderen Wesen der geistigen Welt nicht gesehen sein wollen – sich in Ihr Herz, überhaupt in Ihre ganze innere Brust hineinflüchten, wie sie zu Ihnen kommen, wie sie Schutz suchen vor den andern Wesen der elementarisch-geistigen Welten und namentlich vor den andern Wärmewesen.

Es ist eine bedeutsame Abstoßungskraft zwischen den normalen Wärmewesen und diesen mit so außerordentlich starkem Schamgefühl ausgestatteten Wärmewesen, die nur in der moralischen Sphäre der Menschen leben und sich vor der Berührung mit andern Geistwesen flüchten. Diese Wesenheiten sind in viel größerer Anzahl vorhanden, als man gewöhnlich meint, und sie sind es, die gerade den Menschen mit dem Enthusiasmus für das moralisch Gute ausgestalten. Der Mensch würde nicht leicht diesen Enthusiasmus für das moralisch Gute bekommen, wenn diese Wesenheiten ihm nicht zu Hilfe kämen. Und wenn der Mensch das Moralische liebt, dann steht er eigentlich im Bunde, im unbewußten Bunde mit diesen Wesenheiten.

Gewisse Eigenschaften dieser Wesenheiten sind durchaus so, daß man leicht dieses ganze Reich mißverstehen kann. Denn in der Tat, warum schämen sich denn diese Wesen? Sie schämen sich wirklich aus dem Grunde, weil die ganze übrige geistige Welt des Elementarreiches, in dem diese Wesenheiten sind, sie eigentlich verachtet, nichts wissen will von ihnen. Und das spüren diese Wesenheiten, und dadurch, daß sie so verachtete Wesenheiten sind, wirken sie gerade zum Enthusiasmus für das Gute.

Gewisse andere Eigenschaften dieser Wesenheiten möchte ich gar nicht gerne berühren, weil man schon sehen kann, wie eigentümlich die Menschenseele berührt wird, wenn man von den urhäßlichen Spinnenwesen berichtet. Deshalb möchte ich gewisse Eigenschaften dieser Wesenheiten unberührt lassen. Aber wir haben gesehen, wie dasjenige, was sich hier im Reiche des Sinnenwesens entwickelt als das Wahre, das Schöne, das Gute, sich durchaus herausentwickelt aus Grundlagen, die diese drei geistigen Reiche, die ich geschildert habe, brauchen, so wie wir als Menschen auf Erden den Boden brauchen, auf dem wir gehen. Nicht, als ob diese Wesenheiten das Wahre, Schöne und Gute erzeugen würden, das tun sie nicht. Aber die Gedanken, die das Wahre ausdrücken, die das Wahre bedeuten, brauchen die geistigen Dummköpfe, damit sie sich auf ihren Schultern bewegen können. Und das Schöne, das der Mensch hervorbringt, braucht die häßlichen Wasser- und Luftspinnen, damit es sich aus diesem Meere von Häßlichkeit erheben kann. Und das Gute braucht ein Reich von Wesenheiten, das sich gar nicht unter den andern anständigen Wärmewesen zeigen kann, das sich immer scheuen muß, und das gerade dadurch den Enthusiasmus für die Impulse des Guten hervorruft.

Wenn all diese Wesen nicht wären, dann müßten wir statt unserer Gedanken im Kopfe, wenn auch nicht gerade bleierne Soldaten, so wenigstens schwere Dünste haben. Es würden nicht sehr gescheite Dinge sein, die dabei herauskämen. Und um das Schöne hervorzubringen, müßten wir schon die Gabe haben, dieses Schöne auch ein wenig lebendig zu machen, damit die Menschen Interesse daran hätten und so weiter. Damit hier im Reiche der Sinnenwelt dasjenige vorhanden ist, was wir brauchen für unsere Gedankentätigkeit, für unsere Gefühlstätigkeit im Schönen, für unsere Willenstätigkeit im Guten, dazu sind drei solche elementarische Reiche notwendig.

Wenn wir die normalen elementarischen Reiche betrachten, also – wenn wir uns des volkstümlichen Ausdruckes bedienen – die Reiche der Gnomen, Sylphen, Undinen, Salamander, so haben wir in ihnen eigentlich Reiche, die erst noch etwas in der Welt werden wollen. Sie gehen ähnlichen Gestaltungen entgegen, die wir in unserer Sinnenwelt haben, nur anders werden sie sein, aber sie werden für solche Sinne, wie die Menschen sie heute haben, einmal wahrnehmbar werden, während sie heute in ihrem elementaren Dasein nicht für die gewöhnlichen Sinne wahrnehmbar sind.

Die Wesenheiten aber, welche ich Ihnen jetzt geschildert habe, sind über die Stufe, die heute Menschen und Tiere oder Pflanzen haben, schon hinübergeschnappt, sind weiter als diese, sind schon hinübergeschnappt. So daß wir, wenn wir zum Beispiel zum alten Mondenwesen zurückgehen könnten, das dem Erdendasein vorangegangen ist, wir dort diese Wesenheiten finden würden, die wir heute hier als jene schamhaft moralisch anspornenden Wesenheiten auf Erden finden. Die würden wir auf dem alten Monde als richtige Tierwelt, die auch für irdische Augen sichtbar wäre, sich so herumspinnen sehen, so von Baum zu Baum, sagen wir. Aber Sie müssen sich das Mondendasein ins Gedächtnis rufen, wie ich es geschildert habe in meiner «Geheimwissenschaft». Dieses Mondendasein ist natürlich ein weiches und flüchtiges, und die Dinge metamorphosieren sich, bilden sich um. Und zwischen diesen Wesenheiten, da spinnen sich hin dann jene häßlichen Wesen, die ich geschildert habe, diese Urspinnen, von denen der alte Mond ganz durchsetzt war und die da sichtbar waren. Und dann waren auch vorhanden jene Wesenheiten, die heute als die Dummköpfe den Weisen begleiten. Die waren dort vorhanden, und sie haben es bewirkt, daß der alte Mond zerstoben ist, so daß die Erde daraus werden konnte. Auch hier noch während des Erdendaseins haben diese Wesenheiten keine Freude an der Entstehung der Kristalle, aber an allem Zerhacken des Mineralischen.

Also während wir von den andern, normalen Elementarwesen sagen können, sie werden einmal sichtbar, sinnenfällig wahrnehmbar werden, müssen wir von diesen Wesenheiten sagen, sie waren einmal sinnenfällig wahrnehmbar und sind allerdings nun durch ahrimanische und luziferische Geistigkeit ins Geistige herübergeschnappt. So daß wir also zweierlei Arten von elementarischen Wesen haben, eine aufsteigende und eine absteigende Art. Und ich möchte sagen: Auf dem Moder der alten Mondenhäßlichkeit – denn die war reichlich während des alten Mondendaseins vorhanden – erwächst unsere Welt der Schönheit.

Sie haben ein Analogon in der Natur, wenn Sie den Mist, den Dünger auf die Äcker hinausführen, und dann daraus die schönsten Pflanzen erblühen. Da haben Sie das Analogon der Natur, nur daß da Ihnen auch der Dünger, der Mist sinnlich entgegentritt. So ist es, wenn man dasjenige geistig betrachtet, was nur halb wirklich ist als Welt des Schönen. Dieses, was nur halb wirklich ist als Welt des Schönen, lassen Sie es vor sich stehen, ohne Rücksicht zu nehmen darauf, was sonst lebendig in den drei Reichen der Natur auf der Erde wimmelt, lassen Sie meinetwillen vor Ihrem Geiste auftauchen alles das, was an schönen Nachwirkungen aus der Erde hervorsprießt. Jedenfalls, wie auf einer Wiese die schönsten Blumen hervorsprießen, so müssen Sie sich darunter jenen Moder, jenen Dünger, den Mondendünger geistig denken, der diese häßlichen Spinnen, die ich geschildert habe, enthält. So wie Ihnen Ihr Kohl nicht wächst, ohne daß Sie misten, ebensowenig kann Schönheit auf der Erde erblühen, ohne daß die Götter die Erde mit Häßlichkeit düngen. Das ist die innere Notwendigkeit des Lebens, und diese innere Notwendigkeit des Lebens muß man kennen, denn die gibt allein die Fähigkeit, wissend gegenüberzustehen dem, was eigentlich in der Natur uns umgibt.

Wer glaubt, daß auf Erden die Schönheit in der Kunst hervorgebracht werden kann ohne die Grundlage dieser Häßlichkeit, gleicht einem Menschen, der sagt: Es ist aber doch eigentlich schauderhaft, daß die Leute düngen, sie sollen doch lieber die schönen Dinge wachsen lassen ohne Mist. – Es ist eben nicht möglich, daß die Schönheit hervorgebracht wird ohne die Grundlage der Häßlichkeit. Und will man sich nicht Illusionen über die Welt hingeben, das heißt, will man wahrhaftig erkennen das Wirkliche und nicht das Illusorische, dann muß man diese Dinge erkennen. Das ist schon notwendig. Wer da glaubt, daß in der Welt die Kunst ist ohne die Häßlichkeit, der kennt die Kunst auch nicht. Warum nicht? Nun, einfach aus dem Grunde, weil nur derjenige, der eine Ahnung hat von dem, was ich

Ihnen heute geschildert habe, erst in der richtigen Weise die Kunstwerke genießen wird, denn er weiß, um was sie im Weltendasein erkauft sind. Und wer Kunstwerke genießen will ohne dieses Bewußtsein, der gleicht eigentlich einem Menschen, der das Düngen der Äcker abschaffen möchte. Er kennt dann nicht das, was in der Natur wächst, sondern er hat in Wirklichkeit nur die Illusion vor sich, gewissermaßen Pflanzen aus Papiermaché. Wenn er auch wirkliche Pflanzen hat, hat er nur Pflanzen aus Papiermaché! Wer die Häßlichkeit nicht in seinen Untergründen fühlt, hat nicht das rechte Entzücken an der Schönheit.

So ist es in der Welt eingerichtet. Und das ist es, was die Menschheit lernen muß, wenn sie nicht weiter durch die Welt wandern will – ich habe es schon einmal gesagt – wie eben die Regenwürmer, die auch an ihrem Element haften und nicht aufschauen zu dem, was wirklich ist. Die Menschen können aber das, was in ihnen liegt an Anlagen, nur entwickeln, wenn sie sich der Wirklichkeit gegenüberstellen. Die Wirklichkeit aber ist nicht damit gegeben, daß man nur redet von Geist, Geist, Geist, sondern daß man die geistige Welt wirklich kennenlernt. Dann aber muß man auch sich aussetzen dem, daß unter Umständen in gewissen Gebieten der geistigen Welt so etwas zutage tritt, wie ich es Ihnen heute geschildert habe.

SECHSTER VORTRAG

Dornach, 17. Dezember 1922

Ich habe es des öfteren erwähnt, wie ungefähr seit dem ersten Drittel des 15. Jahrhunderts eine besondere Zeit in der Menschheitsentwickelung angebrochen ist. Man kann sagen, daß die Zeit, die etwa im 8. vorchristlichen Jahrhundert begonnen hat und die dann bis in das erste Drittel des 15. Jahrhunderts herein gedauert hat, die Zeit der griechisch-lateinischen Kulturentwickelung war, und daß die neueste Zeitphase, in der wir jetzt noch immer drinnenstehen, in dem angegebenen Zeitpunkte begonnen hat. Wir wollen heute von einem gewissen Gesichtspunkte aus die Aufgaben der Menschheit in der Gegenwart in Anknüpfung an diese Tatsache ein wenig betrachten.

Wir wissen ja und wissen es namentlich aus den Vorträgen, die ich in der letzten Zeit hier gehalten habe, wie der Mensch während seiner Erdenentwickelung, also zwischen der Geburt und dem Tode, sowohl in seiner physischen, wie seelischen, wie geistigen Entwickelung die Erbschaft dessen in sich trägt, was er im vorirdischen Dasein durchgemacht hat. Und wir haben insbesondere vorgängig gesehen, wie das sozial-moralische Leben die Erbschaft jenes Zustandes zwischen Tod und neuer Geburt ist, in welchem der Mensch im innigen Zusammenhange mit den Wesenheiten der höheren Hierarchien lebt. Der Mensch bringt sich aus diesem Zusammenleben, das er – wie ich dargestellt habe – rhythmisch in Abwechslung mit einem andern Zustande erlebt, die Fähigkeit, die Kraft des Liebens mit, und diese Kraft des Liebens ist die Grundlage der Moralität auf Erden. Der andere Zustand, der mit diesem abwechselt, ist der, wo sich der Mensch auf sich selbst zurückzieht, wo er gewissermaßen sich herausholt aus dem Zusammenleben mit den Wesen der höheren Hierarchien. Und als Erbschaft dieses Zustandes bringt er sich die Kraft der Erinnerung, die Kraft des Gedächtnisses mit, welche allerdings auf der einen Seite in seinem Egoismus zum Ausdrucke kommt, auf der andern Seite aber auch die Veranlagung für die Freiheit, für alles dasjenige ist, was dem Menschen innere Festigkeit und Selbständigkeit gibt. Das aber, wodurch der Mensch von innen heraus seine Zivilisation geordnet hat, war auch bis in diesen griechisch-lateinischen Zeitraum, von dem ich vorhin gesprochen habe, in gewisser Beziehung eine Erbschaft des vorirdischen Daseins.

Wenn wir auf noch ältere Zeiten der Menschheitsentwickelung zurückgehen, in den urindischen Zeitraum, in den urpersischen, den ägyptischen Zeitraum, so finden wir überall ein Wissen der Menschheit, ein Vorstellungsleben der Menschheit, welches aus dem Innern des Menschen herausquillt, das aber auch mit dem Leben zwischen dem Tode und einer neuen Geburt zusammenhängt. Wir finden in der urindischen Zeit, wie der Mensch ein deutliches Bewußtsein hat, daß er eigentlich, man möchte sagen, demselben Geschlechte angehört, dem die göttlich-geistigen Wesenheiten der übrigen Hierarchien angehören. Der Wissende der alten indischen Kultur fühlt sich viel weniger als ein Erdenbürger denn als ein Bürger jener Welt, dem diese göttlich-geistigen Wesen angehören. Er fühlt sich gewissermaßen heruntergeschickt aus der Reihe dieser göttlich-geistigen Wesen auf die Erde, und was er auf Erden als Zivilisation ausbreitet, von dem fühlt dieser Urinder, daß es geschieht, um die Erdentaten der Menschen, auch die Erdengegenstände, die Erdenwesen, so zu gestalten, wie es den göttlich-geistigen Wesen, denen er sich verwandt fühlt, angemessen ist.

Schon etwas abgedämmert ist dieses Zusammengehörigkeitsgefühl bei dem urpersischen Menschen, aber auch er fühlt noch deutlich als seine eigentliche Heimat das, was er das Lichtreich nennt, dem er zwischen dem Tode und einer neuen Geburt angehörte, und er will sich zum Kämpfer für die Geister dieses Lichtreiches machen. Er will gewissermaßen diejenigen Wesen bekämpfen, die von der Finsternis der Erde herkommen, so daß diese finsteren Wesen nicht etwas im Gefolge der Geister des Lichtreiches sein können, und er stellt seine ganze Aufgabe in den Dienst dieser Geister des Lichtreiches. Und wenn wir dann vorrücken zu der ägyptischen und chaldäischen Bevölkerung, so sehen wir die Wissenschaft dieser Ägypter und Chaldäer ganz und gar von dem durchzogen, was sich auf die Bewegungen der Sterne bezieht. Die Schicksale der Menschen werden an dem abgemessen, was sich in den Sternen zeigt. Was auf Erden getan wird, wird so getan, daß man vorher die Sterne befragt, ob man dies oder jenes tun soll. Auch diese Wissenschaft, die alles irdische Leben regelt, wird als eine Erbschaft dessen empfunden, was der Mensch zwischen dem Tode und einer neuen Geburt erlebt hat, in welcher Zeit seine Erlebnisse solcher Art sind, daß er mit den Bewegungen, mit den Gesetzmäßigkeiten der Sterne eins ist, so wie er hier auf Erden zwischen der Geburt und dem Tode eins ist mit den Wesen des mineralischen, des pflanzlichen, des tierischen Reiches.

Als dann der vierte nachatlantische, der griechisch-lateinische Zeitraum eintritt, der zwischen dem 8. vorchristlichen und dem 15. nachchristlichen Jahrhundert liegt, da allerdings fühlen sich die Menschen bereits durchaus als Erdenbürger. Sie fühlen, daß in ihrer Vorstellungswelt in der Zeit zwischen der Geburt und dem Tode nicht mehr in einer intensiven Weise ein Nachklang desjenigen vorhanden ist, was im vorirdischen Dasein erlebt wird. Die Menschen streben gewissermaßen dahin, auf dieser Erde heimisch zu sein. Aber wenn man so recht in den Geist der griechischen, auch noch der frühlateinischen Zivilisation eindringt, so ist es doch so, daß man etwa das Folgende behaupten kann. Die Menschen, welche in jener Zeit ein Wissen begründen, sagen sich: Wir wollen alles das kennenlernen, was hier auf Erden in den drei Reichen der Natur sich vollzieht, aber wir wollen es so kennenlernen, daß unser Wissen doch eigentlich etwas ist, was sich auch im außerirdischen Dasein zeigen kann. – Es ist bei den Griechen durchaus das Gefühl vorhanden: durch das Wissen, das den Menschen auf Erden dient, durch das der Mensch auf Erden seine Taten regelt, soll der Mensch zu gleicher Zeit noch etwas wie eine dunkle Erinnerung an die göttlich-geistige Welt haben. Der Grieche weiß zwar, er kann sein Wissen nur aus der Betrachtung der irdischen Welt gewinnen, aber er hat ein deutliches Gefühl davon: was er in den Mineralien, in den Pflanzen, in den Tieren, was er in den Sternen, Bergen, Flüssen und so weiter betrachtet, soll ihm ein Abglanz des Göttlich-Geistigen sein, das er in einer andern Welt als der sinnlichen erleben kann.

Das ist deshalb so, weil der Mensch in jener Zeit noch fühlt, er gehört mit dem besten Teil seines Wesens einer übersinnlichen Welt an. Diese übersinnliche Welt hat sich allerdings für die menschliche Beobachtung verdunkelt, so stellt der Mensch sich vor, aber man soll auch während des Erdendaseins nach einer Erhellung des Verdunkelten streben. Und wenn man auch in jenen Zeiten nicht mehr, wie zum Beispiel im alten Ägypten oder im alten Chaldäa, die gewöhnlichen Taten der Erdenmenschheit nach dem Sternenlauf regeln kann, weil man die Sternenwissenschaft nicht in derselben Weise wie die Chaldäer und wie die Ägypter beherrscht, ist man wenigstens doch in einer etwas dunklen Weise bestrebt, durch Erforschung der Willensäußerungen der göttlich-geistigen Wesen etwas Göttlich-Geistiges in die irdische Welt hereinzutragen.

In den Orakelstätten, in den Tempelstätten wird durch die entsprechenden Priesterinnen, Weissagerinnen, auf die Weise, die Ihnen aus der Geschichte bekannt ist, der Wille der Götter erforscht. Und wir sehen, wie dieses Erforschen des göttlich-geistigen Willens, in dem der Mensch selbst im vorirdischen Dasein drinnensteht, in jener Zeit, in welcher im Süden Europas die griechisch-lateinische Kultur ist, auch im übrigen Europa üblich ist. Wir sehen zum Beispiel, wie innerhalb der germanisch-mitteleuropäischen Welt Priesterinnen, Prophetinnen hochverehrt werden, wie man zu ihnen pilgert, und wie aus ihrer ekstatischen Seelenverfassung heraus der Wille des Göttlichen dem Menschen kundwerden soll, damit der Mensch sich bei seinen Erdentaten nach diesem Willen richte. Ja, man möchte sagen, wenn auch durchaus abgeschwächt, sehen wir dennoch in deutlicher Weise den Menschen bis in das 12., 13. Jahrhundert herauf während des Mittelalters alles, was er an Wissen sucht, so gestalten, daß dieses Wissen eigentlich den Willen der göttlich-geistigen Welt in sich enthält. Wir können für alle diese Jahrhunderte, noch bis zum 12., 13. Jahrhundert, in jene Stätten hineinschauen, die dazumal noch als eine Art heiliger Stätten galten, die dann zu unseren abstrakten Laboratorien oder zu unseren abstrakten physikalischen Kabinetten geworden sind. Wir können in jene Stätten hineinschauen, in denen die sogenannten Alchimisten versuchten, die Kräfte der Stoffe und die Kräfte der Naturvorgänge zu ergründen. Wir können diejenigen

Schriften aufschlagen, die noch in einer schwachen Weise eine Art von Darstellung der Denkweise enthalten, die in jenen alten Forscherstätten entfaltet wurde, und wir werden überall finden, daß der Wille vorhanden ist, die Stoffe selbst so miteinander in Verbindung und in Wechselwirkung zu bringen, daß Geistig-Göttliches in der Phiole, in der Retorte wirkt.

Wir sehen ja, wie *Goethe* noch in seinem «Faust» etwas von dieser Seelenverfassung nachklingen läßt da, wo Wagner in seinem Laboratorium an der Darstellung des Homunkulus arbeitet. Wir können sehen, wie eigentlich erst um die Wende des 14. zum 15. Jahrhundert in der abendländischen zivilisierten Welt jene Stimmung entsteht, durch welche der Mensch, auf sich selbst gestützt, ohne seine Vorstellungen in einen unmittelbaren Zusammenhang mit einem göttlichgeistigen Willen zu bringen, der die Welt durchwaltet, ein Wissen für seine Zivilisation begründen will. Wir sehen gewissermaßen erst um diese Zeit ein rein menschliches, ein von dem göttlich-geistigen Willen emanzipiertes Wissen entstehen. Und dieses rein menschliche, von dem göttlich-geistigen Willen emanzipierte Wissen, ist dasjenige, was wir das galileisch-kopernikanische Wissen nennen müssen. Jenes Wissen, durch das die Welt sich dem Menschen in einem so abstrakten Bilde darstellt, wie das heutige Weltenbild ist, durch das wir uns einen Raum vorstellen, wie ihn etwa *Giordano Bruno* zuerst im Sinn hatte: in welchem die Sterne als bloß materielle Körper kreisen, oder auch in der Ruhe am Weltengeschehen ihren Anteil nehmen. Durch dieses Weltenbild stellt man sich vor, daß ein ungeheurer Mechanismus von dem kosmischen Raum herein auf die Erde wirkt, und man bleibt im Grunde genommen auch bei der Betrachtung des Irdischen bei dem stehen, was sich errechnen und ermessen läßt, was also sich auch in einen abstrakten Mechanismus eingliedert. Das aber ist eine Vorstellungswelt, die der Mensch aus sich selber herausspinnen kann im Zusammenhange mit der äußeren Beobachtung und mit dem Experimente, durch das, ich möchte sagen, nur die Stoffe selbst aufeinander wirken sollen, die Vorgänge selbst sich darstellen sollen, die in der Natur sind, und nichts Göttlich-Geistiges mehr in der Natur erforscht werden soll.

Es ist ein grandioser Unterschied in dieser Vorstellungswelt von allem Früheren in der Menschheitsentwickelung. Erst in dieser Zeit seit dem ersten Drittel des 15. Jahrhunderts ist die menschliche Vorstellungswelt bloß menschlich geworden, und was seit dieser Zeit von den Menschen in ihrer Vorstellungswelt hauptsächlich herausgearbeitet worden ist, das ist das Räumliche.

Wenn Sie noch in jene Zeiten zurückgehen, auf die ich auch heute hingedeutet habe, in die Zeiten der urindischen, der urpersischen, der ägyptisch-chaldäischen Kultur, überall werden Sie finden: in diesen Weltanschauungen wird auf Weltenalter verwiesen. Man weist zurück in ein altes Zeitalter, wo die Menschen noch mit den Göttern verkehrt haben, gewissermaßen in ein Goldenes Zeitalter. Man weist in ein anderes Zeitalter zurück, wo die Menschen wenigstens auf Erden noch den Sonnenglanz des Göttlichen erlebt haben, ein Silbernes Zeitalter und so weiter. Die Zeit und ihr Verlauf spielen eine mächtige Rolle in dem Weltbilde der älteren Menschheitsentwickelung. Und auch, wenn Sie noch das griechische Zeitalter betrachten, ja, wenn Sie das Weltbild betrachten, das in der mehr nördlich-mitteleuropäischen Welt gleichzeitig mit diesem griechischen Weltbilde vorhanden war, so werden Sie finden: überall spielt die Zeitvorstellung eine große Rolle. Der Grieche weist auf jenes alte Zeitalter zurück, wo Uranos und Gäa in der Wechselwirkung die Geschehnisse des Kosmos bewirkt haben. Er weist auf das nächste Zeitalter zurück, auf Kronos und Rhea, dann auf das Zeitalter, in dem Zeus mit den übrigen Göttern, die aus der griechischen Mythologie bekannt sind, den Kosmos und das Irdische regelt. Und ebenso finden Sie das in der germanisch-europäischen Mythologie. Die Zeit spielt überall in diesen Weltbildern eine mächtige Rolle.

Eine viel geringere Rolle spielt in diesen Weltbildern der Raum. Wie dunkel bleibt das Räumliche, wenn wir etwa nur das nordisch-germanische Weltenbild mit der Weltesche, mit dem Riesen Ymir und so weiter nehmen. Daß da in der Zeit etwas vor sich geht, ist ganz klar. Aber die Raumesvorstellung dämmert erst herauf. Mit dem Zeitalter des Galilei, des Kopernikus, des Giordano Bruno beginnt eigentlich erst der Raum seine große Rolle in dem Weltenbilde zu spielen. Auch das ptolemäische Weltensystem, das zwar schon mit dem Raum arbeitet, ist dennoch mehr auf die Zeit abgestellt, als dasjenige Weltenbild, das man seit dem 15. Jahrhundert hat, in dem die Zeit eigentlich eine sekundäre Rolle spielt. Wovon man ausgeht, ist die gegenwärtige Verteilung der Sterne im Weltenraume, und man schließt durch Rechnung auf die Art und Weise zurück, wie dieses Weltenbild früher gestaltet war. Zur Hauptsache aber wird das räumliche Vorstellen, das räumliche Weltenbild, und davon wird alles Urteilen des Menschen überhaupt auf den Raum abgestellt.

Der moderne Mensch hat immer mehr und mehr dieses Abstellen nach dem Raum hin ausgebildet, ausgebildet in bezug auf sein äußeres Weltenbild, ausgebildet aber auch in bezug auf alles Denken, und wir stehen eigentlich heute, ich möchte sagen in einem Hochpunkt dieses räumlichen Vorstellens. Denken Sie sich doch, wie schwer es den Menschen der heutigen Zeit wird, rein zeitlich einer Auseinandersetzung zu folgen. Die Menschen sind schon froh, wenn man den Raum dadurch wenigstens zuhilfe nimmt, daß man irgend etwas auf die Tafel zeichnet. Wenn man aber gar noch mit Lichtbildern den Raum herbeizieht, dann empfindet das der moderne Mensch fast so, als ob da überhaupt erst die Anständigkeit des Lehrens beginnen würde. Veranschaulichung, man meint eigentlich Verräumlichung, das ist es, was eigentlich der moderne Mensch für alle Auseinandersetzungen anstrebt. Das Zeitliche, indem es so hinfließt, ist ihm etwas Unbehagliches geworden. Er läßt es noch eben im musikalischen Elemente gelten, aber sogar im musikalischen Elemente strebt er durchaus nach dem Räumlichen hin.

Wir brauchen nur auf ein ganz bestimmtes Element in der Gegenwart hinzuschauen, dann werden wir schon diese Sucht des modernen Menschen sehen, sich an das Räumliche anzulehnen. Im Kino ist es ihm eigentlich schon ganz gleichgültig, ob da etwas Zeitliches zugrunde liegt. Er begnügt sich mit möglichst wenig von dem, was zeitlich zugrunde liegt. Er geht ganz in einer räumlichen Welt auf. Dieses Abgestelltsein der ganzen Seele auf das Räumliche ist die Charakteristik der Gegenwart. Wir haben auf der einen Seite heute diese Sehnsucht nach einer solchen Abstellung auf das Räumliche. Wer mit offenen Augen die gegenwärtige Kultur und Zivilisation betrachtet, wird überall dieses Abgestelltsein auf das Räumliche finden.

Aber auf der andern Seite erstreben wir mit dem, was wir die anthroposophische Geisteswissenschaft nennen, ein Herauskommen aus dem Räumlichen. Wir kommen allerdings dem räumlichen Sehnen entgegen, indem wir das Geistige auch versinnlichen. Das kann schon sein, nicht wahr, um zu Hilfe zu kommen dem Vorstellungsvermögen. Allein wir müssen uns doch immer bewußt bleiben, daß dieses nur ein Versinnlichen ist, und daß eigentlich das, worauf es ankommt, ein Streben ist, wenigstens ein Streben sein müßte, aus dem Räumlichen herauszukommen. Manchmal beirren uns allerlei unter uns lebende Raumesfexen, indem sie die aufeinanderfolgenden Zeitalter in allerlei Schemen bringen, aufzeichnen: erstes Zeitalter mit Unterzeitaltern und so weiter, und da stehen dann viele Worte und das Aufeinanderfolgende ist dann ins Räumliche gebracht. Wir streben aber heraus aus diesem Räumlichen. Wir streben in das Zeitliche und auch in das Überzeitliche hinein, in das, was aus dem Sinnlichen überhaupt herausführt.

Nun ist das Sinnliche in seiner gröbsten Form in dem Räumlichen vorhanden, das geht aber nach einer gewissen Richtung hin. Ich habe es oft charakterisiert, was anthroposophische Geisteswissenschaft eigentlich will. Sie will durchaus nicht geringachten oder gar abweisen, was an menschlicher Denkweise durch das Galileisch-Kopernikanisch-Giordano-Brunosche-Zeitalter heraufgekommen ist. Dieses Urteil, das nach dem Raum hin orientiert ist, will unsere anthroposophische Geisteswissenschaft durchaus gelten lassen. Sie will damit rechnen. Deshalb soll sie auch in alle wissenschaftlichen Vorstellungsgebiete hineinleuchten können. Sie soll sich nicht in laienhafter Weise zu diesen wissenschaftlichen Vorstellungsgebieten verhalten, sondern mit ihrer Art, die Dinge anzusehen, in diese Vorstellungsgebiete hineinleuchten. Aber immer wieder müssen wir betonen, wie durch die anthroposophische Geisteswissenschaft angestrebt wird, dieses auf den Raum hin abgestellte Urteil, dieses rein menschliche Wissen, dieses vom Göttlich-Geistigen emanzipierte Wissen wiederum zu dem Göttlich-Geistigen hinüberzuleiten. Wir wollen nicht zu den alten Seelenverfassungen zurückstreben, sondern wir wollen gerade die neueste Seelenverfassung aus dem Hängen an dem bloßen räumlichen Materiellen in das Geistige hinüberleiten. Wir wollen, mit andern Worten, lernen, so wie man gewohnt worden ist im galileisch-kopernikanischen Zeitalter über Stoffe, über Kräfte zu reden, nun über Geistiges zu reden. So daß tatsächlich diese Geisteswissenschaft durch ihre Art der Betrachtungsweise gewachsen ist der besonderen Art desjenigen, was sich für die äußeren sinnlichen Dinge und Vorgänge seit dem ersten Drittel des 15. Jahrhunderts eben als Vorstellungsweise herausgebildet hat. Es wird also ein geistiges Wissen angestrebt, das diesem Naturwissen verwandt ist, wenn es ihm auch, weil es auf das Übersinnliche geht, entgegengesetzt ist.

Innerlich betrachtet, was wird dadurch zu erreichen gesucht? Nun, wenn wir uns einmal in Gedanken in die Lage der göttlich-geistigen Wesen versetzen, in deren Reihen wir zwischen dem Tode und einer neuen Geburt leben, wie diese, ich möchte sagen, ihr Geistesauge herunterwenden – ich habe das vor einiger Zeit gerade hier beschrieben – und durch die verschiedenen Mittel, die ich beschrieben habe, den Verlauf des Irdischen betrachten, dann finden wir, daß diese Wesenheiten für die älteren Zeiträume der Menschheitsentwickelung, für das urindische, für das urpersische, für das chaldäisch-ägyptische Zeitalter, auf die Erde herunterschauten, was da die Menschen taten und wie die Menschen dasjenige anschauten, was in der Natur und in ihrem eigenen sozialen Leben vorhanden ist. Und da konnten sich die Götter, wenn ich mich so ausdrücken darf, gegenüber dem, was die Menschen taten und vorstellten, sagen: Sie machen da unten dasjenige, was sich ihnen aus der Erinnerung oder aus dem Nachklang dessen ergibt, was sie unter uns hier oben erlebt haben. – Es war noch unter den Chaldäern und bei den Ägyptern ganz klar, daß die Leute unten auf Erden eigentlich nur das ausführen wollten, was oben die Götter gedacht haben oder weiterdenken. Die Götter sahen, wenn sie auf die Erde herunterblickten, gewissermaßen ihnen Verwandtes auf der Erde geschehen, und sie sahen, wenn sie in die Gedanken der Menschen hineinschauten – und Götter können die Gedanken der Menschen durchschauen –, ihnen Verwandtes.

96

Das ist anders geworden seit dem ersten Drittel des 15. Jahrhunderts. Wenn seit dieser Zeit und insbesondere in der Gegenwart die göttlich-geistigen Wesen auf die Erde herunterschauen, so finden sie im Grunde genommen überall ihnen Fremdes. Die Menschen machen da unten auf der Erde etwas, was sie selber sich aus den Vorgängen und Dingen der Erde zusammenkombinieren. Es ist das den Göttern, mit denen die Menschen zwischen dem Tode und einer neuen Geburt leben, ein fremdes Element.

Wenn der Alchimist in seinem Laboratorium noch versuchte, den göttlich-geistigen Willen im Zusammenbeziehen und Trennen der Elemente zu erforschen, so sah gewissermaßen der Gott noch so in das Laboratorium hinein, daß er etwas Verwandtes in den Taten dieses Alchimisten sah. Wenn der Gott heute in ein Laboratorium hineinschaut, so ist ihm eigentlich alles, was da getrieben wird, furchtbar fremd. Dies ist schon durchaus eine Wahrheit, daß unter Göttern, wenn ich mich so ausdrücken darf, die Ansicht umgeht seit dem ersten Drittel des 15. Jahrhunderts, als ob ihnen das ganze Menschengeschlecht entfallen wäre in einem gewissen Sinne, als ob die Menschen da unten ihre eigene Allotria auf der Erde trieben, Dinge, welche die Götter eigentlich gar nicht mehr in der richtigen Weise verstehen können – diejenigen Götter ganz gewiß nicht, die noch im griechisch-lateinischen Zeitraum sozusagen die Hand und den Verstand der Menschen gelenkt haben, der Menschen, die unten wissenschaftlich geforscht haben oder dergleichen. Diese göttlich-geistigen Wesenheiten haben ein reges Interesse, aber nicht an demjenigen, was in den heutigen Laboratorien oder gar auf den heutigen Kliniken getan wird. Ich habe bei einer vorhergehenden Betrachtungsweise darauf hinweisen müssen, daß durch die Fenster, wie ich es dazumal genannt habe, die Götter herunterschauen und daß sie da am allerwenigsten dasjenige interessiert, was die Professorenschaft auf der Erde treibt. Aber gerade das ist es, was demjenigen, der in die moderne Initiationswissenschaft hineinschaut, ganz besonders tief zu Herzen geht. Er sagt sich: Wir Menschen sind eigentlich in diesem letzten Zeitraum götterfremd geworden. Wir müssen wiederum nach Verbindungsbrücken zu der göttlich-geistigen Welt hinauf suchen. Und das ist es, was, wenn wir die Dinge innerlich betrachten, den Impuls für die anthroposophische Geisteswissenschaft abgibt. Wir wollen wieder die den Göttern unverständlichen Wissenschaftsvorstellungen so verwandeln, daß sie vergeistigt werden, damit sie wiederum eine Brücke abgeben zu dem Göttlich-Geistigen hin.

Man sollte schon durchaus sich dessen bewußt sein, daß – in der urpersischen Kulturwelt tritt das besonders stark hervor – das Licht zum Beispiel etwas ist, in dem ein Göttliches lebt. Aber wenn heute der Mensch eine Linse aufzeichnet, einen Lichtpunkt, und dann durch allerlei Linien feststellen will, wie da die Strahlen sich brechen, so ist das eine Raumessprache, die kein Gott versteht, die ganz und gar außergöttlich und ungöttlich ist, die für Götter nicht den geringsten Sinn hat. Das alles muß wiederum zurückgeführt werden in eine solche menschliche Seelenverfassung, daß die Brücke zum Göttlichen wiedergefunden werden kann. Es vertieft sich, wenn man die Sache so betrachtet, ungeheuer das Gefühl dafür, was für eine Aufgabe dem gegenwärtigen Zeitalter mit der Umgestaltung, mit der Metamorphosierung des ungeistigen Vorstellungswesens obliegt.

Nun beruht aber dieses Ganze auf einer außerordentlich wichtigen kosmischen Tatsache. Die Raumesanschauung nàmlich ist überhaupt eine menschliche Anschauung. Die Götter, mit denen der Mensch in seiner wichtigsten Zeit zwischen dem Tode und einer neuen Geburt zusammenlebt, haben zwar eine ausgesprochene Zeitanschauung, aber diese Raumesanschauung, die der Mensch auf der Erde erwirbt, haben sie überhaupt nicht. Das ist ein spezifisch Menschliches, diese Raumesanschauung. Der Mensch tritt eigentlich erst in den Raum ein, indem er aus der göttlich-geistigen Welt in die physische Erdenwelt heruntergeht. Gewiß, von hier aus angesehen erscheint alles in einer räumlichen Perspektive, aber das Urteil in Dimensionen ist etwas durchaus Irdisches.

Im höchsten Maße hat sich der Mensch in der abendländischen Kulturentwickelung seit dem 15. Jahrhundert in dieses Raumesanschauen hineingefunden. Aber wenn es in der richtigen Weise erfaßt wird, dieses Raumesanschauen, wenn also in der eben geschilderten Weise durch die Vergeistigung des reinen Raumeswissens die Brücken zu der göttlichen Welt wiederum geschlagen werden, dann wird das, was der Mensch – gerade in der Zeit, wo er sich am meisten von seiner göttlichen Welt emanzipiert hat, eben seit dem 15. Jahrhundert – an Raumeswissen erworben hat, auch wichtig für die göttlich-geistige Welt. Und der Mensch kann für die Götter ein neues Weltstück erobern, wenn er es in der richtigen Weise tut, wenn er nicht beim Raum stehenbleibt, sondern in die Raumesanschauung wiederum das Geistige hineinbringt. Denn, was geschieht denn da?

Für die Götter ist eigentlich nur in der Zeitenlinie vorhanden, was ich in meiner «Geheimwissenschaft im Umriß» auseinandergesetzt habe: alte Saturnzeit, Sonnenzeit, Mondenzeit, Erdenzeit, die künftigen Zeiten: Jupiter-, Venus-, Vulkanzeit. Das ist für die Götter in der Zeitenfolge vorhanden. Hier auf Erden lebt sich das alles aber auch räumlich aus. Wir leben heute im Erdenzeitalter, das ist richtig. Aber in diesem Geschehen, das der Erde angehört, stecken auch noch die Nachklänge des Monden-, des Sonnen-, des Saturnzeitalters darinnen. Versuchen Sie einmal, die Beschreibung der Saturnzeit, wie ich sie in der «Geheimwissenschaft» gegeben habe, auf sich wirken zu lassen. Da werden Sie sagen: Wir haben allerdings keine Saturnzeit mehr, aber ihre Wärmewirkungen sind auch in unserem Erdengeschehen darinnen. – Es stecken Saturn, Sonne, Mond, Erde ineinander, sie sind gleichzeitig da. Die Götter sehen sie nacheinander. Wir sehen sie gerade, nachdem wir sie früher, auch noch während der chaldäischen Zeit, in ihrem Nacheinander gesehen haben, wir sehen sie jetzt ineinanderstecken, räumlich ineinanderstecken. Ja, das geht noch viel weiter, und gerade wenn wir diese Dinge in den Einzelheiten betrachten, dann kommen wir darauf, was eigentlich hinter diesen Dingen steckt.

Nehmen Sie an, Sie strecken Ihre linke Hand aus. In allem Irdischen lebt das Göttliche darinnen. In Ihren Muskeln, in Ihren Nerven lebt das Göttliche. In Ihrem Handausstrecken lebt das Göttliche. Sie berühren jetzt mit den Fingern Ihrer linken Hand die Finger der rechten Hand – das kann nur im Raume ausgeführt werden. Dieses, daß Sie Ihre linke Hand mit der rechten, Ihre rechte Hand mit der linken Hand spüren, das verfolgen die göttlich-geistigen Wesen nicht. Sie verfolgen die linke und die rechte Hand bis zu der Berührung, aber das Gefühl, das zwischen beiden sich abspielt – das Spüren der linken Hand mit der rechten Hand, der rechten mit der linken Hand –, das haben die Götter durch ihre eigenen Fähigkeiten nicht; das ist etwas, was erst durch den Raum herauskommt. Geradesowenig wie die Götter Saturn, Sonne, Mond, Erde zugleich schauen, sondern nur nacheinander schauen, in der Zeit schauen, so haben die Götter alles das nicht, was der Mensch gerade in räumlichster Weise erlebt. Wenn Sie mit Ihrem linken und Ihrem rechten Auge schauen und die Blickrichtung von rechts und von links haben, so haben Sie in dem Blick von rechts die Götterwirkung, in dem Blick von links die Götterwirkung; die Begegnung ist das rein Menschliche. Wir erleben also als Menschen gerade dadurch, daß wir in den Raum herausgestellt sind, etwas, was in Emanzipation von der Götterwirkung erlebt wird.

Sie brauchen dieses Bild, das ich von der rechten und linken Hand gebraucht habe, nur auszudehnen auf weiteres Geschehen im irdischen Menschheitsumkreis, und Sie werden vieles finden, was von den Erlebnissen der Menschen aus den Götteranschauungen herausfällt. Auf alle diese Gebiete, die rein menschlicher Art sind, ist der Mensch in seinem Vorstellen eigentlich erst so recht seit dem ersten Drittel des 15. Jahrhunderts gekommen, so daß in der Tat für die Götter das Menschheitsvorstellen, wenn sie herunterschauen, immer unverständlicher und unverständlicher geworden ist. Und gerade, wenn wir dies ins Auge fassen, müssen wir auf jenes durchschlagende, wichtige Ereignis im letzten Drittel des 19. Jahrhunderts hinweisen, von dem wir öfter schon gesprochen haben und das sich so ausdrückt, daß wir sagen: Die Herrschaft jener geistigen Wesenheit, die man als Gabriel bezeichnet, ist abgelöst worden durch die Herrschaft jener andern geistigen Wesenheit, die man als Michael bezeichnet.

Im letzten Drittel des 19. Jahrhunderts wird jene geistige Wesenheit, die man als Michael bezeichnet, gewissermaßen Herrscher in allem Geistigen, dem das Menschengeschehen auf der Erde entspricht. Während jenes Gabriel-Wesen mehr ein Wesen ist, das auf die passiven Eigenschaften der Menschen orientiert ist, ist Michael das aktive Wesen, dasjenige Wesen, das gewissermaßen unseren Atem, unsere Adern, unsere Nerven durchpulst, auf daß wir unser Menschheitliches im kosmischen Zusammenhang erarbeiten, aktiv erwerben. Das ist es, was gewissermaßen als eine Aufforderung des Michael vor uns steht, daß wir bis in unsere Gedanken hinein aktiv werden, so daß wir uns unsere Weltanschauung durch innerliche Aktivität als Menschen erarbeiten. Dadurch erst gehören wir dem Michael-Zeitalter an, daß wir uns nicht untätig hinsetzen und über uns kommen lassen wollen die äußeren und inneren Erleuchtungen, sondern daß wir aktiv mitarbeiten an dem, was sich uns an Beobachtungen, an Erlebnissen aus der Welt darbietet.

Wenn einer ein Experiment zusammenstellt, so ist das im Grunde genommen keine Tätigkeit, nicht eine Tätigkeit seines Geistes, sondern es ist ein Geschehen wie ein anderes Naturgeschehen, nur daß es von dem menschlichen Verstande orientiert wird. Aber vom Verstande ist auch alles Naturgeschehen orientiert worden. Aber wie benützt der Mensch heute für sein Vorstellen das Experiment? Nicht mit Aktivität, denn er guckt hin und will so wenig wie möglich aktiv sein, er will sich alles von dem Experiment sagen lassen, er findet alles gleich phantastisch, was aus innerer Aktivität hervorgeht. Er ist so wenig wie möglich gerade in seinen wissenschaftlichen Vorstellungen im Michael-Zeitalter drinnen. Er muß hinein in das Michael-Zeitalter, denn dieses Zeitalter hat ein ganz gewisses wichtiges Charakteristikum. Wenn wir uns die Frage stellen: Welchen Sinn hat es denn eigentlich im ganzen kosmischen Zusammenhange, daß, wenn ich so sagen darf, Gabriel das Zepter abgegeben hat an Michael? – so müssen wir uns sagen: Es hat diesen Sinn, daß Michael der Geist ist, der von all den Wesenheiten, die in der Menschheit geistig führend sein können, am ehesten heran kann an das, was die Menschen hier auf Erden in dieser Emanzipation des Wissens seit dem ersten Drittel des 15. Jahrhunderts treiben.

Gabriel steht ganz betroffen vor demjenigen, was irgendwie ein heutiger, gebildeter Mensch zu seinem Vorstellungsinhalt hat. Michael, der den Kräften der Sonne außerordentlich verwandt ist, kann seine Tätigkeit wenigstens in das hineinversetzen, was der Mensch an Gedanken ausarbeitet, die als Impulse für sein freies Handeln bestehen. In all das kann Michael hineinarbeiten, was ich zum Beispiel in meiner

«Geheimwissenschaft» das freie, das reine Denken genannt habe, das für das individuelle Wollen des Menschen in Freiheit in der neueren Zeit der eigentliche Impuls sein muß. Und für dasjenige Handeln, das aus dem Impuls der Liebe entspringt, für das hat Michael seine besondere Verwandtschaft. Daher ist er der Sendbote, den die Götter heruntergeschickt haben, damit er gewissermaßen entgegennimmt, was nun herübergeleitet wird aus dem emanzipierten Wissen in das vergeistigte Wissen hinein. Die Wissenschaft, die als anthroposophische Geisteswissenschaft das Raumesurteil wiederum vergeistigt, wiederum übersinnlich macht, arbeitet von unten nach oben, streckt gewissermaßen die Hände von unten nach oben aus, um die von oben nach unten ausgestreckten Hände des Michael zu erfassen. Denn da kann die Brücke geschaffen werden zwischen den Menschen und den Göttern. Und Michael ist der Regent dieses Zeitalters geworden aus dem Grunde, weil er entgegennehmen soll, was die Götter entgegennehmen wollen aus dem, was die Menschen dem bloßen Zeitvorstellen durch das Raumesvorstellen zu dem Götterwissen hinzufügen können.

Wir können sagen, die Götter stellen vor: Saturn, Sonne, Mond, Erde in der Zeitenfolge; der Mensch sieht es, wenn er in der richtigen Weise die neueste Phase seines Vorstellens ausbildet, räumlich. Die Götter können vorstellen die linke Hand in ihrem Vorwärtsstrecken, die rechte Hand in ihrem Vorwärtsstrecken. Die Menschen eignen sich an die Berührung. Die Götter können in der Blickrichtung des linken Auges, in der Blickrichtung des rechten Auges leben. Der Mensch stellt räumlich vor, wie sich die Blickrichtung des rechten Auges, die Blickrichtung des linken Auges finden. Michael richtet sein Auge herunter auf die Erde. Er ist imstande, durch Anknüpfung an dasjenige, was die Menschen im reinen Denken ausbilden, im reinen Wollen verwirklichen, Kenntnis zu nehmen von dem, was aus dem Raumesvorstellen hier von den Erdenbürgern, von den Menschen erobert wird, um es in göttliche Welten hinaufzutragen.

Würden die Menschen bloß das Raumeswissen ausbilden, würden sie es nicht vergeistigen, würden sie bei der Anthropologie bleiben und nicht zur Anthroposophie kommen wollen, dann würde das Michael-Zeitalter vorübergehen. Michael würde von seiner Herrschaft abtreten und würde den Göttern die Botschaft bringen: Die Menschheit will sich von den Göttern trennen. – Soll Michael die rechte Botschaft zurückbringen an die Götterwelt, so wird er sagen müssen: Die Menschen haben während meines Zeitalters das, was sie abseits von der göttlich-geistigen Welt an reinen Raumesurteilen ausgebildet haben, in ein Übersinnliches heraufgehoben, und wir können die Menschen wiederum annehmen, denn sie haben ihr Denken, ihr Vorstellen mit unserem Denken, unserem Vorstellen verbunden. – Ja, Michael wird nicht sagen dürfen zu den Göttern, wenn die Menschen ihre richtige Entwickelung durchmachen wollen: Die Menschen haben sich angewöhnt, alles nur räumlich anzuglotzen, sie haben verachten gelernt dasjenige, was nur in der Zeit lebt. – Sondern er wird sagen sollen, wenn die Menschen ihr Erdenziel erreichen wollen: Die Menschen haben sich bemüht, in das Räumliche wiederum das Zeitliche, das Übersinnliche hineinzubringen, und dadurch können die Menschen, die nicht bloß das Räumliche anglotzen wollen, die nicht bloß solche Versinnlichungen hinnehmen wollen, wie man sie im Beginne des 20. Jahrhunderts liebt, wiederum so erfaßt werden, daß ihr Leben an das Götterleben unmittelbar anknüpft.

Wenn man aus dem Geiste der Initiationswissenschaft heraus wirklich Anthroposophie treibt, so ist das ein Sich-Kümmern um kosmische Angelegenheiten, um etwas, was die Menschheit auszumachen hat an Angelegenheiten im Einklange mit der Götterwelt. Und es handelt sich im heutigen Zeitalter im Grunde genommen um vieles. Es handelt sich darum, ob wir den Keim legen wollen zu dem, was das richtige weitere Zusammenleben mit der göttlich-geistigen Welt ist, oder ob wir diesen Keim nicht legen wollen. Und wenn Sie bedenken, welch ungeheuer Bedeutungsvolles damit gesagt ist, dann werden Sie ermessen, mit welchem Ernst, mit welcher innerlichen Festigkeit jene Seelenverfassung begründet werden muß, die Anthroposophie zu ihrem Vorstellungsinhalt machen will.

SIEBENTER VORTRAG

Dornach, 22. Dezember 1922

Der Mensch nimmt durch seine Sinne die Dinge der Welt wahr, aber er nimmt nicht mit dem gewöhnlichen Bewußtsein wahr, was sich innerhalb seiner Sinne selber abspielt. Würde er das im gewöhnlichen Leben tun, so würde er nicht die äußere Welt wahrnehmen können. Die Sinne müssen sozusagen sich selbst verleugnen, wenn sie zur Kenntnis des Menschen bringen wollen, was außerhalb der Sinne in der uns zunächst auf der Erde umgebenden Welt liegt. Redeten gewissermaßen unsere Ohren, redeten unsere Augen, würden wir also die Vorgänge, die sich in unseren Ohren, in unseren Augen abspielen, wahrnehmen, dann würden wir nicht hören können, was äußerlich hörbar ist, wir würden nicht sehen können, was äußerlich sichtbar ist. Aber gerade dadurch lernt der Mensch die Welt um sich her kennen, insofern er zunächst ein Erdenwesen ist, er lernt aber nicht sich selbst kennen. Sich selbst kennenlernen setzt voraus, daß man während dieses Vorganges der Selbsterkenntnis die Erkenntnis der Außenwelt zum Stillstand bringen kann, daß man also von der Außenwelt nichts erfährt.

Es war von jeher das Bestreben innerhalb der geisteswissenschaftlichen Forschung, solche Methoden ausfindig zu machen, durch die der Mensch sich wirklich selbst erkennen kann, und Sie wissen aus den verschiedensten Vorträgen, die ich gehalten habe, daß ich mit dieser Selbsterkenntnis nicht jenes allgemeine Hineinbrüten in das alltägliche Selbst meine, denn dadurch erfährt man doch von nichts anderem als von einer Art Reflexbild der äußeren Welt. Man lernt gewissermaßen nichts Neues kennen. Man lernt nur wie im Spiegel kennen, was man mit der sinnlichen Außenwelt erlebt hat. Wirkliche Selbsterkenntnis muß, wie Sie wissen, nach Methoden sinnen, welche nicht nur die gewöhnliche irdische Außenwelt zum Schweigen bringen, sondern welche auch das gewöhnliche alltägliche seelische Innere – das auch nichts anderes ist, insofern es im wirklichen Bewußtsein vorhanden ist, als ein Spiegelbild der Außenwelt – zum Schweigen bringen. Und durch diejenigen Methoden, die Sie geschildert finden in meiner Schrift «Wie erlangt man Erkenntnisse der höheren Welten?», wissen Sie, daß die Geistesforschung zunächst zur sogenannten imaginativen Erkenntnis vorschreitet. Wer zu solcher imaginativen Erkenntnis vorschreitet, hat allerdings zunächst alles das aus der übersinnlichen Welt vor sich, was sich in die Bilder der imaginativen Erkenntnis kleiden kann. Aber wenn er sich die seelische Praxis erworben hat, um überhaupt imaginativ die Welt anschauen zu können, dann ist er in der Lage, gerade dasjenige zu verfolgen, was in den menschlichen Sinnesorganen sich abspielt. Man würde das, was sich in den Sinnesorganen abspielt, nicht verfolgen können, wenn überhaupt nur dann etwas in den Sinnesorganen vorginge, wenn man durch sie die Außenwelt wahrnimmt.

Sehe ich einen Gegenstand der Außenwelt, so schweigt mein Auge. Höre ich irgendeinen Tonzusammenhang der Außenwelt, so schweigt mein Ohr; das heißt, es wird durch das Ohr nicht der Vorgang im Innern des Ohres wahrgenommen, sondern es wird das wahrgenommen, was von der Außenwelt sich in das Ohr hinein fortsetzt. Aber wenn zum Beispiel das Ohr nur eine Tätigkeit mit Bezug auf die Außenwelt ausführen würde, solange diese äußere Wahrnehmung da ist, so würden wir niemals dazu kommen, den Vorgang, der sich unabhängig von der Außenwelt im Ohr selbst abspielt, beobachten zu können. Sie alle wissen aber, daß ein Sinneseindruck in den Sinnen nachwirkt, abgesehen davon, daß die Sinne auch immer mittun, wenn wir auch nur mit dem gewöhnlichen Bewußtsein lebhaft denken.

Es kann schon so sein, daß wir gewissermaßen von der ganzen äußeren Welt abstrahieren, insofern sie eine Farbenwelt, eine Tonwelt, eine Geruchswelt und so weiter ist, und dennoch demjenigen uns hingeben, was in unseren Sinnesorganen selbst, beziehungsweise durch sie vorgeht. Wenn wir dazu kommen, dann kommen wir zu wirklicher Menschenerkenntnis, und zwar zu der ersten Stufe der Menschenerkenntnis. Sagen wir zum Beispiel nur – wir wollen das Einfachste ins Auge fassen –, wir wollen uns klar darüber werden, wie im Auge ein Eindruck, den die Außenwelt auf es ausübt, abklingt. Wer nun die Gabe der imaginativen Erkenntnis sich erworben hat, verfolgt dann, indem er nichts außen sieht, dieses Abklingen des Sinneseindruckes, das heißt ein Geschehen, einen Vorgang, der das Sinnesorgan als solches in Anspruch nimmt, ohne daß das Sinnesorgan in diesem Augenblicke mit der Außenwelt in Korrespondenz ist. Oder es verfolgt jemand, der, in lebendiger Art denkend, sich das Gesehene vergegenwärtigen kann, das Mitspielen des Sehorganes bei solchem lebhaften Denken an Farben und dergleichen. So kann man das für alle Sinne machen. Dann wird man in der Tat gewahr, daß dasjenige, was in den Sinnen der Menschen selber vorgeht, nur Gegenstand einer imaginativen Erkenntnis sein kann.

Sogleich gewissermaßen zaubert sich vor unsere Seele hin eine Welt von Imaginationen, wenn wir nicht in der Außenwelt, wenn wir in den Sinnen leben. Und da merken wir, wie in der Tat unsere Sinne selber einer andern Welt angehören als der, welche wir durch sie innerhalb unseres Erdendaseins wahrnehmen. Niemand, der wirklich durch imaginative Erkenntnis in der Lage ist, seine eigene Sinnestätigkeit zu beobachten, kann jemals einen Zweifel darüber fassen, daß der Mensch schon als ein Sinneswesen der übersinnlichen Welt angehört. Die Welt, die man da kennenlernt, indem man in dieser Weise sozusagen sich zurückzieht von der äußeren Welt und in seinen eigenen Sinnen lebt, ist jene, die ich auch in meiner «Geheimwissenschaft im Umriß» als die Welt der Angeloi beschrieben habe, die Welt derjenigen Wesen, die eine Stufe über dem Menschen stehen.

Was geschieht denn eigentlich in unseren Sinnen? Wir können es durchschauen, wenn wir in dieser Weise das Innere der Sinne beobachten, während wir nicht wahrnehmen. Geradeso wie wir eine Erinnerung haben können von dem, was wir vor Jahren erlebt haben, trotzdem es jetzt gegenwärtig nicht da ist, können wir, wenn wir die Sinne beobachten können, ohne daß sie wahrnehmen, auch in dem, was wir da beobachten, eine Erkenntnis gewinnen. Es ist nicht Erinnerung zu nennen, weil das einen sehr ungenauen Begriff gäbe, aber wir können dennoch in dem, was wir da wahrnehmen, auch das mitwahrnehmen, was wir durch die Außenwelt in den Sinnen als Vorgänge haben, wenn wir der ganzen farbigen und tönenden und riechenden und schmeckenden, tastbaren Welt und so weiter gegenüberstehen.

Wir können auf diese Weise in etwas eindringen, was sonst dem Menschen immer unbewußt bleibt: die Tätigkeit seiner eigenen Sinne, während seine Tätigkeit ihm die Außenwelt vermittelt. Und da werden wir gewahr, daß der Atmungsprozeß, das Einatmen der Luft, das Verteilen der Luft im menschlichen Organismus, das Wiederausatmen, in einer außerordentlichen Art durch den ganzen Organismus wirkt. Wenn wir einatmen, geht zum Beispiel die eingeatmete Luft bis in die feinsten Verzweigungen der Sinne. Und in diesen feinsten Verzweigungen der Sinne begegnet sich der Atmungsrhythmus mit dem, was wir in der Geisteswissenschaft den astralischen Leib des Menschen nennen. Das, was in den Sinnen vorgeht, beruht darauf, daß der astralische Leib des Menschen den Atmungsrhythmus spürt. Hören Sie also einen Ton, so geschieht das, weil in Ihrem Gehörorgan der astralische Leib mit der schwingenden Luft in eine Berührung kommen kann. Das kann er nicht zum Beispiel in irgendeinem andern Organ des menschlichen Organismus, das kann er nur in den Sinnen. Die Sinne sind überhaupt im Menschen da, damit sich der astralische Leib mit demjenigen begegnen kann, was durch den Atmungsrhythmus in dem menschlichen Leibe entsteht. Und das geschieht nicht etwa nur im Gehörorgan, das geschieht in jedem Sinnesorgan. In jedem, auch in dem über den ganzen Organismus ausgebreiteten Tast- oder Gefühlssinn ist es so, daß sich der astralische Leib mit dem Atmungsrhythmus begegnet, also mit den Taten der Luft in unserem Organismus.

Gerade wenn man so etwas betrachtet, merkt man ganz besonders, wie sehr man nötig hat, zur Betrachtung des ganzen Menschen ins Auge zu fassen, daß der Mensch nicht nur ein Gebilde im festen Aggregatzustande ist, er ist zu fast neunzig Prozent eine Wassersäule, und er hat fortwährend den Wechsel der Luft in seinen inneren Vorgängen, er ist also auch ein Luftorganismus. Und dieser Luftorganismus, der ein Webend-Lebendes darstellt, begegnet sich in dem Sinnesorgan mit dem astralischen Leib des Menschen. Das geschieht allerdings in den Sinnesorganen in der mannigfaltigsten Weise, aber im allgemeinen kann man sagen, daß diese Begegnung das Wesentliche des Sinnesvorganges ist. Das kann man äußerlich nicht betrachten, wie sich ein Astralisches mit der Luft begegnet, ohne daß man in die imaginative Welt eintritt. Allerdings, wenn man zur imaginativen Erkenntnis kommt, sieht man auch anderes in der irdischen Umgebung, das sich so abspielt, daß ein Astralisches nur mit der Luft in Begegnung kommt. Aber in uns als Menschen ist das ein Wesentliches, daß das Astralische sich mit den Atmungsvorgängen begegnet, und zwar substantiell mit dem, was durch den Atmungsvorgang durch den menschlichen Organismus geschickt wird.

Da lernen wir also das Weben und Wesen derjenigen Wesenheiten kennen, welche der Hierarchie der Angeloi angehören, so daß wir als Menschen es uns nur so vorstellen dürfen, daß in dem unbewußten Vorgang, der sich im sinnlichen Wahrnehmen abspielt, diese Welt übersinnlicher Wesen webt und lebt, gewissermaßen durch die Tore unserer Sinne aus- und eingeht. Hören wir, oder sehen wir, so ist das ein Prozeß, der sich nicht nur durch unsere Willkür abspielt, sondern der auch der objektiven Welt angehört, der vorgeht in einer Welt, in der wir zunächst als Menschen nicht einmal darinnen sind, durch die wir aber eigentlich Menschen, und zwar schon sinnenbegabte Menschen sind.

Wenn unser astralischer Leib zwischen dem Aufwachen und Einschlafen innerhalb der Gebiete unserer Sinne mit der zum Atmungsrhythmus gewordenen und natürlich veränderten Luft in Beziehung tritt, so lernen wir, ich möchte sagen, die äußerste Peripherie des Menschen kennen. Aber wir können zu noch weiterem aufsteigen. Wir können noch mehr vom Menschen kennenlernen. Das geschieht auf folgende Weise. Es ergibt sich das jener Stufe der übersinnlichen Erkenntnis, die ich in den angedeuteten Schriften als die inspirierte Erkenntnis bezeichnet habe.

Da muß man ins Auge fassen, wie der Mensch dem Wechselzustande unterliegt zwischen Wachen und Schlafen. Dieser Zustand als solcher ist gar nicht so ferne der sinnlichen Wahrnehmung. Auch unsere sinnliche Wahrnehmung unterliegt einem Wechsel. Wir würden zwar Wahrnehmungen haben, allein die hätten für unser Bewußtsein nicht die richtige Bedeutung, wenn wir nicht fortwährend das Wahrnehmen unterbrechen könnten. Sie wissen auch aus reinen Äußerlichkeiten, daß das lange Sich-Hingeben an einen Sinneseindruck das Bewußtsein von diesem Sinneseindruck beeinträchtigt. Wir müssen gewissermaßen von einem einzelnen Sinneseindruck den Sinn immer wieder abheben, müssen also zwischen dem Eindruck und einem Zustand wechseln, wo wir den Eindruck nicht haben. Und daß unser Bewußtsein in Ordnung ist in bezug auf die Sinneseindrücke, beruht darauf, daß wir immer diese Sinne auch zurückziehen können von ihren Eindrücken, daß wir eigentlich fortwährend in kurzen Wechselzuständen das sinnliche Wahrnehmen ausüben. Das üben wir für längere Strecken unseres Erlebens aus, indem wir im Verlauf von vierundzwanzig Stunden immer wechseln zwischen Wachen und Schlafen.

Sie wissen, indem wir in den Schlafzustand übergehen, tritt unser astralischer Leib mit unserem Ich aus unserem physischen Leib und Ätherleib heraus. Und dieser astralische Leib also tritt zwischen dem Einschlafen und Aufwachen zu der äußeren Welt in Beziehung, während er zwischen dem Aufwachen und Einschlafen nur mit dem in Beziehung war, was innerhalb des menschlichen Leibes vor sich geht. Fassen Sie diese zwei Zustände oder diese zwei Geschehnisse einmal ins Auge: der astralische Leib zwischen dem Aufwachen und Einschlafen in Beziehung zu dem, was innerhalb des menschlichen physischen und ätherischen Leibes vor sich geht, und der astralische Leib zwischen dem Einschlafen und Aufwachen in Beziehung zu dem, was die äußere Welt ist, nicht mehr in Beziehung zu dem, was physischer und ätherischer Leib des Menschen selbst ist.

Die Sinnesgebiete in uns – ich möchte mich des paradoxen Ausdruckes bedienen, Sie werden schon verstehen, was ich meine – sind schon fast eine Außenwelt. Betrachten Sie einmal das menschliche Auge zum Beispiel: es ist wie eine unabhängige Wesenheit – das ist alles nur vergleichsweise, selbstverständlich –, aber es ist wirklich wie eine unabhängige Wesenheit da hineingelegt in eine Höhle des Schädels, setzt sich dann weiter nach innen mit verhältnismäßiger Selbständigkeit fort. Aber wenn Sie das Auge selbst betrachten: es ist zwar durchlebt, aber es ist merkwürdig ähnlich einem physikalischen Apparat. Wir können so merkwürdig ähnlich im Auge die Vorgänge charakterisieren, wie wir sie auch in einem physikalischen Apparat charakterisieren. Die Seele umfaßt gewiß die Vorgänge, die auf diese Weise entstehen, aber man kann schon sagen, daß die Sinnesorgane das sind, was ich öfter als Bezeichnung dafür gewählt habe: daß die Sinnesorgane oder die Sinnesgebiete wie Golfe sind, welche die Außenwelt in unser eigenes menschliches Innere hineinsendet. Es setzt sich gewissermaßen die Außenwelt in uns hinein fort in den Sinnen, und wir Menschen nehmen in unserem Sinnesgebiete an der Außenwelt viel mehr teil als in den andern Gebieten unseres Organismus.

Wenn man irgendein Organ, sagen wir die Niere oder ein anderes inneres Organ des menschlichen Organismus, ins Auge faßt, kann man nicht sagen, daß man da an irgend etwas Äußerem teilnimmt, indem man die Vorgänge des Organs in sich erlebt. Aber indem wir dasjenige erleben, was sich in den Sinnen abspielt, erleben wir die Außenwelt mit. Ich bitte, da ganz abzusehen von Ihnen etwa bekannten Dingen aus der Sinnesphysiologie und so weiter. Die meine ich jetzt gar nicht, sondern ich meine den durchaus dem gewöhnlichen Menschenverstand zugänglichen Tatbestand, daß wirklich der Vorgang, der sich im Sinnesgebiet abspielt, eher aufgefaßt werden kann wie etwas, das sich von außen in uns hineinerstreckt und was wir mitmachen als etwas, das wir innerlich durch unsere Organisation bewirken.

Deshalb ist es auch, daß in den Sinnen unser astralischer Leib nahezu in der Außenwelt ist. Insbesondere, wenn wir vollwillentlich an die Außenwelt sinnlich wahrnehmend hingegeben sind, ist unser astralischer Leib tatsächlich fast in die Außenwelt eingesenkt, nicht für alle Sinne gleich, aber er ist fast in die Außenwelt eingesenkt. Ganz eingesenkt ist er, wenn wir schlafen, so daß der Schlaf gewissermaßen von diesem Gesichtspunkte aus eine Art Steigerung ist des sinnlichen Hingegebenseins an die Außenwelt. Wenn Sie Ihre Augen zuhaben, dann zieht sich auch Ihr astralischer Leib mehr in das Innere des Kopfes zurück, er gehört mehr Ihnen selbst an. Wenn Sie ordentlich nach außen gucken, dann zieht sich der astralische Leib in das Auge hinein und nimmt an der Außenwelt teil. Geht er ganz heraus aus Ihrem Organismus, so schlafen Sie. Sinnliches Hingegebensein an die Außenwelt ist nämlich nicht das, was man gewöhnlich meint, sondern es ist eigentlich eine Etappe auf dem Wege zum Einschlafen in bezug auf die Charakteristik des Bewußtseins.

So nimmt man als Mensch beim sinnlichen Wahrnehmen fast an der Außenwelt teil, beim Schlafen nimmt man ganz an der Außenwelt teil. Dann kann man dasjenige, was da vorgeht in der Welt, in der man nun drinnen ist mit seinem astralischen Leibe zwischen dem Einschlafen und Aufwachen, mit inspirierter Erkenntnis wahrnehmen. Aber man kann mit dieser inspirierten Erkenntnis dann auch noch etwas anderes wahrnehmen, nämlich den Moment des Aufwachens, das wiederum Zurückgehen. Es wird gewissermaßen der Moment des Aufwachens etwas, das nur intensiver, stärker ist, aber sich doch mit dem Augenschließen vergleichen läßt.

Wenn ich einer Farbe gegenüberstehe, gebe ich meinen astralischen Leib an dasjenige im Auge hin, was nahezu, sagte ich, außen ist, nämlich an den Prozeß, der dadurch hervorgerufen wird, daß eine Farbe von der Außenwelt aus auf mein Auge einen Eindruck macht. Schließe ich das Auge, so ziehe ich meinen astralischen Leib in mich selber zurück. Wache ich auf, so ziehe ich meinen astralischen Leib aus der Außenwelt, aus dem ganzen Kosmos zurück. Ich mache nämlich oftmals, unendlich oft während des Tagwachens, zum Beispiel in bezug auf die Augen, in bezug auf die Ohren, dasselbe mit meinem astralischen Leib, was ich – nur in Totalität, in bezug auf den ganzen Organismus – beim Aufwachen mache. Ich nehme meinen ganzen astralischen Leib zurück beim Aufwachen. Dieses Zurücknehmen des astralischen Leibes beim Aufwachen bleibt natürlich auch für das gewöhnliche Bewußtsein unbewußt, so wie der sinnliche Vorgang selber unbewußt bleibt. Aber wenn für denjenigen, der mit inspirierter Erkenntnis begabt ist, dieser Moment des Aufwachens bewußt wird, dann zeigt es sich schon, daß dieses Hereinkommen des astralischen Leibes einer ganz andern Welt angehört als der, in der wir sonst sind, und vor allen Dingen ist es sehr häufig stark wahrzunehmen, wie schwer es der astralische Leib hat, wiederum in den physischen und Ätherleib zurückzukommen. Da sind Hemmnisse vorhanden.

Man kann sagen, daß derjenige, der beginnt, diesen Vorgang des Zurückkehrens des astralischen Leibes in den physischen Leib und in den Ätherleib wahrzunehmen, geistige Gewitter erlebt mit allerlei Gegenschlägen, geistige Gewitter mit solchen Gegenschlägen, die zeigen, daß der astralische Leib untertaucht in den physischen und in den Ätherleib, daß aber jetzt der physische und der Ätherleib bei diesem Untertauchen nicht so ausschauen, wie der Anatom und der Physiologe sie beschreiben, sondern daß sie etwas sind, was auch einer geistigen Welt angehört. Was sonst der unschuldige physische Leib ist, oder was vermutet wird als der etwas nebulose unschuldige Ätherleib, das stellt sich dar als in einer geistigen Welt wurzelnd. In seiner Wahrheit stellt sich der physische Leib als etwas ganz anderes dar, als was er äußerlich in einem sinnlichen Abbilde für das Auge oder für die gewöhnliche Wissenschaft erscheint.

In tausendfachen Mannigfaltigkeiten kann dieses Untertauchen des astralischen Leibes in den physischen und in den Ätherleib erscheinen, wie etwa, wenn ein brennendes Holzstück untertaucht mit Gebrause in Wässeriges. Das ist noch die einfachste, die abstrakteste Art, die demjenigen, der eben anfängt, so etwas zu erkennen, zunächst erscheinen kann. Dann aber konkretisiert sich der Vorgang innerlich sehr mannigfaltig, durchgeistigt sich aber nachher damit, daß dasjenige, was vorerst nur, ich möchte sagen, sich in seiner Erscheinung mit brausendem Gewitter, mit aufsteigenden Stürmen vergleichen läßt, daß das sich mit harmonischen Bewegungsvorgängen durchdringt, die aber in allen ihren Teilen zu gleicher Zeit etwas sind, von dem man sagen muß: Es spricht, es sagt etwas, es kündet etwas an.

Zunächst allerdings kleidet sich das, was sich da ankündigt, in Reminiszenzen aus dem gewöhnlichen Leben. Aber das formt sich im Laufe der Zeit um, und man erfährt nach und nach eben vieles von einer Welt, die auch um uns ist, und in der man Dinge erlebt, von denen man nicht sagen kann, daß sie Reminiszenzen sind aus dem gewöhnlichen Wahrnehmen, weil sie ganz und gar anderer Natur sind, weil man wirklich bei diesem Erleben weiß, daß man es mit einer andern Welt zu tun hat. Da merkt man, daß der Mensch, indem er mit seinem astralischen Leib aus seiner Umgebung in seinen physischen und Ätherleib hereinkommt, das jetzt auf dem Wege des Vollatmungsprozesses tut. Der astralische Leib, der in den Sinnen tätig ist, berührt die feinen Verzweigungen des Atmungsvorganges, greift gewissermaßen in die feinen Rhythmen ein, in denen sich der Atmungsvorgang in die Sinnesgebiete fortsetzt. Der beim Aufwachen aus der Außenwelt in den physischen und Ätherleib hereinziehende Astralleib ergreift den ganzen Atmungsprozeß, der sich zwischen dem Einschlafen und Aufwachen selbst überlassen ist. Auf den Bahnen der Atmungsprozesse, der Atmungsbewegungen, kommt der astralische Leib hinein in den physischen und Ätherleib, breitet sich aus, wie sich der Atem selber ausbreitet.

Das gewöhnliche Bewußtsein stößt, möchte ich sagen, rasch beim Aufwachen hinein in die Wahrnehmung der äußeren Welt, verbindet schnell das Erleben des Atmungsprozesses mit dem gesamtorganischen Erleben. Das inspirierte Bewußtsein kann dieses Fortlaufen des astralischen Leibes auf den Bahnen des Atmungsrhythmus trennen und den übrigen organischen Prozeß gesondert wahrnehmen. Er verläuft natürlich nicht gesondert. Nicht nur in diesem Augenblicke, sondern in jedem Augenblicke steht natürlich im menschlichen Organismus die Atmungsbewegung in innigem Zusammenhang mit den übrigen Vorgängen im Organismus. Aber in der Erkenntnis, in der inspirierten Erkenntnis kann das abgetrennt werden. Man verfolgt, wie der astralische Leib auf den Wegen des Atmungsrhythmus in den physischen Leib hereinkommt, und lernt da etwas kennen, was sonst völlig unbewußt bleibt. Nachdem man alle die Zustände durchgemacht hat, welche objektive – nicht subjektive – Gefühlszustände sind, die dieses Hereinkommen begleiten, weiß man, daß, indem der Mensch nun nicht bloß ein Sinnenwesen, sondern ein Atmungswesen ist, er in derjenigen Welt wurzelt, welche ich in meiner «Geheimwissenschaft» die Welt der Archangeloi genannt habe. Geradeso wie die eine Stufe über den Menschen stehenden Wesenheiten der übersinnlichen Welt in seinem Sinnesprozeß tätig sind, sind tätig in seinem Atmungsprozesse die zwei Stufen über den Menschen stehenden geistigen Wesenheiten. Sie gehen gewissermaßen ein und aus mit unserem Einschlafen und Aufwachen.

Nun stellt sich uns, wenn wir diese Vorgänge betrachten, etwas sehr Bedeutsames für das menschliche Leben vor unsere Seele. Wenn wir ein Leben hätten, das nicht vom Schlafe unterbrochen wäre, so würden wir Eindrücke der Außenwelt empfangen, aber diese Eindrücke würden nur kurz vorhalten. Ein bleibendes Erinnerungsvermögen könnten wir nicht entwickeln. Sie wissen, wie flüchtig die Bilder in den Sinnen als Nachbilder wirken. Allerdings, was tiefer im Organismus angeregt wird, wirkt länger. Aber es wirkte doch nicht länger als einige Tage nach, wenn wir nicht schlafen würden.

Was geht denn eigentlich im Schlafe vor? Da muß ich Sie erinnern an eine Auseinandersetzung, die ich vor kurzem hier gegeben habe, und in der ich Ihnen geschildert habe, wie der Mensch tatsächlich zwischen dem Einschlafen und Aufwachen mit seinem astralischen Leibe und seinem Ich eigentlich immer rückwärts durchlebt, was er in der vorhergehenden Wachperiode in der physischen Welt erlebt hat. Nehmen wir ein regelmäßiges Wachen und regelmäßiges Schlafen an – es ist allerdings auch für das unregelmäßige ganz ähnlich –, nehmen wir also an, wir wachen an einem Morgen auf, beschäftigen uns während des Tages, gehen abends zur Ruhe und schlafen die Nacht hindurch ungefähr ein Drittel der Zeit, die wir wachen. Ein solcher Mensch erlebt also zwischen dem Aufwachen und Einschlafen eine Reihe von Erlebnissen, eben seine Tageserlebnisse. Er erlebt während des Schlafzustandes wirklich in rückwärtiger Bewegung dasjenige, was während des Tages erlebt worden ist. Und zwar geht das Schlafleben mit einer größeren Schnelligkeit zurück, so daß Sie nur ein Drittel der Zeit dazu brauchen.

Nun aber, was ist denn da eigentlich geschehen? Wenn die Sache so wäre, daß Sie nach den Gesetzen der physischen Welt schliefen – ich meine jetzt nicht, daß der Körper nach den Gesetzen der äußeren physischen Welt schläft, das tut er selbstverständlich, aber wenn Sie in den Zuständen außerhalb des physischen und des Ätherleibes, wenn Sie also in Ihrem Ich und in Ihrem astralischen Leib nach denselben Gesetzen schlafen würden, nach denen Sie bei Tag wachen –, dann würden Sie diese Bewegung nicht ausführen können, denn Sie müßten einfach mit der Zeit weitergehen. Es sind durchaus andere Gesetze, denen wir da unterliegen, wenn wir in unserem astralischen Leib und in unserem Ich außerhalb des physischen und des Ätherleibes sind.

Und äußerlich angesehen, wie ist denn da die Sache eigentlich? Nun, bedenken Sie, heute ist also der 22. Dezember, heute morgen beim Aufwachen waren Sie am Morgen des 22. Dezember. Nun gehen Sie nachher schlafen, dann werden Sie, wenn Sie morgen aufwachen, mit Ihrem Rückwärtserleben bei heute morgen dem 22. Dezember sein. Sie haben also innerlich einen Prozeß durchgemacht, durch den Sie sich zurückgedreht haben. Indem Sie am Morgen des 23. Dezember aufwachen, sind Sie mit diesem Prozeß am Morgen des 22. Dezember angekommen. Sie wachen auf. In demselben Momente sind Sie genötigt, indem Ihr astralischer Leib jetzt, entgegen den Gesetzen, die er zwischen Ihrem Einschlafen und Aufwachen eingehalten hat, den Ruck durch Ihren Leib in die gewöhnliche physische Welt macht, in Ihrem innersten Seelenwesen mit Ihrem Ich und mit Ihrem astralischen Leibe rasch zu dem Morgen des 23. Dezember vorzurücken. Diesen Prozeß machen Sie tatsächlich im Innern durch.

Ich bitte Sie nun, das, was ich hier sage, in seinem vollen Ernste, das heißt in seiner vollen Bedeutung aufzufassen. Wenn Sie, sagen wir in einem Gefäß, das durch irgendeine Vorrichtung geschlossen ist, einen gasförmigen Körper haben, so können Sie diesen gasförmigen Körper zusammendrücken: er wird immer dichter und dichter. Das ist ein räumlicher Vorgang. Aber er ist zu vergleichen, natürlich nur zu vergleichen, mit dem, was ich Ihnen eben beschrieben habe. Sie gehen zurück in Ihrem astralischen Leib und in Ihrem Ich bis zum Morgen des 22. Dezember und rücken rasch vor beim Aufwachen zum Morgen des 23. Dezember. Sie schieben innerhalb der Zeit Ihr Seelenwesen vorwärts. Das ist eine Verdichtung der Zeit, oder eigentlich genauer gesagt desjenigen, was in der Zeit lebt. Und durch diesen Vorgang wird unser Seelisches, unser astralischer Leib innerhalb der Zeit so verdichtet, daß er die Eindrücke der Außenwelt nicht nur kurz, sondern als bleibendes Gedächtnis trägt. So wie irgendein Gas, das Sie verdichten, einen stärkeren Druck ausübt, also innerlich mehr Kraft hat, so bekommt Ihr astralischer Leib die starke Kraft der Erinnerung, die starke Kraft des Gedächtnisses durch dieses innerliche Zusammenschieben in der Zeit.

Man bekommt auf diese Weise eine Vorstellung von etwas, das

einem eigentlich sonst immer entgeht. Man stellt sich die Zeit als etwas vor, das gleichmäßig fortläuft, und alles, was in der Zeit sich abspielt, läuft auch gleichmäßig mit der Zeit fort. Beim Raum weiß man: was im Raume ausgedehnt ist, kann verdichtet werden, es wächst seine innere Expansionskraft. Aber auch was in der Zeit lebt, das Seelische, kann – es ist allerdings vergleichsweise gesprochen – verdichtet werden, dann wächst seine innere Kraft. Und für den Menschen ist eine dieser Kräfte die Erinnerungskraft.

Diese Erinnerungskraft verdanken wir in der Tat dem Vorgange während unseres Schlafes. Vom Einschlafen bis zum Aufwachen sind wir in der Welt der Archangeloi, und mit den Wesen der Hierarchie der Archangeloi zusammen bilden wir diese Kraft unseres Gedächtnisses aus. So wie wir die Kraft des sinnlichen Wahrnehmens und des Kombinierens der sinnlichen Wahrnehmungen mit den Wesenheiten der Hierarchie der Angeloi ausbilden, so bilden wir diese mehr verinnerlichte, mehr mit dem Zentrum zusammenhängende Kraft des Erinnerns in der Welt der Archangeloi aus.

Wahre Menschenerkenntnis gibt es nicht im nebulos-mystischen Sinne, wo man hineinbrütet in sich, wahre Menschenerkenntnis führt bei jedem Schritt, den man ins Innere macht, sogleich in höhere Welten hinauf. Wir haben heute von zwei solchen Schritten gesprochen. Schaut man das Gebiet der Sinne an – man ist in dem Gebiete der Angeloi; schaut man das Gebiet der Erinnerung an – man ist in dem Gebiete der Archangeloi. Selbsterkenntnis heißt zugleich Götter-Erkenntnis, Geist-Erkenntnis, weil jeder Schritt, der in das menschliche Innere führt, zugleich in die geistige Welt hineinführt. Und je tiefer man in das Innere dringt, desto höher – möchte ich sagen, um dieses Paradoxon zu gebrauchen – steigt man in die Welt der geistigen Wesenheiten hinauf. Selbsterkenntnis ist wirkliche Welterkenntnis, nämlich Erkenntnis des geistigen Inhaltes der Welt, wenn diese Selbsterkenntnis eine ernste ist.

Auch wiederum aus dieser Auseinandersetzung können Sie sehen, warum in älteren Zeiten, wo unter den orientalischen Völkern eine instinktive Art des geistigen Anschauens erstrebt worden ist, der Atmungsprozeß durch besondere Atmungsübungen zu einem bewuß-

ten Vorgang gemacht werden sollte. Man tritt, sobald der Atmungsprozeß bewußt wird, in eine geistige Welt ein. Ich brauche heute nicht
wieder zu sagen, daß jene älteren Übungen von dem heutigen Menschen mit seiner veränderten Konstitution nicht wiederholt werden
sollen, sondern durch andere zu ersetzen sind, die Sie in den genannten
Büchern beschrieben finden. Aber für beide Arten von Erkenntnissen – für die Erkenntnis der älteren mystischen Clairvoyance, für die
Erkenntnis der neueren exakten Clairvoyance – gilt das: daß man
durch wirkliche Beobachtung derjenigen Vorgänge, die sich im Menschen innerlich abspielen, zugleich in die geistige Welt hineinkommt.

Es gibt Menschen, die sagen: Ja, aber auf diese Weise gerät man
ins Ungeistige hinein. Man will die Sinnesvorgänge untersuchen,
Atmungsvorgänge untersuchen. – Manche Menschen nennen das
gegenüber einer nebulosen Mystik dann sogar materialistische Selbsterkenntnis. Man soll es nur einmal versuchen! Man wird sehen, daß
der Sinnesprozeß sogleich ein geistiger wird, wenn man ihn wirklich
kennenlernt, und daß es nur eine Illusion ist, wenn man ihn für einen
materiellen Prozeß hält. Ebenso der Atmungsprozeß. Der Atmungsprozeß ist nur nach außen angesehen ein materieller Prozeß. Nach
innen angesehen ist er durch und durch ein geistiger Prozeß, sogar
ein solcher, der sich in einer weit höheren Welt abspielt als derjenigen, die wir durch unsere Sinne wahrnehmen.

Morgen wird mein Vortrag sein, der sich an den heutigen anschließen soll, vielleicht aber mehr hinüberleiten wird in eine Art von
Weihnachtsbetrachtung.

ACHTER VORTRAG

Dornach, 23. Dezember 1922

Das Mysterium, das dem Weihnachtsfeste zugrunde liegt, kann Veranlassung geben, es mit den Mysterien zu vergleichen, die aus andern Bedingungen der Menschheitsentwickelung hervorgegangen sind. Das Weihnachtsmysterium, wenn es als Mysterium aufgefaßt wird, drückt sich als ein ausgesprochenes Wintermysterium aus. Es ist aus Anschauungen über die geistige Welt hervorgegangen, welche vor allen Dingen auf jene Beziehungen gesehen haben, die sich zwischen dem Menschen und seinem ganzen Erdenschauplatz im Beginn der Winterszeit herstellen.

Wenn wir unseren Blick auf jene Mysterien wenden, welche auf der einen Seite in einem Teil Asiens lange Zeit vor der Begründung des Christentums gefeiert worden sind und mit großartigen Weltengedanken verknüpft waren, wenn wir das Weihnachtsmysterium vergleichen auch mit jenen Mysterien, welche in Mitteleuropa, in Westeuropa, Nordeuropa, auch in der Zeit vor der Begründung des Christentums gefeiert worden sind, dann fällt uns vor allen Dingen das auf, daß diese Mysterien Sommermysterien waren, daß also bei ihnen es darauf abgesehen war, die Vereinigungen ins Auge zu fassen, welche das menschliche Wesen mit dem verknüpfen, was im irdischen Leben während der Sommerszeit vor sich geht. Man versteht dasjenige, um was es sich dabei handelt, nur dann, wenn man den Blick zunächst auf jenen Teil der Menschheitsentwickelung richtet, der dem Mysterium von Golgatha vorangegangen ist.

Schauen wir einmal zurück in sehr alte Zeiten der Menschheitsentwickelung, wie wir das des öftern getan haben, so finden wir das, was in den Mysterien gesagt wurde, in eine Menschheit hineingestellt, die noch ein älteres, instinktives Hellsehen hatte, die noch in gewissen Bewußtseinszuständen, die da zwischen dem vollständigen Schlafzustande und dem Wachzustande lagen, man möchte sagen, die in einem realen Traumzustande eine Einsicht in die geistigen Welten hatte, aus denen der Mensch heruntergestiegen ist, um auf Erden seine physische Organisation zu beziehen.

Es war das eine Zeit, in der eigentlich jeder Mensch so von den geistigen Welten erzählen konnte, so über die geistigen Welten denken konnte, wie heute der Mensch von demjenigen erzählt, was ihm die gewöhnlichen Erkenntnisse, die er in der Schule lernt, sagen. Ich habe es schon öfters angedeutet: was die Menschen jener alten Zeiten als geistig-übersinnlich schauten, das stellte sich ihnen in Bildern dar. Nicht in Traumbildern, die Bilder waren den Traumbildern nur ähnlich. Aber während man bei den Traumbildern ganz genau weiß, sie sind aus Reminiszenzen des Lebens zusammengewoben, sie steigen aus den menschlichen Organisationen auf, bilden nicht, wie die Gedanken, eine Wirklichkeit ab, so wußte man durch jene Imaginationen des alten Hellsehens, daß sie sich zwar nicht auf eine äußere sinnliche Wirklichkeit, auch nicht auf die geschichtliche Wirklichkeit der Menschen beziehen, daß sie sich aber auf eine geistige Welt beziehen, die hinter der sinnlichen verborgen ist. Die geistige Welt war also dem Menschen zunächst in Bildern gegeben.

Aber man soll sich nicht vorstellen, daß diese älteren Menschen etwa keine Gedanken gehabt hätten. Sie haben Gedanken gehabt, aber sie erwarben sich ihre Gedanken nicht so, wie heute der Mensch seine Gedanken erwirbt. Will heute der Mensch Gedanken haben, dann muß er sich innerlich für diese Gedanken anstrengen. Er muß sozusagen innerlich diese Gedanken ausgestalten. Eine ähnliche Tätigkeit verrichteten schon diese älteren Menschen gerade für ihre Bilder, die ihnen ein geistiges Dasein abbildeten. Aber wenn sie die Bilder bekamen, bekamen sie die Gedanken mit. Man kann sogar erstaunt sein, höchst erstaunt sein über die großartigen, leuchtenden Gedanken dieser älteren Menschheit. Sie waren nicht ausgedacht, sie waren empfangen als eine Offenbarung. Geradeso wie wir heute Schulen und Hochschulen haben, so hatte man dazumal Mysterien, in denen Wissenschaft, Kunst, Religion eines waren. Man machte keinen Unterschied zwischen Glauben und Wissen. Das Wissen war bildlich geworden, aber dasjenige, was man glaubte, begründete man durchaus auf das Wissen.

Man machte auch keinen Unterschied zwischen demjenigen, was man durch die verschiedenen Stoffe als Kunstwerke ausgestaltete, und demjenigen, was man sich als Weisheit erwarb. Heute macht der Mensch den Unterschied, daß er sagt, was er als Weisheit erwirbt, das muß wahr sein. Dasjenige aber, was er seinen Stoffen als Maler, als Bildhauer, als Musiker einverleibt, das ist eben Phantasie. Man möchte sagen: *Goethe* war der letzte Nachzügler, der nicht diese Anschauung hatte. Denn Goethe betrachtete dasjenige, was er als Künstler seinem Stoffe einverleibte, durchaus ebenso als Wahrheitsgehalt, wie er dasjenige als Wahrheitsgehalt ansah, was ihm wissenschaftlich war. Die eigentliche Philisterei des Unterschiedes zwischen dem Künstlerischen und dem Pedantisch-Wissenschaftlichen, diese eigentliche Philisterei hat erst spät begonnen. Und Goethe hat diese Philisterei noch nicht mitgebracht. Goethe konnte noch das große Wort aussprechen, als er den Kunstwerken, die er in Italien gesehen hat, gegenüberstand: Ich habe die Vermutung, daß die Griechen bei der Schöpfung ihrer Kunstwerke nach denselben Gesetzen verfuhren, nach denen die Natur selbst verfährt, und denen ich auf der Spur bin. – Er hatte in Weimar, bevor er nach Italien gegangen war, mit *Herder* zusammen sorgfältig die Philosophie des *Spinoza* studiert, hatte versucht, sich in ein Göttlich-Geistiges hineinzuversenken, das alle Wesenheiten der Menschheitsumgebung durchdringt. Er hat aber versucht, dieses Göttlich-Geistige bis in die Einzelheiten zu verfolgen, bis in das Pflanzenblatt und die Pflanzenblüte. Und die Art und Weise, wie er sich in seiner Pflanzen- und Tierstudie die pflanzliche und tierische Gestalt zurechtbildete, war ihm seelenhaft dasselbe, was er seinen Kunstwerken einbilden wollte.

Heute gilt es als nichtwissenschaftlich, wenn man von *einer* Wahrheit in der Kunst, in der Wissenschaft und in der Religion spricht. Wie gesagt, jene älteren Bildungsanstalten der Menschheit waren durchaus so, daß Kunst, Wissenschaft, Religion eine vollständige Einheit bildeten. Und diejenigen, die Leiter dieser Mysterien waren, waren es vor allen Dingen, welche allmählich anfingen, dasjenige, was sich den andern Menschen in ihrem instinktiven Hellsehen als Gedanken offenbarte, als besondere Gedanken herauszunehmen und eine Gedankenweisheit zu begründen. Überall sehen wir in den Mysterien Gedankenweisheit aus der hellseherischen Anschauung hervorspringen. Während der größte Teil der Menschheit im Grunde genommen befriedigt war damit, in einer Bildanschauung zu leben und zu weben, während der größte Teil der Menschheit zufrieden und befriedigt war damit, diese Bildanschauung in Mythen, in Legenden, in Sagen, in Märchen ausgestaltet zu bekommen von denen, die fähig waren, solche Sagen, Mythen, Märchen zu bilden, gestalteten die Leiter der Mysterien die Lehre der Menschheit aus: eine Gedankenweisheit. Aber sie waren sich bewußt: diese Gedankenweisheit ist nicht durch die eigenen Kräfte des Menschen erworben, diese Gedankenweisheit ist geoffenbart.

Man muß sich nur in diese ganz andersartige Seelenverfassung hineindenken. Diese Seelenverfassung ist so, daß man sagen kann, der heutige Mensch schreibt es seiner eigenen Denktätigkeit zu, wenn er einen Gedanken faßt. Und er gestaltet die Gedankenzusammenhänge nach logischen Regeln, die seine Regeln, die Regeln seiner Denktätigkeit sind. Der alte Mensch empfing die Gedanken. Er dachte gar nicht darüber nach, wie die Zusammenhänge zu gestalten seien, denn er empfing diese Gestaltungen als fertige Offenbarungen. Dafür aber lebte dieser ältere Mensch in seinen Gedanken nicht so, wie wir in diesen Gedanken leben. Wir betrachten diese Gedanken als Eigentum unserer Seele. Wir wissen, wir haben sie uns erarbeitet. Sie sind gewissermaßen aus unserem Seelenwesen hervorgegangen, sind aufgestiegen aus uns selbst. Wir betrachten sie als unser Eigentum. Der ältere Mensch konnte seine Gedanken nicht als sein Eigentum betrachten. Sie waren Erleuchtungen, diese Gedanken. Sie waren mit den erleuchteten Bildern gekommen. Sie erzeugten in diesen älteren Menschen den weisheitsvollen Gedanken gegenüber eine ganz bestimmte Stimmung. Der Mensch sagte sich, indem er auf seine Gedanken hinsah: Ein Göttliches aus einer Überwelt hat sich in mich hineingesenkt. Ich nehme teil an den Gedanken, die eigentlich andere Wesen denken, höhere Wesen als die Menschen sind, und die mich inspirieren, die in mir leben, die mir diese Gedanken geben. Ich kann diese Gedanken nur ansehen, als mir verliehen durch eine Gnade von oben.

Weil sich dieser ältere Mensch das sagte, so fühlte er das Bedürfnis, diese Gedanken durch seine Gefühle gewissermaßen zu bestimmten Zeiten den oberen Wesen wiederum zu opfern. Und das geschah in den Sommermysterien. In den Sommermysterien ist der Mensch deshalb, weil die Erde mehr in ihrem Umkreis, in ihrem Dunstkreis, in ihrer Atmosphäre lebt, weil die Erde sich nicht durch die Kälte zusammengezogen hat, weil die Erde gewissermaßen sich nicht mit einem Schneegewand des Winters umschlossen hat, weil sie sich im stetigen atmosphärischen Verkehre mit ihrer atmosphärischen Umgebung öffnet, deshalb ist der Mensch den Weiten der Welt hingegeben. Er fühlte sich im Sommer den oberen Göttern verbunden. Er suchte in diesen älteren Zeiten die Hochsommerszeit, dasjenige, was wir heute die Johannizeit nennen würden, die Zeit, in welcher die Sonne ihren höchsten Sommerstand hat, er suchte diese Zeit, um an gewissen ihm heilig gewordenen Orten sich mit den oberen Göttern in Verbindung zu setzen, er versuchte gewissermaßen, dasjenige, was eine natürliche Verbindung des Menschen mit der ganzen ätherischen Umgebung, mit der Sommerszeit ist, zu benützen, um aus dem Gefühl heraus den Göttern zu opfern, die ihm ihre Gedanken gegeben haben, geoffenbart haben.

Und wenn wir in die Mysterien hineinschauen, hinschauen auf dasjenige, was die Mysterienlehrer ihre Schüler gelehrt haben, so war es etwa das Folgende. Sie sagten: Es muß jedes Jahr zur Hochsommerszeit den Göttern geopfert werden, den oberen Göttern geopfert werden für die Gedanken, die sie den Menschen verleihen, denn sonst mischen sich zu leicht in das Erleben des Denkens beim Menschen luziferische Mächte hinein. – Der Mensch wird von luziferischen Mächten und Kräften durchdrungen. Dem entgeht er, wenn er sich in jedem Sommer erinnert, daß die oberen Götter ihm diese Gedanken gegeben haben, daß er sie gewissermaßen wiederum in dieser Hochsommerszeit zurückfließen läßt. Vor luziferischen Einflüssen sich zu retten, versuchte dieser ältere Mensch, indem die Mysterienleiter diejenigen zusammenriefen, die ihre Bekenner waren, und indem sie vor ihnen jenen Kultus vorbrachten, der darinnen gipfelte, daß man dasjenige, was man an Gedanken geoffenbart erhielt von den oberen

Göttern, in zu diesen oberen Göttern aufströmenden Gefühlen hinopferte.

Dasjenige, was äußerlich dabei im Kultus vollzogen wurde – der aufstrebende Rauch, in den hineingesprochen wurde das rezitative Wort, das den Rauch in entsprechende Wellen brachte –, war nur so gemeint, als ob die Menschen dasjenige, was eigentlich als der seelische Opferrauch ihres Inneren zu den oberen Göttern aufstieg, eben in ein äußeres Mittel hineinschreiben würden, in den Opferrauch durch das formgestaltende Wort. Das Gebet schrieb gewissermaßen nur dasjenige in den Opferrauch hinein, was die Seele hinaufschicken wollte an Gefühlen für die geoffenbarten Gedanken. Das war im wesentlichen die Stimmung, aus der die Hochsommer-Mysterienfeiern hervorgingen. Diese Hochsommer-Mysterienfeiern hatten eigentlich nur einen Sinn, solange die Menschen ihre Gedanken geoffenbart erhielten.

Aber in den Jahrhunderten, schon vom 8., 9. vorchristlichen Jahrhundert angefangen, in den Jahrhunderten, die vorangingen dem Mysterium von Golgatha, verdunkelten sich die Gedanken von oben, diese geoffenbarten Gedanken, und immer mehr und mehr erwachte in dem Menschen die Fähigkeit, sich seine Gedanken durch seine eigenen Kräfte zu erringen. Dadurch wurde der Mensch in eine ganz andere Stimmung versetzt. Während er früher die Gedanken als etwas empfand, was ihm wie von Weltenweiten zukam, sich in sein Inneres senkte, fing er an, die Gedanken als etwas zu empfinden, was in ihm wächst, was ihm angehört wie sein Blut. In alten Zeiten sah man die Gedanken als etwas an, was einem angehört wie der Atem, den man aus der Atmosphäre empfängt und immer wieder an die Atmosphäre zurückgibt. Wie man die Luft als dasjenige ansieht, was einen umgibt, was man in sich hineinsaugt, aber immer wiederum abgibt, so empfand man die Gedanken als etwas, was man in sich nicht einsog, aber geoffenbart erhielt, was man immer wieder und wieder zur Hochsommerszeit gewissermaßen an die Götter abzuliefern hatte.

Es wurden sogar diese Feiern in entsprechender Weise dramatisch so ausgestaltet, daß die Mysterienleiter zu ihren Opferfeiern gingen, indem sie die Symbole der Weisheit trugen. Indem sie jene Opfer, die ich beschrieben habe, verrichteten, legten sie ein Symbolum nach dem andern ab. Und sie gingen weg von diesen Opferfeiern, indem sie nach Ablegung der Symbole der Weisheit als Toren erschienen, die erst wiederum im Laufe des Jahres sich ihre Weisheit zu holen hatten. Und es war gewissermaßen ein Bekenntnis dieser alten Opferweisen, daß sie, indem sie ihr Opfer vollbracht hatten, bekannten vor der Menge, die ihre Bekenner waren: Wir sind wieder Toren geworden.

In der Tat, man fühlte dieses als ein Mittel, nicht den luziferischen Mächten zu verfallen, wenn man den Jahreslauf so mitmachte, daß man gegen die Hochsommerszeit aufrückte in den Besitz der Weisheit, dann in die Torheit überging, um wiederum zur Weisheit zurückzukehren. So wollte man gewissermaßen den Kosmos miterleben. Wie der Kosmos Winter und Sommer abwechseln ließ, so wollte man in sich abwechseln lassen die Weisheitszeit mit der Zeit des Einrückens in die Finsternis der Torheit. Und es war so, daß diejenigen, deren Weisheit man das ganze Jahr brauchte, zum Beispiel die der Mysterienlehrer, welche die Heilkunde ausübten – denn auch die Heilkunde war einbezogen in das Mysterienwesen, war eins mit dem übrigen Mysterienwesen –, das nicht mitmachen konnten. Denn man durfte natürlich nicht – wenn ich mit unseren Monatsbezeichnungen spreche – im August, September, als Arzt ein Tor werden. Sie durften die Weisheit natürlich behalten, aber sie brachten dafür das Opfer, nur dienende Glieder in den Mysterien zu sein, während diejenigen, welche gerade die führenden Persönlichkeiten in den Mysterien waren, jedes Jahr in die Torheit eingingen.

Von diesem Eingehen in die Torheit ist dann so etwas geblieben wie dasjenige, was zum Beispiel Goethe beschreibt als den Dreizehnten in seinen «Geheimnissen», wo eigentlich ein Mensch in der Dumpfheit, nicht in der Weisheit, die andern leitete. Das war eine ganz andere Stimmung gegenüber demjenigen, was die führende Weisheit der Menschen war, als die spätere, in der die Menschen dann anfingen, ihre Gedanken als Selbsterrungenes anzusehen. Während, wie gesagt, was man früher als Weisheit durchaus wie die Atemluft empfand, empfand man später die Gedanken als etwas, was in dem Menschen selbst erzeugt wird wie das Blut. Man möchte sagen, der Atemluft ähnlich empfand man die Gedanken in der alten Zeit. Dem

Blute ähnlich fing man an, die Gedanken zu empfinden in dem Zeitalter, das dann das Mysterium von Golgatha sah. Aber damit sagte sich der Mensch auch: Dasjenige, was ich als Gedanke erlebe, ist nun nicht mehr himmlisch, ist nicht mehr etwas, was sich von oben heruntergesenkt hat. Es ist etwas, was im Menschen selber entsteht, was irdisch ist.

Diese Stimmung, daß man in den Gedanken der Menschen etwas Irdisches hat, war ganz besonders bedeutsam vorhanden bei den alten Nachzüglern der alten Mysterien, auch noch zur Zeit des Mysteriums von Golgatha. Diejenigen, die dazumal auf der Höhe der Zeitbildung standen, sagten sich: Solche Gedanken kann man nicht mehr haben, wie die alten Weisen sie hatten, die gewissermaßen mit den Göttern zusammenlebten im Hegen ihrer Gedanken, man muß rein menschliche Gedanken entwickeln. – Aber diese rein menschlichen Gedanken stehen in der Gefahr, den ahrimanischen Mächten zu verfallen. So wie diejenigen Gedanken, die von oben sich den Menschen offenbaren, in der Gefahr stehen, den luziferischen Mächten zu verfallen, so stehen die menschlichen Gedanken, die selbsterrungenen Gedanken in der Gefahr, den ahrimanischen Mächten zu verfallen.

Diejenigen, die so denken konnten gerade in der Zeit des Mysteriums von Golgatha – im 4. Jahrhundert ist dieses Empfinden dann verlorengegangen –, empfanden das Mysterium von Golgatha als die wirkliche Erlösung der Menschheit. Sie sagten sich: Diejenige geistige Macht, die mit der Sonne lebt, konnte vorher eigentlich nur von dem Übermenschlichen erreicht werden. Jetzt muß sie erreicht werden von dem Menschlichen, denn der Mensch hat seine Gedanken in sich selber hereinbekommen. Er muß jetzt etwas anderes vollbringen: er muß jetzt diese seine Gedanken innerlich zum Göttlichen erheben. Der Mensch muß, indem er ein Erdendenker ist, die Gedanken mit dem Göttlichen innerlich durchdringen. Das kann er durch seine gefühls- und gedankenmäßige Verbindung mit dem Mysterium von Golgatha.

Aber damit wurde die Mysterienfeier aus einer Hochsommerfeier eine Winterfeier. Im Winter, wenn die Erde sich mit ihrem Schneegewande umhüllt, wenn die Erde nicht in der lebhaften Wechselwirkung steht mit ihrer atmosphärischen Umgebung, ist auch der Mensch mehr an die Erde gefesselt. Da lebt der Mensch nicht die Weiten mit, da lebt er aber dasjenige mit, was, ich möchte sagen, unter dem Erdboden wurzelt. Sie müssen nur dieses Wurzeln unter dem Erdboden richtig verstehen. Fortwährend können wir gewahr werden, wie in der Umgebung der Erde nicht nur dasjenige lebt, was von der Sonne unmittelbar kommt, was von der Umgebung kommt, sondern dasjenige, was unter der Erdoberfläche an dem Leben der Erde teilhat. Ich habe diese Sache schon durch sehr einfache Tatsachen hier auseinandergesetzt. Manche von Ihnen, die auf dem Lande gelebt haben, werden wissen, daß die Bauern auf dem Lande in der Winterszeit Gruben aufmachen und ihre Kartoffeln hineintun. Die Kartoffeln überwintern gut darinnen, was sie nicht tun würden, wenn man sie einfach in den Keller legte. Warum?

Wenn Sie sich hier (siehe Zeichnung) ein Stück Erdoberfläche denken: die Erdoberfläche nimmt dasjenige auf, was an Sonnenwärme und Sonnenlicht während des Sommers zufließt. Es senkt sich gewissermaßen in den Erdboden. So daß, wenn wir zur Winterszeit unsere Aufmerksamkeit auf dasjenige richten, was unter dem Erdboden ist, wir noch den Sommer darinnen haben. Während des Winters ist der Sommer unter dem Erdboden. Und dieser Sommer unter dem Erdboden während des Winters, läßt auch die Wurzeln der Pflanzen gedeihen. Die Keime werden zu Wurzeln, der Keim entwickelt sich so, daß, wenn Sie eine Pflanze wachsen sehen heuer, in diesem

126

Jahre, so wächst sie eigentlich heraus aus der Kraft der Sonne vom vorigen Jahre, die erst in die Erde hineingegangen ist.

Sehen Sie also die Wurzeln an, ja noch einen Teil der Blätter, dann haben Sie den vorigen Sommer in der Pflanze, und den diesjährigen Sommer haben Sie erst in der Blüte hervorgezaubert durch das jetzige Sonnenlicht und die jetzige Sonnenwärme. Wir haben in der Tat in der Pflanze in dem Aufschießen noch das vorige Jahr und in den Blüten erst dieses Jahr. Und wenn Sie in den Fruchtknoten der Pflanze hineinschauen, der in der Mitte der Blüte ist, so müssen Sie sagen: Das ist noch Ergebnis des Winters, eigentlich also des vorigen Sommers, und nur das, was den Fruchtknoten umgibt, ist von diesem Jahre. – Die Zeiten schieben sich ineinander, so wie in einem andern Falle, wie ich Ihnen gestern auseinandergesetzt habe, sich im Menschen durch das Schlafen die Zeiten ineinanderschieben, so schieben sich auch hier die Zeiten ineinander.

So daß Sie sich also vorstellen können: wenn die Erde ihr Winterschneegewand anzieht, so ist unter dem Winterschneegewand die Fortsetzung des Sommers. Der Mensch verbindet sich nun nicht mit dem, was in den Weiten draußen ist, sondern er wendet sein Seelisches hinein in das Erdeninnere. Er wendet sich zu den unteren Göttern. Und das war die Vorstellung gerade bei denjenigen, welche im Besitze der Erbschaft der alten Weisheit waren zur Zeit des Mysteriums von Golgatha, was diese veranlaßte, sich zu sagen: Wir haben zu suchen in demjenigen, was mit der Erde verbunden ist, die Kraft des Christus, der neuen Weisheit, die das Erdenwerden durchsetzt.

Und indem der Mensch übergegangen ist zu den selbsterrungenen Gedanken, fühlte er das Bedürfnis, diese selbsterrungenen Gedanken jetzt innerlich mit der Gottheit zusammenzubringen, mit andern Worten: sie innerlich zu durchchristen. Das kann er in derjenigen Zeit, in der er der Erde am meisten zugewendet ist, in der tiefen Winterzeit. Das kann er dann, wenn die Erde selbst sich gewissermaßen von dem Kosmos abschließt, wenn er auch abgeschlossen ist. Dann ist er dem Gotte am nächsten, der aus diesen Weiten, von denen man abgeschlossen ist während der Winterzeit, herabgestiegen ist und sich mit der Erde verbunden hat. Und es ist ein schöner Gedanke, die

Weihnachtsfesteszeit gerade zu verbinden mit derjenigen Zeit, da die Erde vom Kosmos abgeschlossen ist, wo der Mensch in der Erden-einsamkeit seine Gemeinschaft mit dem Göttlich-Geistigen-Übersinn-lichen sucht für seine selbsterrungenen Gedanken. Und indem er das-jenige, was hier eigentlich gemeint ist, versteht, sucht er sich zu be-wahren vor den ahrimanischen Kräften, wie er sich in alten Zeiten durch die Hochsommermysterien vor den luziferischen Kräften be-wahrt hatte.

Und so, wie sich eigentlich der alte Mensch unter der Leitung seiner Mysterienlehrer in einer Dämmerung seiner Gedankenwelt durch die Hochsommerfeste gefühlt hat, so sollte sich der Mensch, der in der richtigen Weise das Weihnachtsmysterium versteht, indem er in der Weihnachtszeit mit solchen Wahrheiten sich durchdringt, wie wir sie wieder angeführt haben, gestärkt fühlen. Er sollte gewissermaßen fühlen, wie er durch das richtige Verhältnis, das er zu dem Mysterium von Golgatha entwickelt, die Gedanken, die er sich innerlich in Finsternis erringt, erleuchtet bekommen kann dadurch, daß er in der Tat einsieht: einmal ist im Erdenwerden das geschehen, daß das Wesen, das sonst nur mit der Sonne in Verbindung gedacht werden konnte in älteren vorchristlichen Zeiten, den Übergang zum Erden-werden gefunden hat, die Erde mit dem Menschen als Geistwesen bewohnt. Und es sollte eigentlich das Weihnachtsopfer so gedacht werden, daß es im Gegensatze zu den alten Hochsommer-Opferfeiern, die möglichst äußerlich waren, ein möglichstes In-Sich-Gehen des Menschen darstellt, daß gerade das Weihnachtsfest dasjenige ist, wo der Mensch versucht, zu verinnerlichen, innerlich zu vergeistigen, was er als Wissen über die ganze Welt sich anzueignen versucht.

Der alte Mensch fühlte das Wissen nicht als sein Eigentum, sondern als ein Geschenk. Er gab es jedes Jahr wiederum ab. Der Mensch der Gegenwart muß seine Gedankenwelt, sein Gedankenwissen als sein Eigentum betrachten. Daher muß er in sein eigenes Herz herein-nehmen Denjenigen, dem er sich anschließt als dem mit der Erde ver-bundenen Geistwesen, dem er gewissermaßen in sich seine Gedanken übergibt, um nicht in egoistischer Einsiedelei dazustehen mit seinem Gedankenbesitz, sondern um diesen Gedankenbesitz zu vereinigen mit Dem, der als das Sonnenwesen durch das Mysterium von Golgatha Erdenwesen geworden ist.

Die alten Mysterien hatten in einer gewissen Beziehung eine Art, man möchte sagen aristokratischen Charakter, ja, alles Aristokratische hat aus diesen alten Mysterien im Grunde genommen seinen Ursprung bekommen, denn die einzelnen Mysterienpriester standen da, und sie verrichteten ja die Opfer für alle übrigen.

Die Weihnachtsmysterien-Feier hat einen demokratischen Charakter, denn was die Menschen der neueren Zeit als dasjenige erwerben, was sie eigentlich zu Menschen macht, ist der innere Gedankenbesitz. Und das Weihnachtsmysterium wird nur dann in seinem richtigen Lichte gesehen, wenn nicht der eine für den andern das Opfer vollbringt, sondern wenn der eine mit dem andern ein Gemeinschaftliches erlebt: das Gleichwerden der Menschen gegenüber dem Wesen, das als Sonnenwesen auf die Erde heruntergestiegen ist. Und das ist auch dasjenige, was gerade in den ersten Zeiten der christlichen Entwickelung bis hinein ins 4. Jahrhundert etwa als ganz besonders bedeutsam für das Christentum empfunden worden ist. Erst dann haben sich wiederum die alten Mysterienformen von Ägypten herein über das Römertum und nach Westeuropa herauf fortgepflanzt und haben, man möchte sagen, das ursprüngliche Christentum übertüncht und auch in Traditionen eingehüllt, welche wiederum verlassen werden müssen, wenn das Christentum richtig verstanden werden soll. Denn dasjenige Wesen, in das eingekleidet worden ist das Christentum im Römertum, ist durchaus noch altes Mysterienwesen.

Das Christentum selber verlangt durchaus dieses Finden des Geistig-Übersinnlichen im Menschen dann, wenn der Mensch gewissermaßen nicht außer sich kommt und hingegeben ist an den Kosmos, sondern wenn der Mensch in sich ist. Das ist er am meisten, wenn er mit der Erde verbunden ist, in der Zeit, in der die Erde selber abgeschlossen von den kosmischen Weiten ist, also zur Tiefwinterszeit.

Damit versuchte ich Ihnen zu charakterisieren, warum im Laufe der Zeitentwickelung die Hochsommer-Mysterienfeiern sich verwandelt haben in das Tiefwinterweihnachts-Mysterium. Das muß nur im richtigen Sinne verstanden werden. Und gerade ein Rückblick auf die Entwickelung der Menschheit kann dasjenige, was im Weihnachtsmysterium vorliegen soll, ganz besonders verinnerlichen. Man kann dasjenige, was der Mensch immer mehr und mehr werden muß, indem er die Geheimnisse, die er sonst außer sich gesucht hat, in sich suchen muß, so recht fühlen an dem Gegensatze zu den alten Zeiten.

Von diesem Gesichtspunkte aus ist auch meine «Geheimwissenschaft im Umriß» geschrieben. Würde ein solches Buch – nun, wenn es ein Buch geworden wäre, es wäre etwas anderes geworden! – in alten Zeiten verfaßt worden sein, so würde man begonnen haben, von den Sternenweiten aus zu beschreiben. In meiner «Geheimwissenschaft» ist ganz vom Menschen ausgegangen: der Mensch gewissermaßen innerlich angeschaut und vom Menschen aus die Welt gesucht, des Menschen Inneres erweitert zur alten Saturn-, zur alten Sonnen-, zur alten Mondenzeit und wiederum zu den zukünftigen Epochen der Erdenentwickelung.

Man ging, indem man in alten Zeiten den Wissensinhalt der Welt suchte, von den Sternen aus, die man äußerlich anschaute, und man versuchte dasjenige, was einem die Sterne sagten, in das Menscheninnere aufzunehmen. Man studierte also etwa die Sonne. In der alten imaginativen Erkenntnis ging einem viel auf, wenn man die Sonne kennenlernte. Heute ist die Sonne dem wirklichen Wissenschafter ein Gasball, etwas, was sie natürlich nicht für das unbefangene Anschauen sein kann. Dem älteren Menschen war sie, insofern er sie äußerlich mit dem Auge sah, geradeso der körperliche Ausdruck für ein Geistig-Seelisches, wie der Menschenkörper der körperliche Ausdruck für ein Geistig-Seelisches ist. Der Mensch sah viel an der Sonne. Dann, wenn er gewissermaßen im Kosmos das gelesen hatte, was er an der Sonne sah, konnte er sich an das eigene Herz schlagen und konnte sagen: Jetzt verstehe ich das menschliche Herz. Die Sonne hat mir gesagt, was das Wesen des menschlichen Herzens ist. – Und so auch in den andern Gestirnen fand der Mensch das, was er selber ist.

So konnte nicht in meiner «Geheimwissenschaft» vorgegangen werden. Wenn das dort auch nicht in allen Einzelheiten ausgeführt ist, weil dazu noch nicht die Zeit gekommen ist, so ist aber doch so vorgegangen, daß zunächst der Mensch als Ganzes ins Auge gefaßt wird (es wird gezeichnet), darinnen Herz, Lunge und so weiter, die einzelnen Organe, daß, indem die einzelnen Organe verstanden werden, man das Weltenall versteht. So daß man heute das Herz des Menschen studiert, daß man im Herzen des Menschen liest. Und was man da gelesen hat, das sagt einem, was die Sonne ist, das sagt einem etwas über das Wesen der Sonne. Man lernt also durch das Herz von innen nach außen das Wesen der Sonne kennen. In alten Zeiten lernte man das Wesen der Sonne kennen, und indem man das Wesen der Sonne kannte, wußte man, was das menschliche Herz ist. In neueren Zeiten lernt man, was das Herz ist, was die Lunge ist, und lernt den ganzen Kosmos, das ganze Weltenall vom Menschen aus kennen.

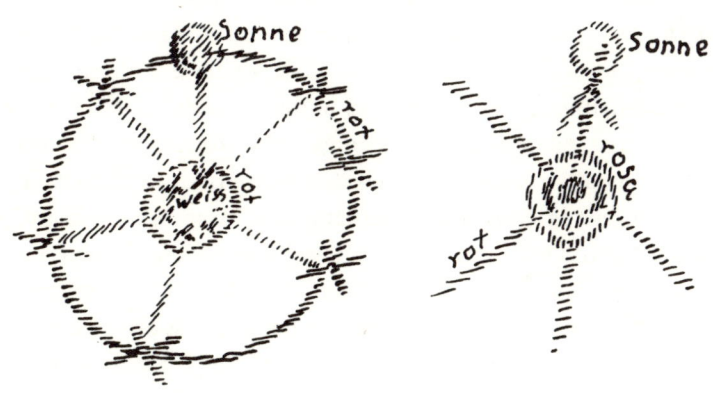

Will man eine empfindende Aufmerksamkeit von dieser Stellung des Menschen zum Weltenall feierlich zum Ausdrucke bringen, so konnte man das als älterer Mensch nur, indem man zur Hochsommerszeit sich hinstellte und recht hinaufsah, weil da am leichtesten und am besten hinaufzusehen war zur Sonne und zu dem übrigen gestirnten Himmel, um da eins zu werden mit dem Kosmos.

131

Will man heute in seine Empfindungswelt intensiv aufnehmen, wie man das Weltenall kennenlernen kann, so muß man tief den Blick in das menschliche Innere wenden. Dazu ist nach dem, was ich Ihnen ausgeführt habe, der richtige Zeitpunkt zur tiefen Winterszeit, zur Weihnachtszeit.

Versuchen Sie einmal mit diesem Weihnachtsgedanken zurecht-zukommen, denn wir haben in der heutigen Zeit schon nötig, daß solche alten Gewohnheiten – denn das sind sie schon geworden – eine Belebung erfahren, so daß wir ehrlich wiederum werden gegen-über demjenigen, was wir als Miterlebnis haben mit dem Jahreslaufe zum Beispiel. Wieviel wissen die Menschen vieler Kreise heute von der Weihnachtszeit anderes, als daß man sich da beschenkt, und daß man in einer ziemlich äußerlichen Weise, nun ja, so die Gedanken mitmacht, die halt eben erinnern an das Mysterium von Golgatha!

Solche Veräußerlichungen sind gerade an dem großen Unglück schuld, in das die Menschheit heute mit ihrer Zivilisation hinein-gesegelt ist, sie sind die wahre Schuld. Die wahre Schuld liegt in dem gewohnheitsmäßigen Festhalten und in der Abneigung gegenüber der Notwendigkeit, zu erneuern dasjenige, was zum Beispiel auch der Weihnachtsgedanke oder die Weihnachtsempfindung sein soll. Wir brauchen durchaus eine solche Erneuerung. Wir brauchen sie, weil wir nur dadurch wiederum rechte Menschen werden können, daß wir unser geistiges Teil in der Welt finden. Ein Weltenweihnachten, wie ich oftmals gerade in dieser Zeit gesagt habe, ein Weltenweihnachten brauchen wir, eine Geburt des geistigen Lebens. Dann werden wir wiederum als ehrliche Menschen Weihnachten feiern, dann wird es wieder einen Sinn haben, sich gerade dann, wenn die Erde sich mit ihrem Schneegewande umgibt, in der Empfindung der Durch-christung unserer Gedankenwelt nähern zu wollen, die jetzt ist wie das Blut in uns, gegenüber der alten Gedankenwelt, die war wie der Atem in uns.

Allerdings, man wird wiederum mehr mit der Zeit leben müssen, als man das heute gewöhnt ist. Es ist nicht lange her, zwei Jahrzehnte, da tauchte der Gedanke auf, das Osterfest, das wenigstens noch nach dem Zeitenlauf geordnet ist, immer auf den 1. April zu verlegen, damit man die Kontobücher nicht immer in Unordnung bringt dadurch, daß diese Festeszeit auf einen andern Tag fällt in jedem Jahre. Es sollte alles auch mit Bezug auf das Miterleben des Zeitenlaufes in den materialistischen Gang der Menschheitsentwickelung einbezogen werden. Man konnte verstehen, daß sich das materialistische Denken allmählich auch schließlich zu dem bequemen werde, da man es erlebt hat, daß die Menschen zum Beispiel den Jahreslauf beginnen mit dem jetzigen Neujahr, am 1. Januar, trotzdem der Dezember – decem – der zehnte Monat ist und ganz augenscheinlich der Januar und Februar zum vorigen Jahre gehören, und das neue Jahr höchstens im März beginnen kann, wie es in der römischen Zeit auch begonnen hat. Aber es hat einmal einem blödsinnigen, auch von der Geschichte anerkannt blödsinnigen französischen König gefallen, mitten im Winter, am 1. Januar, das Jahr anzufangen, und die Menschheit hat sich danach gerichtet.

Man muß schon starke Gedanken fassen, wenn man ehrlich sich sagen will: Die Rettung der Menschheitsentwickelung muß dadurch gesucht werden, daß der Mensch sich mit der Weisheit verbindet. – Denn es gibt viele Tatsachen, die dafür sprechen, daß der Mensch sich keineswegs immer mit der Weisheit verbunden hat, sondern auch mit der Torheit. Fassen Sie einmal den Weihnachtsgedanken so, daß der Mensch ehrlich werde darinnen, diejenige Macht mit diesem Weihnachtsgedanken zu verbinden, die davon gesprochen hat: «Ich bin der Weg, die Wahrheit und das Leben.» Aber der Weg zur Wahrheit und zu dem Leben im Geiste muß gesucht werden. Dazu ist notwendig, wirklich einzutauchen gerade für die gegenwärtige Menschheit in die Tiefen der Mitternacht, um das im Menschen selbst sich entzündende Licht zu finden.

Nicht bei der alten Tradition darf es bleiben, daß nur um die Mitternachtszeit die erste Weihnachtsmesse gelesen wird, sondern es muß wieder dazu kommen, daß der Mensch erlebt, daß sein Bestes, nämlich sein Lichtvolles, aus seiner Finsternis geboren werde. Denn das ist schon eine Wahrheit, daß das wahre Licht aus dem Dunkel geboren wird. Es muß aber aus diesem Dunkel nicht immer weiteres Dunkel, sondern das Licht geboren werden.

Versuchen Sie, den Weihnachtsgedanken mit jener Kraft für Ihre Seele zu durchdringen, die daher kommt, daß man mit der Notwendigkeit sich durchdringt, daß die Finsternis des andern Wissens durchdrungen werden muß von dem Lichte geistiger Einsicht und geistiger Anschauung. Dann wird Ihnen in der Weihnacht der Christus als in jedem Ihrer Herzen geboren werden. Und Sie werden wiederum in sich erleben mit den andern Menschen eine Welt-Weihenacht.

NEUNTER VORTRAG

Dornach, 24. Dezember 1922

Wenn wir der heutigen Zeit gemäß in dieser Festzeit unsere Gedanken vertiefen wollen, so tun wir das wohl am besten in der schon gestern angedeuteten Weise, indem wir den Seelenblick zu der Menschheitsentwickelung hinwenden, um aus der geistigen Führung der Menschheit zu erkennen, welche Aufgaben in der Gegenwart dem Menschen obliegen. Wir dürfen nicht übersehen, wie der wichtigste Teil des Weihnachtsgedankens dieser ist, daß in der Nacht, die eben beginnt, das Licht des Christus in die Menschheitsentwickelung hereingeleuchtet hat in demjenigen Zeitpunkte dieser Menschheitsentwickelung, der durch dieses Ereignis, durch diese Eingliederung des Mysteriums von Golgatha dem Erdenleben, der Menschheit und damit überhaupt dem ganzen Erdenwesen seinen Sinn gibt.

Gestern durfte ich zu Ihnen davon sprechen, wie in den Zeiten, die dem Mysterium von Golgatha vorangegangen sind, jene Mysterienfeste eine bedeutsame Rolle gespielt haben, die in der Hochsommerszeit gefeiert werden, wo der Mensch mit der Erde selbst sein Wesen den kosmischen Weiten öffnet, wo er mit den außerirdischen Mächten in eine Seelenverbindung kommen kann. Und wir haben uns vor unsere Seele gestellt, wie die Führer der Mysterien in vorchristlichen Zeiten bei gewissen Völkern diesen Weg, den die Menschenseele in der Hochsommerszeit, zu unserer Johannizeit, nehmen kann zu den göttlich-geistigen Welten hin, dadurch gegangen sind, daß sie die Gedankenwelt gefühlsdurchdrungen in dieser Zeit gewissermaßen den göttlich-geistigen Mächten geopfert haben, weil sie sich bewußt waren, daß dasjenige, was sich ihnen offenbarte im Laufe des Jahres, den Versuchungen der luziferischen Mächte ausgesetzt ist, wenn nicht in jener Hochsommerszeit, wo gewissermaßen die Erde weit ihre Flügel in die kosmischen Weiten hinaus öffnet, alles, was mit diesen Gedanken zusammenhängt, opfernd empfunden wird als eine von den göttlich-geistigen Mächten der Menschheit verliehene Gnade.

Ich habe dann gestern darauf hingewiesen, wie es durch die Entwickelung der Menschheit in selbstverständlicher Art gekommen ist, daß wiederum bei einem gewissen Teil der Menschheit an die Stelle der Hochsommerfeier die Tiefwinterfeier getreten ist, und wie selbst in unserem verblaßten Weihnachtsgedanken diese Tiefwinterfeier noch darinnensteckt, indem der Mensch entweder, wie es bei gewissen Kultgemeinden ist, in dieser Tiefwinternacht die Geburt des Heilandes festlich begeht, oder auch indem der Mensch, der erst wiederum die Wege zum Geisteslicht suchen muß, diese Weihenacht in der Stille seines Herzens so begeht, daß er sich bewußt wird, daß er in dieser Zeit der Erde und ihrem Leben am ähnlichsten wird, wenn er ganz in sich selber geht. Denn die Erde ist in dieser Zeit auch abgeschlossen von den kosmischen Weiten, lebt durch ihr Schneegewand und die zusammenziehende Kälte in sich selbst gedrängt im Weltenraum.

Aber eine gewisse Rolle haben die Weihnachtsgedanken auch in jenen Zeiten schon gespielt, in denen der Mensch hauptsächlich bei gewissen Völkern das Hochsommerfest feierte. Nur hatte in den vorchristlichen Zeiten der Weihnachtsgedanke einen andern Sinn, als er heute hat. Der hohe Sonnengeist gehörte damals noch den kosmischen Weiten an, war noch nicht heruntergestiegen auf die Erde. Die ganze Lage des Menschen in der Tiefwinterszeit, wenn er sich gewissermaßen mit der Erde selber in kosmischer Einsamkeit fühlte, war eine andere als heute. Und wir lernen diese Lage kennen, wenn wir wiederum einen Blick in gewisse Mysterien tun, die namentlich im Süden in sehr alten Zeiten vor dem Mysterium von Golgatha heimisch waren. In der alten Art wurden in solchen Mysterien diejenigen, die es suchen durften, eingeweiht, bekamen die damalige Initiationswissenschaft. Diese Initiationswissenschaft bestand in gewissen alten Zeiten und bei gewissen alten Völkern darin, daß die Einzuweihenden in der Welt lesen lernten, was nicht tote Buchstaben geben, die auf dem Papiere stehen, sondern was die Wesen der Welt selber geben. Wer die Geheimnisse des Kosmos durchschaut, weiß, daß dasjenige, was auf der Erde wächst und gedeiht, durchaus Bild ist dessen, was von den Sternen aus den kosmischen Weltenweiten herunterleuchtet.

136

Wer das kosmische Lesen lernt, wie man heute das weit einfachere Lesen durch tote Buchstaben lernt, weiß, daß er in jeglicher Pflanze ein Zeichen zu schauen hat, das ihm irgend etwas von den Geheimnissen des Weltenalls enthüllt, und daß, wenn er den Blick zum Beispiel über die Pflanzenwelt oder auch über die vielfältige Tierwelt schweifen läßt, dieses Schweifen des Blickes ein Lesen ist. Und in solcher Art lasen die alten Eingeweihten gewisser Mysterien ihren Schülern vor. Sie lasen ihnen aber so vor, daß sie nicht aus einem Buche lasen, sondern daß sie ihnen mitteilten, was sie unter der Inspiration des sogenannten Jahr-Gottes über die Geheimnisse des Jahreslaufes und seine Bedeutung für das menschliche Leben erfuhren. Eine uralte Weisheit hat das, was sich auf den Menschen bezieht, in dieser Weise im Weltengeschehen und in den Weltenwesen gelesen. Es empfanden da die alten Weisen, indem sie solches ihren Schülern vorlasen, die Inspiration solcher göttlich-geistigen Wesenheiten wie etwa des Jahr-Gottes.

Was war dieser Jahr-Gott, der innerhalb der Hierarchien stand und etwa zu der Rangordnung der Urkräfte gehörte? Er war ein Wesen, zu dem sich gewisse Besitzer der Initiationswissenschaft erhoben und in dieser Erhebung von ihm die Kraft und das innerliche Licht erhielten, um ein anderes aus den im Frühling aufsprossenden Pflanzen zu lesen, ein anderes beim Heranreifen der Sommerfrüchte zu lesen, ein anderes zu lesen, wenn rot werden die Blätter im Herbste, wenn die Früchte reifen, ein anderes auch zu lesen, wenn die Bäume erglitzern in den Schneeflocken und die Erde mit ihrem Gestein bedeckt ist von der Schneehülle. Ein Jahr lang dauerte dieses Lesen, das da ging durch Frühling, Sommer, Herbst und Winter. Und in diesem Lesen enthüllten sich zwischen den Lehrern und den Schülern die Geheimnisse des Menschen selber. Dann fing der Kreislauf von neuem an.

Wenn wir uns heute in annähernder Weise eine Vorstellung bilden wollen von dem, was unter der Inspiration des Jahr-Gottes alte Inspirierte und Initiierte ihre Schüler lehrten, so können wir etwa das Folgende sagen: Sie wiesen die Schüler zunächst hin auf dasjenige, was im Frühling, wenn der Schnee abgelaufen ist und die Sonne neue

Kraft gewinnt, sich offenbart, indem die ersten Sprossen der Pflanzen aus der wiedererstandenen Erdenkraft herauskommen. Sie machten ihre Schüler darauf aufmerksam, wie anders die Pflanze von dem Geheimnisse des Weltenalls spricht, welche auf der Wiese gedeiht, wie anders diejenige, die im Schatten der Waldbäume wächst. Sie machten ihre Schüler darauf aufmerksam, wie in der einen und in der andern Pflanze die heraufkommende Sonnenwärme und das heraufkommende Sonnenlicht in den zackigen und den runden Blättern anders aus den Weltenweiten zu den Menschen herein auf dem Erdenrunde spricht. Und was in dieser Weise unter dem Einflusse des Jahr-Gottes durch jene Buchstaben, welche die Erde selbst aus sich heraussprossen läßt, geoffenbart werden konnte, das enthüllte in der damaligen Weise der Mysterienlehrer den Schülern als die Geheimnisse des physischen Menschenleibes.

So war es, daß diese Lehrer hindeuteten auf das physische Hervorbringen der Erde, auf die in die Pflanze hineinsprießende Erdenkraft, an jedem einzelnen Orte des Erdenwachstums, auf den die Schüler hingewiesen wurden, stand ein anderer Buchstabe. Die Buchstaben, die lebendige Pflanzenwesen waren, oder auch lebendige Tierformen hatten, formten sich zusammen, wie wir heute die einzelnen Buchstaben in einem Satze zu Worten zusammenformen, sie wurden gesetzt. Man lebte, indem man den Frühling mitlebte, im Lesen der Natur. Darin bestanden die Einweihungen des Jahr-Gottes. Und man hatte, wenn der Frühling zu Ende gegangen war, etwa im Mai, den Eindruck, jetzt verstehe man, wie der menschliche physische Leib aus dem Schoße des Weltenalls heraus gestaltet, geformt ist.

Dann kam die Sommerszeit. Es wurden dieselben Buchstaben und Worte des großen Weltenlogos in Anspruch genommen, aber es wurde gezeigt, wie unter den anders einfallenden Sonnenstrahlen, dem anders wirkenden Sonnenlicht, der anders wirkenden Sonnenwärme die Buchstaben ihre Formen veränderten, wie die ersten Sprossen, die von dem Geheimnisse des physischen Menschenleibes erzählt haben, sich der Sonne öffnen in den Blüten. Es wurden die vielfarbigen Blüten gelesen, in deren jeder der Sonnenstrahl die aus der Erde sprossenden Pflanzenkräfte in Liebe küßt. Und es wurde aus dem wunder-

baren, feinen und zarten Weben der kosmischen Kräfte über den Erd-
kräften der blühenden Pflanzen jenes Hinausstreben der Erde in die
kosmischen Weiten gelesen. Man lebte mit der Erde, die sich öffnete
den kosmischen Weiten, den Sternenweiten, man lebte mit dieser
Erde selber in den Unendlichkeiten.

Was aber diese Unendlichkeiten bargen, das enthüllte sich, wenn
man auf die blühenden Buchstaben der Pflanzen hinschaute. Da las
man aus diesen blühenden Buchstaben der Pflanzen, wie sich der
Mensch verhalten hat, als er aus den geistigen Welten zum physischen
Erdendasein heruntergestiegen ist, wie er aus allen Himmelsrichtun-
gen die ätherische Substanz zusammengezogen hat, um seinen eigenen
Ätherleib zu formen. Und die Geheimnisse dieses Ätherleibes las man
auf diese Weise ab aus dem, was sich im Ätherleben wieder später
zwischen der Erde und dem Weltenall im Weltenlogos ereignet, der
seine Zeichen auf die Erdoberfläche selber hinmalt, indem er die
Pflanzen blühen läßt, indem er den Tieren gewisse Lebensarten während der Hochsommerszeit verleiht.

Beim Herannahen des Herbstes sah man, wie wiederum diese Buchstaben des Weltenlogos sich veränderten, wie die Sonne zurückzieht
ihre Wärme und ihre Lichtkraft, wie die Pflanzen ihre Zuflucht nehmen zu dem, was während des Hochsommers die Sonne selber der
Erde mitgeteilt hat, wie sie gewissermaßen das blühende, sprossende
Leben, das sie während der Hochsommerszeit bekommen haben, aus-
hauchen, dafür aber in ihrem Schoße die reifenden Früchte entwik-
keln, welche das Pflanzenleben wiederum zu sich selbst zurückführen,
indem es die Samenkräfte in sich birgt. Wiederum enträtselte man dasjenige, was der Weltenlogos auf die Oberfläche der Erde selbst in den
reifenden Pflanzen hingeschrieben hat, wiederum enthüllte und enträtselte man, was die Formen des tierischen Lebens im Herbste enthüllen können. Man las die intimsten Geheimnisse des Weltenalls aus
dem Zuge der Vögel. Man las diese intimsten Geheimnisse des Weltenalls aus der Art und Weise, wie sich die kleinere Tierwelt, wenn der
Herbst herannaht, verändert. In der Insektenwelt las man. Man las in
dem Zufluchtsuchen der Insektenwelt bei der Erde, in der Verände-
rung der Form der Insektenwelt, das Sich-Zusammennehmen der gan-

zen Erde gegenüber dem toten Schweigen. Man las dasjenige, was man empfand als ein Auf-sich-selbst-Besinnen der Erde im Kosmos.

Man machte sich dies ganz besonders auch durch gewisse Festlichkeiten klar, welche in der zweiten Hälfte des Septembers gefeiert wurden und welche in bäuerlichen Gegenden noch ihre alten Reste im Michaeli-Fest zurückgelassen haben. Man erinnerte sich durch diese Feste daran, wie man dann, wenn man gewissermaßen als Mensch von allem verlassen ist, was die Menschen in der Erde als Wege in die kosmischen Weiten hinaus finden, wie man sich anschließen muß an etwas, was nicht an das äußere physische und ätherische Geschehen gebunden ist, wie man sich mit seiner Seele an den geistigen Inhalt des Kosmos anlehnen muß. Und noch in dem verblaßten Michaeli-Fest am Ende des Septembers ist jenes Zufluchtnehmen der Menschheit zu dem Geist der Hierarchien erhalten, der die Menschheit auf geistige Art führen soll, wenn die äußere Führung durch die Sterne und durch die Sonne an Kraft nachgelassen hat.

In alledem, was man da las – ein Lesen, welches sich zu gleicher Zeit in ein Sinnen umwandelte –, durch alles, was man da sann, durchdrang man sich mit den Geheimnissen des menschlichen astralischen Leibes. Und es war in der Herbsteszeit, wo die Inspirierten und Initiierten des Jahr-Gottes aus dem Wesen der Natur heraus lasen und mit ihm zusammen die Geheimnisse des menschlichen astralischen Leibes ersannen. Und in dieser Herbsteszeit war es, wo die Eingeweihten zu ihren Schülern sprachen: Haltet euch an jenes Wesen, das vor dem Antlitz der Sonne steht – an das der Name Michael noch erinnert –, gedenket dieses Wesens, das vor dem Antlitz der Sonne steht. Ihr werdet die Kraft brauchen, wenn ihr durchzugehen habt durch alles das, was ihr in eurem astralischen Wesen zurückbehaltet vom irdischen Dasein, wenn ihr durch die Pforte des Todes eingegangen sein werdet in die übersinnlichen Welten.

Geheimnisse des menschlichen astralischen Leibes wurden herausgeholt aus dem, was als der Logos sich in dem reifenden, aber auch in dem dorrenden Pflanzenwesen offenbarte, in den in die Erde sich verkriechenden Insekten und so weiter. Ja, der Mensch wußte schon, daß er angewiesen war, wenn er für diesen Teil seines Wesens die rechte Menschlichkeit suchen wollte, auf das Hinblicken zur geistigen Welt. Daher richtete man den Seelenblick der zu Initiierenden auf ein solches Wesen, das wir im Namen Michael festhalten können.

Dann aber kam die Zeit, deren Mitte unsere jetzige Weihnachtszeit ist. Es kam die Zeit, in welcher die Initiierten und Inspirierten des Jahr-Gottes ihre Schüler auf das Eigentümliche hinwiesen, was sich enthüllt, wenn das Wasser in den künstlerisch gestalteten Schneeflocken die Erde bedeckt. Da wurde das Lesen, das schon im Herbste zum Sinnen geworden war, zu einem inneren Leben, da wurde das Beobachten der Seele, das in früheren Jahreszeiten parallel gegangen war der äußeren physischen Arbeit, innere geistige Arbeit. Mystik, mystische Vertiefung wurde das Lesen. Der Mensch wußte, daß er sich nur dann in seinem tiefsten Wesen, in seinem Ich-Wesen begreifen kann, wenn er sich über dieses Ich-Wesen sagen läßt, was der Weltenlogos hineingeheimnißt in alles, was mit der Natur vor sich geht, wenn die Schneedecke die Erde zuhüllt und Kälte das Leben zusammenzieht im Umkreise der Erde. Die Initiierten und Inspirierten des Jahr-Gottes sollten seine Schrift kennenlernen aus dieser Schrift der Jahreszeit des Winters heraus. Ihr Blick wurde geschärft, damit er dem Samenkorn nachfolgen konnte, das in die Erde hineingesenkt wurde, damit er den Insektentieren nachfolgen konnte, welche zu überwintern versuchten innerhalb der sich selber zusammenziehenden Erdenkräfte. Aus dem physischen Lichte wurden die Blicke hingeführt in das physische Dunkel.

In gewissen Mysterien war es so, daß den Schülern begreiflich gemacht wurde: Jetzt müßt ihr sehen die Sonne um Mitternacht, die mitternächtige Sonne, jetzt müßt ihr sehen die Sonne durch die Erde hindurch. Dadurch, daß sich euer Seelenauge durchdringt mit der Kraft, die den Pflanzen und dem niederen Getier in die Erde hinein folgt, kann die Erde selber für die innere Seelenkraft durchsichtig werden. – Wenn die Erde ihre Kraft dem Weltenall gegenüber am meisten zusammengenommen hat, dann kann sich der Mensch dazu aufschwingen, durch diese Erde hindurch, weil sie gewissermaßen in sich selber ganz vergeistigt ist, die Sonne als mitternächtige Sonne zu schauen, während er sonst in der Hochsommerszeit die Sonne mit den physischen Sinnen erreicht, wenn er den Blick von der Erde ab ins Weltenall hinauslenkt, ohne durch die Erde hindurchzuschauen.

Die Sonne zu schauen in mitternächtiger Stunde, in einer Tiefwinternacht, das war etwas, was die Schüler der Eingeweihten des Jahr-Gottes lernen sollten. Und sie sollten dann jene Geheimnisse, die sie der mitternächtigen Sonne abschauten, denen mitteilen, die zwar gläubige Bekenner der Mysterien waren, die aber nicht selber Eingeweihte der Mysterien, nicht Schüler der Mysterien werden konnten.

Und immer mehr wurde es so in jenen alten Zeiten, daß die Eingeweihten, indem sie ihre Schüler auf die Sonne zur tiefen Winterszeit in mitternächtiger Stunde hinwiesen, ihnen in einer gewissen Weise künden mußten, wie der Mensch auf der Erde in seinem Ich sich verlassen fühlt. Ein Schmerzensfest wurde immer mehr und mehr gerade bei denjenigen, die zu den Wissendsten gehörten, das Fest der Tiefwinternacht, ein Schmerzens- und ein Leidensfest, durch das der Mensch kennenlernen sollte, wie er innerhalb des physisch-irdischen Daseins zu seinem Ich den Weg nicht finden kann. Lernen sollte er es dadurch, daß er aus den Zeichen ablas, die in der Tiefwinterszeit der Logos auf die Erde schrieb, wie er mit seinem Ich im Weltenlaufe verlassen ist, denn die Erde ward allein empfunden, und wonach sich das Ich sehnen muß, die Sonnenkraft, sie ward durch die Erde zugedeckt. Es erschien die Sonne zwar in mitternächtiger Stunde, aber der Mensch fühlte immer weniger Kraft, zu diesem Sonnenwesen in mitternächtiger Stunde zu kommen. Aber zu gleicher Zeit war dieses Aufmerksammachen auf die Verlassenheit des Menschen-Ichs im Kosmos der prophetische Hinweis darauf, wie jenes Sonnenwesen an die Erde herankommen sollte, des Menschen Wesen im Lauf der Menschheitsentwickelung durchdringen sollte, erscheinen sollte, um die kranke Menschheit, die am Weltenall in Einsamkeit krankende Menschheit zu heilen.

Damit ist aber schon auf jene Tatsache in der Menschheitsentwickelung hingedeutet, wodurch ein altes Winter-Leidens- und Schmerzensfest gerade bei südlicheren Völkern durch das Erscheinen des Christus auf Erden ein inneres seelisches Freudenfest wurde. Und was sich da geoffenbart hat, indem das Sonnenwesen aus Weltenweiten in das irdische Dasein heruntergestiegen ist, das zeigen die entsprechenden Verkünder dieses Ereignisses noch in den Symbolen an, indem sie darauf hinweisen, daß allen Menschen auf Erden die Botschaft davon erklang, wie sich das alte Schmerzens- und Leidensfest in ein Freudenfest verwandelt hat. In dem tiefen Inneren der Hirtenherzen, durch das den Hirten die Träume gewoben wurden, erklang das Wort:

Es offenbaret sich das Göttliche
In den Höhen der Weltenweiten,
Und Friede wird ersprießen auf der Erde
Den Menschen, die eines guten Willens sind.

So im Inneren des einfachen Hirtenherzens. – Und auf dem andern Pol der Menschheit, da, wo die bis zur eindringlichsten Magie Gereiften waren, konnte aus den Erbstücken der alten Sternenweisheit die Botschaft von diesem Eindringen des Weltengeistes in den Erdenstoff kommen.

Heute, wenn wir von dem Weihnachtsmysterium sprechen, müssen wir das, was wir dabei empfinden, auf dem Hintergrunde jenes alten Leidens- und Schmerzensfestes finden, müssen gedenken, wie innerhalb der Menschheitsentwickelung in diese Entwickelung die Kraft eingetreten ist, durch die der Mensch sich dem entringen kann, was ihn durch die Schwere an die Erde selber fesselt. Wir müssen den Weihnachtsgedanken so gestalten können, daß wir uns sagen: Ja, wahr sind noch immer die Inspirationen des Jahr-Gottes, die er den alten Eingeweihten enthüllte, daß die Erde zu ihrer Selbstbesinnung sich aus dem Weltenall auf sich zurückzieht während der tiefen Winterszeit, daß der Mensch noch immer verstehen kann, wie zusammenhängt mit diesem Jahrgeheimnis das Geheimnis des menschlichen Ichs. Aber aus der menschlichen Einsicht, aus der einsichtsvollen Menschenempfindung, aus der einsichtsvollen menschlichen Herzensweisheit heraus kann sich der Mensch mit den Bildern des in das Erdenmenschenleben einziehenden Christus Jesus umgeben, kann der Mensch den tiefen Gedanken der Weihenacht empfinden lernen. Aber er wird ihn nur in der richtigen Weise empfinden, wenn er auch wirklich den Willen hat, den sich offenbarenden Christus durch alle Zeiten zu verfolgen.

Den alten Eingeweihten der alten Initiationswissenschaft war die Aufgabe, aus dem Kreislauf des Jahres die Geheimnisse der Menschennatur zu enthüllen. Wir müssen verstehen, was das Jahr enthüllt, wir müssen aber auch hineinschauen können in das Innere der Menschennatur. Und wenn man richtig hineinschaut in das Innere der Menschennatur – das zeigt uns anthroposophische Geisteswissenschaft –, dann enthüllen uns die Buchstaben, die in Herz und Lunge, in Hirn und in alle Teile des menschlichen Organismus eingeschrieben sind, die Geheimnisse des Weltenalls, so wie diese Geheimnisse des Weltenalls durch die Zeichen des Logos sich enthüllt hatten den Inspirierten des Jahr-Gottes in den sprießenden Pflanzen, in den geformten Tieren, in dem, was diese geformten Tiere auf dem Erdenrunde erleben. Wir müssen lernen in den Menschen hineinschauen. Das Innere des Menschen selber muß uns Schrift werden. Dann lesen wir aus diesem Inneren des Menschen die Menschheitsentwickelung selber. Dann aber müssen wir uns dem Sinn dieser Menschheitsentwickelung hingeben, dann müssen wir durch eine Innenschau uns mit dem verbinden, was als geistige Kräfte durch die Menschheitsentwickelung hin weben und wallen will. Dann müssen wir, weil diese Menschheitsentwickelung im stetigen Fortschritte ist, das Mysterium von Golgatha, das Mysterium der Weihenacht in jedem Zeitalter neu erleben. Dann müssen wir voll erleben, daß derjenige Geist, der sich ausgesucht hat jenen Organismus, der in der Weihenacht zu Bethlehem geboren ist, daß der gesprochen hat: «Ich bin bei euch alle Tage bis ans Ende der Erdenzeiten.» Dann müssen wir auch ein geistiges Ohr bekommen für die fortdauernde Offenbarung dieses Logos durch das Menschenwesen selber. Hinhorchen auf die Inspirationen dieses Menschheitsgottes, der der Christus selber ist, muß die Menschheit lernen, wie sie einmal gelernt hatte, hinzuhorchen auf die Inspirationen des Jahr-Gottes.

Dann wird die Menschheit nicht dabei stehenbleiben, nur zurückzuschauen auf das, was biblisch überliefert ist über den geistigen Erdenwandel des Christus Jesus, sondern dann wird die Menschheit ein Verständnis, eine Einsicht dafür haben, daß der Christus seit jener

Zeit sich mit dem Menschen im Erdenleben verbunden hat und daß er, wenn der Mensch nur hinhorchen will, sich immer offenbart. Dann kann die Menschheit in unserer Zeit ein Verständnis und eine Einsicht dafür gewinnen, daß so, wie einstmals das Weihnachtsfest im Jahreslaufe folgte auf das Michael-Fest des Herbstes, daß auch auf die Michael-Offenbarung, die eingetreten ist in einer Herbsteszeit im letzten Drittel des 19. Jahrhunderts, folgen soll ein Weihefest, ein Weihnachtsfest, durch das wiederum Verständnis für eine Geistgeburt erworben werden soll, für die Geistgeburt, welche die Menschheit braucht, um ihren Erdenweg weiterzuwandeln, damit die Erde einstmals vergeistigt die Umwandelung in künftige Formen finden könne. Jetzt leben wir in einer Zeit, wo gewissermaßen nicht bloß Jahresherbst-, Jahres-Michael-Fest da ist und Jahresweihnachts-Fest da sein soll, jetzt leben wir in einer Zeit, wo wir die Michael-Offenbarung vom letzten Drittel des 19. Jahrhunderts tief in unserer Seele aus dem eigenen Menschenwesen heraus verstehen sollen, und wo wir den Weg zu dem wahren Weihnachtsfeste suchen sollen, nämlich zu der Durchdringung mit dem zu erkennenden Geiste.

Dann werden wir die Worte verstehen, die in dem Evangelium angeführt sind: «Ich hätte euch noch vieles zu sagen, allein ihr könnet es jetzt noch nicht tragen.» Die Menschheit ist dazu veranlagt, immer mehr und mehr zu ertragen von dem, was der Christus ihr zu sagen hat. Die Menschheit ist nicht dazu veranlagt, immer nur auf diejenigen hinzuhorchen, welche den Fortschritt hindern wollen, und die hinweisen auf das, was einmal mit trockenen Buchstaben niedergeschrieben ist über das Mysterium von Golgatha, die nicht wollen, daß die Kraft dieses Mysteriums von Golgatha in lebendiger Art durch alle Zeitenläufe sich dem Menschen offenbart. Heute ist auch nicht die Zeit, wo noch hinzuhorchen ist auf diejenigen, die bloß stehenbleiben wollen bei der Weltenfrühlingszeit, die die äußere physische Natur im hellsten Glanze zeigt, aber das Geistige nicht zeigen kann. Heute ist die Zeit, wo wir von dem Michael-Fest zu dem Tiefwinterfeste, das aber einen Sonnenaufgang des Geistes enthalten soll, den Weg hinfinden sollen. Wir würden diesen Weg nie finden, wenn wir im Menschen-Erdenwerden selber uns der Illusion hingäben, daß es im äuße-

ren Leben, in der äußeren Erdenzivilisation, in der äußeren Erden-
kultur heute Licht gibt, sondern nur, wenn wir uns der Wahrheit
hingeben, daß es da Finsternis gibt, daß aber in dieser Finsternis jenes
Licht gesucht werden muß, das der Christus durch den Jesus in die
Welt bringen wollte.

Man folge so mit derselben Andacht, mit der die Hirten, mit der
die Magier aus dem Morgenlande einstmals den Weg zur Krippe in
der Weihnachtsnacht gesucht haben, man folge so den Spuren, die
jetzt in noch verschwommenen Buchstaben, die aber dazu bestimmt
sind, immer deutlicher zu werden, aus dem Menschenwesen selber
herausgelesen werden können, und man wird das Christus-Geheimnis
der Weihenacht wiederum feiern dürfen. Man wird es aber nur feiern
dürfen, wenn man in der Finsternis das Licht suchen will.

Heute nennt man vielfach Wissenschaft nicht dasjenige, was die
Welt erklärt – «erklären» kommt von der Klarheit des Lichtes –,
heute nennt man vielfach Wissenschaft, was nicht erklärt, sondern was
erdunkelt, erfinstert. Die Finsternisse müssen das Licht begreifen.
Man versuche, in dieser Art aus einer Finsternis, die wirklich vorhanden ist, mit innigster Gemütsstimmung, mit stärkster Willenskraft
das Licht des Geistes zu finden, dann wird es leuchten, wie geleuchtet
haben die Jesu Geburt verkündenden Sterne den Hirten, den Magiern
in der großen Weihenacht.

In das geschichtliche Werden der Menschheit müssen wir den
Weihnachtsgedanken hineinstellen lernen. Warten müssen wir nicht
etwa auf einen neuen Messias, auf einen neuen Christus, sondern auf
dasjenige, was der Menschheit durch die im Laufe der letzten Jahrhunderte tief in das Finstere des Materiellen hineinführende Natur geoffenbart worden ist, was dieser Menschheit geoffenbart werden kann
durch den wirklich lebendig verstandenen, lebendig fortwesenden
Christus Jesus. So müssen wir den Weihnachtsgedanken nicht ver-
festigen in einem einmal konventionell im Jahre zu begehenden Feste,
so müssen wir ihn flüssig machen, daß er uns leuchte, wie geleuchtet
hat der Stern zu Bethlehem.

Von diesem Lichte, von diesem leuchtenden Sterne wollte ich Ihnen
am heutigen Weihnachtsabend sprechen und möchte einiges dazu bei-

getragen haben, daß Sie mit dem Wollen, das in schwacher Weise, aber ernsthaftig anthroposophische Geisteswissenschaft durchseelt, daß Sie mit diesem Wollen jenes andere Wollen verbinden, das da besteht in dem Nachfolgen jenem Sterne, der ganz gewiß die Weihnachtsnacht hindurch in wahrer Weise den Menschen leuchtet.

In der Stille, im Intimen sich mit diesem Lichte zu durchdringen von heute zu morgen, das ist für die heutige Zeit die tiefste Weihnachtsweihe. Alles andere sollte im Grunde genommen nur äußeres Zeichen sein für dieses Weihnachtsempfinden, das wir von dem heutigen Abend zu dem nächsten Morgen hinübernehmen können. Dann wird uns diese Nacht nicht nur Symbolum sein können, sondern das Symbolum wird sich zum Lebendigen erkraften, und wir werden uns vielleicht darauf besinnen, wie innig wir uns mit dem Geiststreben verbinden sollen, das in die Zukunft hineingeht bei allen rechten Menschen, und das zu gleicher Zeit das wahre Weihnachtsstreben ist: das Streben zu demjenigen Geiste hin, der in dem Leibe sich verkörpern wollte, der zu Bethlehem in der weltgeschichtlichen Weihenacht geboren worden ist.

ZEHNTER VORTRAG

Dornach, 29. Dezember 1922

In den Vorträgen, die ich unmittelbar vor Weihnachten hier gehalten habe, war es gegeben, auf den Zusammenhang des Menschen mit dem ganzen Kosmos hinzuweisen, insbesondere auch auf das, was den Kosmos als geistig-seelische Mächte durchwebt und durchlebt. Ich möchte in einer gewissen Art wiederum heute an das Damalige anknüpfen in einer allerdings davon unabhängigen, selbständigen Betrachtung.

Das menschliche Leben, so wie es durchgemacht wird als Miterleben der Natur und inneres Leben der menschlichen Seele und des menschlichen Geistes, steht zwischen zwei Polen, und eine große Anzahl von Gedanken, die sich die Menschen über ihren Zusammenhang mit der Welt machen müssen, wird von dem Ausblick auf diese zwei polarischen Gegensätze beeinflußt.

Auf der einen Seite steht vor dem menschlichen Denken und Empfinden die sogenannte Naturnotwendigkeit. Der Mensch fühlt sich abhängig und muß sich abhängig fühlen von den notwendig, man möchte sagen ehern wirkenden Gesetzen, die er überall draußen in der Welt findet, und die dadurch, daß sein physischer und auch sein ätherischer Organismus in diese Außenwelt eingeschaltet sind, auch durch ihn hindurchgehen.

Auf der andern Seite lebt dann in dem Menschen die Empfindung – und in jeder gesunden Menschennatur muß sich diese Empfindung einstellen –, daß des Menschen Würde nicht voll erfüllt wäre, wenn ihm nicht in seinem Leben zwischen Geburt und Tod die Freiheit zukäme. Das sind die beiden polarischen Gegensätze: Notwendigkeit und Freiheit.

Sie wissen, wie sehr das naturwissenschaftliche Zeitalter, das ich in der andern Klasse von Vorträgen bespreche, die ich jetzt zu geben habe, wie sehr dieses naturwissenschaftliche Zeitalter die Notwendigkeit des Geschehens, die man draußen überall in der Natur findet, auch auf alles dasjenige ausdehnt, was vom Menschen selbst ausgeht, und wie es in vielen seiner Vertreter nach und nach dazu gekommen ist, Freiheit als etwas Unmögliches zu betrachten, als eine Illusion, die nur dadurch in der Menschenseele lebt, daß der Mensch, wenn er mit seinem Willen vor eine Entscheidung hingestellt wird, auf der einen Seite die Gründe für, auf der andern Seite die Gründe dagegen hat, die mit Notwendigkeit von beiden Seiten aus auf ihn wirken. Und eigentlich ist es nicht er nach dieser Anschauung, der die Entscheidung trifft, sondern zuletzt sind es doch diejenigen Gründe, welche die stärkste Kraft und die stärkste Summe repräsentieren. Sie siegen über die andern Gründe, die auch mit einer gewissen Notwendigkeit auf den Menschen wirken, die aber geringere Kraft und eine geringere Summe haben. Und der Mensch wird einfach mitgerissen, möchte man sagen, von der Resultierenden der mit Notwendigkeit auf ihn wirkenden Impulse. Daß er sich für frei hält – so sagten viele Vertreter dieser Anschauung –, rührt nur davon her, daß die einander entgegengesetzten polarischen Ja- und Nein-Gründe in ihrer Gesamtheit etwas so Kompliziertes darstellen, daß der Mensch nicht merkt, wie er hin- und hergerissen wird, und wie zuletzt sozusagen in feinem Waagebalkenausschlag die eine Kategorie der Gründe siegt und er eben von dieser mitgerissen wird.

Demgegenüber steht aber nicht nur die ethische Erwägung, daß des Menschen Würde in der Welt nicht erfüllt wäre, wenn er also ein Spielball der Ja- und Nein-Impulse wäre, sondern es steht dem gegenüber, daß im menschlichen Wollen das Freiheitsgefühl lebt, daß für den Unbefangenen es eigentlich ganz zweifellos ist, daß, wenn er durch irgendeine Theorie an diesem Freiheitsgefühl irre werden muß, er eigentlich ebensogut an den einfachen elementaren Sinnesempfindungen irre werden müßte. Wenn das ganz elementare in der menschlichen Gefühlssphäre vorhandene Freiheitserlebnis trügen könnte, so könnte auch trügen das Rot-Erlebnis, das Cis- oder C-Erlebnis und so weiter. Und es ist immerhin charakteristisch, daß die neuere naturwissenschaftliche Weltanschauung in vielen ihrer Vertreter das Theoretische so hochschätzt, daß sie sich durch das Theoretische von der absoluten, ausnahmslosen Naturnotwendigkeit, die auch die menschlichen Handlungen, den menschlichen Willen umfassen soll, dazu versuchen läßt, einfach über eine Erfahrung, wie sie das Freiheitserlebnis darstellt, hinwegzugehen.

Aber diese Frage, Notwendigkeit und Freiheit, mit allen ihren Begleiterscheinungen im seelischen Leben – und die sind außerordentlich reichlich –, ist eine solche, die mit viel Tieferem im Weltenlaufe zusammenhängt als mit dem, was naturwissenschaftlich oder auch in der unmittelbaren alltäglichen menschlichen Seelenerfahrung zu finden ist. Denn als die menschliche Anschauung noch ganz anders war, war schon diese bange Zweifelsfrage vor die menschliche Seele getreten.

Sie haben gesehen aus der andern Klasse von Vorträgen, die ich hier zu halten habe, daß das eigentliche Naturdenken, das naturwissenschaftliche Denken der neueren Zeit, gar nicht so alt ist. Wenn wir in ältere Zeiten zurückgehen, so finden wir ein menschliches Denken, menschliche Anschauungen, die ebensosehr einseitig spirituell sind, wie die heutigen Anschauungen einseitig naturalistisch geworden sind. Wir finden, je mehr wir in ältere Epochen zurückgehen, wie immer weniger im menschlichen Anschauen gerade das vorhanden ist, was wir heute Naturnotwendigkeit nennen. Auch im älteren griechischen Anschauen war nichts von dem vorhanden, was wir heute Naturnotwendigkeit nennen, denn die griechische Notwendigkeit war in ihrem eigentlichen Gedankentimbre doch etwas ganz anderes.

Aber wenn wir noch weiter zurückgehen, so finden wir, daß an der Stelle der Naturnotwendigkeit ganz und gar Kräftewirkungen stehen, Wirkungen, die dem ganzen Umfange nach einer göttlich-geistigen Vorsehung zugeschrieben werden. Heute, wenn ich mich trivial ausdrücken darf, machen für den eigentlich naturwissenschaftlich Denkenden alles die Naturkräfte, einstmals machten für den Denker der alten Zeiten alles geistig gedachte Kräfte, die mit Absichten wirkten, wie der Mensch selber mit Absichten wirkt, nur daß deren Absichten weit umfassender waren, als es die menschlichen Absichten sein können. Aber auch innerhalb dieser Weltanschauung, die ganz spirituell war, wendete der Mensch seinen Blick hin auf die Bestimmung seines Willens durch göttlich-geistige Mächte, und wie er sich heute durch Naturkräfte und Naturgesetze determiniert fühlt, wenn er im naturwissenschaftlichen Sinne denkt, so fand er sich dereinst durch göttlich-geistige Kräfte oder göttlich-geistige Gesetze determiniert. Und für viele, die in diesem älteren spiritualistischen Sinne deterministisch gesinnt waren, galt die Freiheit des Menschen, trotzdem sie ein unmittelbares Erlebnis ist, ebensowenig wie für die heutigen Naturalisten. Heute denken die Naturalisten: durch das menschliche Handeln hindurch wirkt die Naturnotwendigkeit. Dazumal dachten die Spiritualisten: durch das menschliche Handeln hindurch wirken die göttlich-geistigen Kräfte nach ihren Absichten.

Man braucht sich einfach nur vorzuhalten, wie auf diesen völlig entgegengesetzten Anschauungswelten die Frage nach Freiheit und Notwendigkeit daliegt, und man wird sich sagen: An der Oberfläche der Dinge und der Geschehnisse kann ganz gewiß nichts ausgemacht werden über diese tief in alles Leben und allen Weltenlauf hineindringende Frage. – Man muß schon in dasjenige, was Weltenlauf ist – Weltenlauf auf der einen Seite als Naturlauf, Weltenlauf auf der andern Seite als Geistesentfaltung –, tiefer hineinblicken, wie es nur mit anthroposophischer Anschauungsweise möglich ist, um überhaupt auf den ganzen Sinn dieser den Menschen aufrüttelnden Frage zu kommen.

Nun betrachtet man gewöhnlich den Naturlauf in einer außerordentlich eingeschränkten Weise. Heute wird der Naturlauf so betrachtet, daß man versucht, herausgerissene Geschehnisse, herausgerissene Vorgänge speziellster Art in das Beobachtungszimmer, ja wohl gar in das Blickfeld des Teleskops zu bringen oder dem Experimente zu unterwerfen, und man steht damit innerhalb eines ganz engen Gebietes, auf das man die Beobachtung des Naturlaufes, des Weltenlaufes überhaupt beschränkt. Man möchte sagen, diejenigen, die das Geistige und Seelische betrachten, machen es den Naturbeobachtern nach. Man scheut sich davor, die Totalität des Menschen in bezug auf sein seelisches Leben ins Auge zu fassen. Man «spezialisiert» sich, um irgendeinen einzelnen Gedanken oder Gefühlsfetzen mit kleinen Beziehungen herzustellen, und man hofft, daß man aus solchen kleinen Beziehungen ebenso einmal eine Psychologie zusammenstellen werde, wie man versucht, eine Art Weltanschauung des Physischen aus den Einzelbeobachtungen und Einzelexperimenten zu gewinnen, die man im physikalisch-chemischen Kabinett, in der Klinik und dergleichen vollführt.

Aber alle diese Betrachtungen führen eigentlich in Wirklichkeit niemals zu einer Gesamtauffassung, weder auf physischem noch auf geistig-seelischem Gebiet. Und so wenig als hier gegen die Berechtigung dieser Spezialuntersuchungen irgend etwas gesagt werden soll – sie sind von den Gesichtspunkten aus berechtigt, die ich in meinen Vorträgen oftmals angeführt habe –, so stark muß aber doch betont werden: wenn die Natur, wenn die Welt nicht selbst irgendwo dem Menschen vorführt, was aus dem Zusammenwirken der Einzelheiten hervorgeht, dann wird der Mensch niemals sich ein vom Weltengeschehen durchleuchtetes Weltengebäude aus seinen Einzelbeobachtungen und Einzelexperimenten zusammenstellen können.

Geradeso wie man Leberzellen und kleine Lebervorgänge, wie man Gehirnzellen und kleine Gehirnvorgänge untersuchen kann, wie man sich nach diesen Richtungen immer mehr spezialisieren kann, und wie man aus diesen Untersuchungen, weil sie geradezu in die Vereinzelung und nicht in das Ganze hineinführen, niemals eine Anschauung über die Gesamtheit des menschlichen Organismus gewinnen kann, wenn man nicht von vornherein in einer geistig umfassenden, empfindenden Idee diese Gesamtheit, diese Totalität des menschlichen Organismus vor sich hat, um dann mit ihrer Hilfe eben wiederum die einzelnen Untersuchungen zu einem Ganzen zu machen, ebensowenig werden jemals Chemie oder Astrochemie, Physik oder Astrophysik oder Biologie, insofern sie sich auf Einzeluntersuchungen beschränken, ein Bild davon geben können, wie die verschiedenen, in unserer Weltenumgebung lebenden Naturkräfte und Naturgesetze zu einem Ganzen zusammenwirken, wenn nicht die Fähigkeit in dem Menschen entsteht, etwas Ähnliches draußen in der Natur zu schauen, wie man es gegenüber den Einzelheiten, den Lebervorgängen, den Nierenvorgängen, den Herzvorgängen, den Gehirnvorgängen, in der Totalität des menschlichen Organismus schauen kann. Es hängt einfach davon ab, daß man irgendwo im Weltenwesen etwas aufzeigen kann, wo alle die Kräfte, die uns in unserer Umgebung erscheinen, zu einer geschlossenen Totalität zusammenwirken.

Nicht wahr, wir können sagen: Vielleicht werden gewisse Vorgänge in der menschlichen Leber, im menschlichen Gehirn erst in sehr

152

später Zeit so entdeckt werden, daß man daran eine biologische Befriedigung hat. – Aber jedenfalls kann man und konnte man immer, solange Menschen Menschen angeschaut haben, sagen: Dasjenige, was in der Leber, was im Magen, was im Herzen in gegenseitiger Wechselwirkung steht, wirkt innerhalb der menschlichen Hautgrenze zu dem menschlichen Ganzen zusammen. Man hat einmal, ohne daß man nötig hat, auf die Einzelheiten hinzuschauen, in reiner Totalität das Zusammenwirken alles desjenigen vor sich, was für die menschliche Natur in Betracht kommt an chemischen, an physischen, an biologischen Wirkungen, man hat das in einem geschlossenen Ganzen vor sich.

Kann man so auch in einem geschlossenen Ganzen die Summe der Naturkräfte und Naturgesetze vor sich haben, die um den Menschen herum wirken? Man kann es in einer gewissen Weise. Ich betone ausdrücklich noch, damit ich nicht mißverstanden werde, daß natürlich solche Totalitäten immer relativ sind, daß wir auch, sagen wir, im Menschen die Vorgänge unseres äußeren Ohres zusammenfassen können und dann ein relatives Ganzes haben. Wir können aber auch die Vorgänge der Fortsetzung des Gehörorgans nach dem Gehirn hin zusammenfassen und haben da auch ein relatives Ganzes. Fassen wir beide zusammen, so haben wir ein größeres relatives Ganzes, das wiederum dem Kopf und dieser wiederum dem ganzen Organismus angehört. So wird es auch sein, wenn wir versuchen, die Gesamtheit im Menschlichen, als für den Menschen zunächst in Betracht kommende Kräfte und Gesetze, in einer Totalanschauung zu umfassen.

Nun, ich möchte sagen, eine solche erste Totalanschauung ist der Tageslauf. So paradox das für das erste Hören klingt: es ist der Tageslauf in einer gewissen Beziehung eine Zusammenfassung einer gewissen Summe von Naturgesetzen um uns herum in diesem Ganzen. Während des Tageslaufes gehen einfach in unserer Umgebung und durch uns hindurch Prozesse vor sich, welche, wenn man sie auseinanderlegt, in die verschiedensten physikalischen und chemischen Prozesse und so weiter zerfallen. Man kann sagen, eine Art Zeitorganismus ist der Tageslauf, ein Zeitorganismus, der in sich eine Summe von Naturprozessen faßt, die wir sonst im einzelnen studieren können.

Und eine größere Totalität ist der Jahreslauf. Wenn Sie nämlich zum Jahreslauf übergehen und alles ins Auge fassen, was während des Jahreslaufes mit der Erde und der Menschheit zusammenhängend im äußeren Sphärenbereich an Veränderungen geschieht – nehmen wir nur an im Luftkreise –, wenn Sie alles das zusammenfassen, was vom Frühling bis wieder zum Frühling an Vorgängen in den Pflanzen und auch in den Mineralien geschieht, dann haben Sie eine zeitlich organische Zusammenfassung von dem, was Ihnen sonst zerstreut bei den verschiedenen Naturuntersuchungen erscheint, so wie wir im menschlichen Organismus eine Zusammenfassung haben der Leber-, Nieren-, Milzvorgänge und so weiter. Es ist in der Tat der Jahreslauf eine organische Summierung – es ist nicht genau gesprochen, aber man muß eben Worte gebrauchen – von dem, was wir sonst im einzelnen naturwissenschaftlich untersuchen.

Man möchte sagen, etwas leichthin, aber es ist etwas sehr Tiefes damit gemeint, wie Sie fühlen werden: Damit der Mensch nicht jenes abstrakte Verhältnis zur Naturumgebung hat, das er zu den Beschreibungen der physikalischen und chemischen Experimente hat, oder zu dem, was ihm heute vielfach in der Pflanzenlehre oder Tierlehre gesagt wird, müssen ihm im Kosmos der Tageslauforganismus, der Jahreslauforganismus vorgestellt werden. Da findet er gewissermaßen seinesgleichen. – Und daß er seinesgleichen findet, das wollen wir ein wenig betrachten.

Gehen wir zunächst auf den Jahreslauf ein. Wir haben, wenn wir ihn in einer ähnlichen Weise überblicken, wie das schon das letzte Mal vor Weihnachten geschehen ist, eine Summe von Prozessen in den sprießenden, sprossenden Pflanzen, die zu den grünen Laubblättern, später zu den Blüten hineilen. Wir haben eine unermeßliche Summe von Naturprozessen, die sich vom Leben in der Wurzel zum Leben in den grünen Laubblättern abspielen, zum Leben in den farbigen Blumenblättern. Und wir haben wiederum eine ganz andere Art von Prozessen, wenn wir im Herbste das Welken, das Abdorren und Hinsterben der äußeren Natur sehen. Wir haben wirklich zusammengefaßt in eine organische Einheit das um uns herumliegende Weltengeschehen. Wir sehen, wenn wir den Sommer durchmachen, was auf der Erde herauswächst, einschließlich der tierischen Welt, insbesondere der niederen Tierwelt. Betrachten Sie das Wirken und Wimmeln der Insektenwelt, wie das gewissermaßen sich von der Erde abhebt, wie es hingegeben ist dem Kosmos, namentlich alldem, was in der Sonnenwirkung aus dem Kosmos sich zusammensetzt. Wir sehen da, wie die Erde gewissermaßen alle ihre Organe den Weltenweiten öffnet und wie dadurch auch die aufsteigenden Prozesse aus der Erde hervorkommen und nach den Weltenweiten hin tendieren. Wir sehen, wie vom Herbste an und durch den Winter hindurch dasjenige, was vom Frühling an aufsprießt und nach den Weltenweiten strebt, wiederum ins Irdische zurückfällt, wie die Erde, ich möchte sagen, immer mehr Gewalt bekommt über alles, was sprießendes, sprossendes Leben ist, wie sie dieses sprießende, sprossende Leben gewissermaßen in eine Art Scheintod bringt, wenigstens in einen Schlaf hüllt, wie also die Erde all ihre Organe schließt gegenüber den Einflüssen der kosmischen Weiten. Wir sehen hier zwei Gegensätze im Jahreslauf, die unermeßlich viele Einzelheiten in sich haben, die aber in sich ein geschlossenes Ganzes darstellen.

Und wenn wir den seelischen Blick über einen solchen Jahreslauf hinschweifen lassen, der schon dadurch ein geschlossenes Ganzes darstellt, daß er einfach von einem bestimmten Punkte an sich wiederholt, wiederum in einer annähernd gleichen Weise abläuft, dann finden wir, daß in ihm nichts anderes ist als Naturnotwendigkeit. Und wir Menschen machen im Erdenlauf diese Naturnotwendigkeit mit. Machten wir sie ganz mit, dann wären wir dieser Naturnotwendigkeit auch unbedingt unterworfen. Nun sind gewiß in dem Jahreslauf zunächst diejenigen Naturkräfte und Naturmächte vorhanden, die für uns Menschen als Erdenbürger in Betracht kommen, denn die Erde ändert sich nicht so schnell. Wir werden auch zu andern Kreisläufen in den nächsten Tagen noch kommen, aber die Erde ändert sich nicht so schnell, daß sich etwa während eines Menschenlebens, wenn der Mensch auch noch so alt wird, die kleinen Veränderungen, die von Jahr zu Jahr auftreten, bemerkbar machen. Wir machen also jedes Jahr, indem wir im Frühling, Sommer, Herbst und Winter drinnenstehen, mit unserem eigenen Leibe die Naturnotwendigkeit mit.

So muß man betrachten, denn nur die wirkliche Erfahrung gibt Erkenntnis. Keine Theorie gibt Erkenntnis. Jede Theorie geht von irgendeinem speziellen Gebiete aus und verallgemeinert dieses Gebiet. Wirkliche Erkenntnisse bekommt man nur, wenn man vom Leben und von Erfahrungen ausgeht. Man muß daher nicht vereinzelt die Gesetze der Gravitation, die Gesetze des vegetabilischen Lebens, die Gesetze der tierischen Instinkte, die Gesetze des menschlichen Gedankenzwanges ins Auge fassen, denn die faßt man dann immer in ihren Einzelheiten ins Auge, verallgemeinert sie und kommt dann zu ganz falschen Verallgemeinerungen. Man muß das ins Auge fassen, wo sich die Naturkräfte in ihrem wechselweisen Zusammenwirken zeigen. Das ist der Jahreslauf.

Nun zeigt schon eine oberflächliche Betrachtungsweise, daß der Mensch eine relative Freiheit gegenüber dem Jahreslauf hat. Aber eine anthroposophische Betrachtungsweise zeigt das noch stärker. Bei dieser anthroposophischen Betrachtungsweise wenden wir den Blick hin auf die zwei Wechselzustände, in denen jeder Mensch innerhalb vierundzwanzig Stunden lebt: auf den Schlafzustand und auf den Wachzustand. Und wir wissen: während des Wachzustandes sind physischer Leib, ätherischer Leib, astralischer Leib und Ich-Organismus eine relative Einheit im Menschen. Im Schlafzustand bleiben im Bette zurück physischer Leib und ätherischer Leib im innigen Durcheinanderweben, und außerhalb des physischen und ätherischen Leibes sind das Ich und der astralische Leib. Wenn wir nun mit all den Mitteln, die uns anthroposophische Forschung gibt, und die Sie aus unserer Literatur kennen, darauf hinschauen, was dieser physische Leib und der ätherische Organismus des Menschen im Schlafe und was sie im Wachen sind, dann ergibt sich das Folgende.

Wenn das Ich und der astralische Leib außer dem physischen und ätherischen Organismus sind, dann beginnt im physischen und ätherischen Organismus ein Leben, das wir äußerlich mit der Natur nur im mineralischen und im pflanzlichen Gebiete verwirklicht sehen. Mineralisches und pflanzliches Leben für sich beginnt da. Daß der physische Organismus und der ätherische Organismus des Menschen nicht allmählich überhaupt nur in eine Summe von Prozessen über-

156

gehen, die mineralisch und pflanzlich sind, rührt nur davon her, daß sie so organisiert sind, wie das dem zeitweilig in ihm befindlichen astralischen Leib mit dem Ich entspricht. Sie würden in das mineralische und pflanzliche Leben übergehen, wenn der Mensch mit seinem Ich und seinem astralischen Leib zu spät in den physischen und Ätherleib zurückkäme. Es beginnt aber sogleich, nachdem der Mensch eingeschlafen ist, die Tendenz in ihm, mineralisch-vegetabilisch zu werden. Diese Tendenz bekommt die Oberhand während des Schlaflebens.

Wenn man mit den Mitteln der anthroposophischen Forschung hinschaut auf den schlafenden physischen Menschen, dann sieht man in diesem schlafenden Menschen – selbstverständlich mit der nötigen Variante – ein getreuliches Abbild desjenigen, was die Erde von der Frühlings- durch die Sommerszeit hindurch ist. Es sprießt und sproßt das Mineralisch-Pflanzliche heraus, allerdings in anderer Form, als das bei den grünen Pflanzen der Fall ist, die aus der Erde wachsen. Aber mit einer Variante, sage ich, ist dasjenige, was während des Schlafes im menschlichen physischen und ätherischen Organismus vor sich geht, ein getreuliches Abbild der Frühlings- und Sommerszeit der Erde. Für diese äußere Natur ist der Mensch der gegenwärtigen Weltenepoche organisiert. Er kann seinen physischen Blick über diese äußere Natur hinschweifen lassen. Er schaut das sprießende, sprossende Leben. In dem Augenblicke, wo sich der Mensch Inspiration und Imagination erwirbt, wird ihm einfach durch die Schlafenszeit des physischen Menschen der Anblick einer Sommerszeit enthüllt. Schlafen heißt: der Frühling und Sommer stellen sich ein für den physischen und Ätherleib. Sprießendes und sprossendes Leben beginnt.

Und wenn wir aufwachen, wenn das Ich und der astralische Leib wiederum zurückkehren, dann tritt all das sprießende und sprossende Leben des physischen und ätherischen Leibes zurück. Es beginnt für den geistsehenden Blick das Leben im physischen und ätherischen Organismus des Menschen dem Herbst- und Winterleben der Erde sehr ähnlich zu werden. Und man hat tatsächlich, wenn man den Menschen in einer Wachens- und Schlafensperiode hintereinander verfolgt, in kurzem ein mikrokosmisches Abbild von Herbst, Winter, Frühling, Sommer. Sie brauchen nur einen Menschen geisteswissenschaftlich vierundzwanzig Stunden hindurch als physischen und ätherischen Organismus zu verfolgen, und Sie machen einen Jahreslauf im Mikrokosmischen durch. So daß man sagen kann, wenn man bloß auf dasjenige vom Menschen schaut, was im Bette liegen bleibt oder bei Tag herumläuft: der Jahreslauf vollzieht sich mikrokosmisch.

Aber betrachten wir jetzt auf der andern Seite dasjenige, was sich im Schlafe trennt: das Ich und den astralischen Leib des Menschen. Da werden wir finden, wenn wir wiederum mit geisteswissenschaftlichen Forschungsmitteln, mit der Inspiration und Intuition vorgehen, daß, während der Mensch schläft, das Ich und der astralische Leib an geistige Mächte hingegeben sind, innerhalb welcher sie bewußt erst in einer späteren Erdenepoche im normalen Zustande werden leben können. Und wir werden sagen müssen: Während des Schlafens, vom Einschlafen bis zum Aufwachen, sind das Ich und der astralische Leib der Welt so entzogen, wie die Erde während der Winterszeit den kosmischen Weiten entzogen ist. – Ich und astralischer Leib sind wirklich während des Schlafes in ihrer Winterszeit. So daß der Mensch während des Schlafes ineinandergemischt hat, was die Erde zunächst nur für ihre entgegengesetzten Kugeloberflächen hat: daß er nämlich in der Tat während des Schlafes in bezug auf sein physisches und ätherisches Wesen Sommerszeit und für sein Ich und astralisches Wesen Winterszeit hat.

Und umgekehrt ist es während des Wachens. Da haben der physische und ätherische Organismus Winterszeit. Das Ich und der astralische Organismus sind hingegeben demjenigen, was ihnen zunächst aus den kosmischen Weiten im wachen menschlichen Zustande entgegentreten kann. Tauchen also Ich und astralischer Leib in den physischen und ätherischen Leib unter, dann sind das Ich und der astralische Leib in der Sommerszeit. Wiederum sind nebeneinander Winterszeit im physisch-ätherischen Organismus, Sommerszeit im Ich und astralischen Organismus.

Wenn Sie die Erde nehmen: sie muß auch auf ihren verschiedenen Gebieten Sommer und Winter zugleich haben, die können Sie aber nicht ineinanderschieben. Im Menschen schieben sich fortwährend mikrokosmisch Sommer und Winter ineinander. Schläft der Mensch, so ist sein physischer Sommer mit dem geistigen Winter vermischt; wacht der Mensch, so ist sein physischer Winter mit dem geistigen Sommer vermischt. Der Mensch hat in der äußeren Natur im Jahreslauf getrennt Winter und Sommer; in sich vermischt er von zwei verschiedenen Seiten her fortwährend Winter und Sommer.

Ist es also im äußeren Naturlaufe so, daß, wenn ich schematisch zeichnen soll, Winterszeit und Sommerszeit nacheinander gezeichnet werden müssen für ein Erdgebiet, also zeitlich sich folgend,

gelb   *grün*

so muß ich für das menschliche Wesen diese beiden Strömungen nebeneinander zeichnen, allerdings in einer eigentümlichen Weise, ich muß sie so nebeneinander zeichnen:

gelb

grün

Also beim menschlichen Wesen ist immer zugleich im Innern Winter und Sommer. Nur wechselt das eine Mal Geist-Sommer mit Körper-Winter, das andere Mal Geist-Winter mit Körper-Sommer.

Was wir also im äußeren Naturlaufe, diesem Kompendium der Naturkräfte und Naturgesetze, in unserer Umgebung so haben, daß es sich für ein Erdgebiet nicht neutralisieren kann, weil es nacheinander wirkt, das neutralisiert sich im menschlichen Wesen, hebt sich da auf. Der Naturlauf ist ein solcher, daß geradeso, wie durch zwei entgegengesetzte Kräfte eine Ruhelage hervorgebracht werden kann, sich auch Unsummen von Naturgesetzmäßigkeiten neutralisieren, aufheben können. Das geschieht im Menschen mit Bezug auf alle äußeren Naturgesetze dadurch, daß er in der gesetzmäßigen Weise schläft und wacht, wie er es eben tut.

Weil sich im Menschen also dasjenige, was nur als Naturnotwendigkeit erscheint, wenn es in der Zeit auseinandergelegt wird, ineinanderschiebt, neutralisiert, macht ihn das zum freien Wesen. Daher gibt es kein Verständnis der Freiheit, wenn der Mensch nicht versteht, wie zu seiner physisch-ätherischen Außennatur, in der Sommer und Winter sein kann, jeweilig die entgegengesetzten Winter und Sommer seines geistigen Lebens neutralisierend hinzukommen.

Sie sehen also, wenn wir in die äußere Natur schauen, bekommen wir Bilder, die wir gar nicht in uns hineinschauen dürfen, weder in den Wach- noch in den Schlafzustand. Wir dürfen sie gar nicht in uns hineinschauen, sondern wir müssen uns sagen: Innerhalb der Menschennatur verlieren diese Bilder des Naturlaufes ihre Gültigkeit, und wir müssen auf etwas anderes hinschauen. – Und wenn uns der Naturlauf innerhalb der Menschennatur nicht mehr stört, bekommen wir die Möglichkeit, auf des Menschen geistig-moralisch-seelische Wesenheit erst recht hinzuschauen. Wir bekommen auf dieselbe Weise ein ethisches, ein moralisches Verhältnis zum Menschen, wie wir zu der Natur ein natürliches Verhältnis bekommen.

Wenn wir mit so gewonnenen Erkenntnissen uns selbst anschauen – es gibt noch vieles andere, das in einer ähnlichen Weise charakterisiert werden kann –, dann bekommen wir ineinandergeschoben, was in dem Zeitenlauf ausgebreitet ist. Schauen wir hinein in unser Inneres, verstehen wir dieses Innere richtig in dem heute dargestellten Sinne, so bringen wir es anders in das Verhältnis zum Zeitenlaufe, als man das heute gewohnt ist.

Die bloß äußerlich-wissenschaftliche Betrachtungsweise schwingt sich nicht dazu auf, sich zu sagen: Wenn du in den Menschen hineinschaust, mußt du zusammenklingend empfinden dasjenige, was im Zeitenlauf nur als einzelne Töne empfunden werden kann. Entwickelst du das geistige Ohr, so klingen im Menschen zusammen in einem Augenblicke die Sommer- und Wintertöne, die man draußen in der Welt hört, wenn man in den Zeitenlauf selber eintritt. – Die Zeit wird wirklich zum Raume. Der Weltenumkreis, auch der Zeit nach, tönt uns entgegen, auseinandergezogen in die Weiten dasjenige, was aus uns selber herausklingt wie aus einem Zentrum, wie in einem Punkte gesammelt.

Da tritt in der Tat der Moment ein, wo wissenschaftliche Betrachtung in künstlerische Betrachtung einmündet, wo Kunst und Wissenschaft einander nicht mehr gegenüberstehen so, wie das im naturalistischen Zeitalter der Fall ist, sondern wo sie sich so gegenüberstehen, wie es zum Beispiel auch, wenn auch in einer nicht sehr starken Nuance, *Goethe* empfunden hat, indem er sagte: Die Kunst eröffnet eine Art Naturgeheimnisse, ohne die man die Natur niemals vollständig versteht. – Man muß die künstlerische Weltengestaltung verstehen von einem gewissen Punkte an. Und hat man einmal diesen Weg gemacht aus der bloßen begriffswissenschaftlichen Gestaltung zum Kunsterkennen hin, dann macht man auch den dritten Schritt, den zur religiösen Vertiefung.

Hat man in sich im Zentrum die physischen und seelischen und geistigen Weltenkräfte zusammenwirkend gefunden, schaut man sie draußen in den Weltenweiten. Das menschliche Wollen erhebt sich zum künstlerischen Schaffen und zuletzt zu einem solchen Verhältnisse zur Welt, das nicht bloß ein passives Erkennen ist, sondern das eine positive Hingabe ist, die ich so charakterisieren möchte, daß ich sage: Der Mensch sieht nicht mehr in abstrakter Weise mit den Kräften seines Kopfes in die Welt hinein, sondern er beginnt mehr und mehr mit seiner ganzen Wesenheit hineinzuschauen. Und das Zusammenleben mit dem Weltenlaufe wird ihm ein Geschehen von anderer Art als das Zusammenleben mit den Alltagstatsachen. Das Zusammenleben mit dem Weltenlauf wird ihm zum Kultus, und es entsteht der kosmische Kultus, in dem der Mensch in jedem Augenblicke seines Lebens darinnenstehen kann.

Von diesem kosmischen Kultus ist jeder Erdenkultus ein symbolisches Abbild. Dieser kosmische Kultus ist das Höhere gegenüber jedem Erdenkultus. Und wenn wir uns richtig durchdringen mit dem, was heute gesagt worden ist, haben wir die Möglichkeit gewonnen, das Verhältnis anthroposophischen Weltenausblickes zu irgendeinem religiösen Kultus zu betrachten. Und das werden wir in den nächsten Tagen tun: die Beziehungen der Anthroposophie zu den verschiedenen Kultusformen ein wenig ins Auge fassen.

Hier an diesem Orte habe ich es öfter ausgesprochen, wie in älteren Zeiten der Menschheitsentwickelung eine harmonische Einheit umschlossen hat Wissenschaft, Kunst und Religion. Wer auf die eine oder andere Art von dem Wesen älterer Mysterien Kenntnis gewinnen kann, der weiß, daß innerhalb dieser Mysterien das Wissen, die Erkenntnis gesucht worden ist als eine Offenbarung des Geistigen in seiner Bildgestalt auf jene Art, wie man es in älteren Zeiten hat suchen können. Diese Art kann nicht mehr die unsrige sein, aber wir müssen in unserem Zeitalter wiederum bis zur Erkenntnis des geistigen Wesens der Welt vorschreiten.

Allen älteren Weltanschauungen liegt eine bildhafte Erkenntnis des Geistigen zugrunde. Diese Erkenntnis des Geistigen lebte sich aber unmittelbar so aus, daß sie nicht bloß im Worte mitgeteilt wurde, sondern durch diejenigen Mittel, die allmählich zu unseren Kunstmitteln geworden sind: die körperlich-bildhafte Darstellung in den bildenden Künsten, die Darstellung durch Ton und Wort in den musikalischen und redenden Künsten. Aber von dieser zweiten Stufe kam es dann zur dritten Stufe, zu der religiös-kultischen Offenbarung des Wesens der Welt, durch die sich der ganze Mensch zu dem göttlich-geistigen Weltengrunde erhoben fühlte, nicht bloß in einer gedankenmäßigen Art, auch nicht bloß in einer gefühlsmäßigen Art, wie durch die Kunst, sondern so, daß Gedanken und Gefühle und auch der innerste Willensimpuls sich an dieses Göttlich-Geistige hingaben. Und dasjenige, durch welches die äußeren Willenshandlungen des Menschen durchgeistigt werden sollten, waren die Opferhandlungen, die Kultushandlungen. Man fühlte die lebendige Einheit in Wissenschaft, so wie man sie sich damals vorstellte, in Kunst, in Religion.

Das Ideal des gegenwärtigen Geisteslebens muß dahin gehen, wiederum eine Erkenntnis zu gewinnen, welche das verwirklichen kann, was *Goethe* schon geahnt hat: daß sie sich erhebt zur Kunst – nicht etwa zur symbolischen oder allegorischen Kunst, sondern zur wirklichen Kunst, zum Schaffen und Formen in Tönen, in Worten –, daß sie sich aber auch vertieft zum unmittelbaren religiösen Erleben. Nur wer anthroposophische Geisteswissenschaft so erfaßt, daß er in ihr diesen Impuls sieht, erfaßt sie eigentlich in ihrem wahren Wesen. Es ist selbstverständlich, daß die Menschheit verschiedene Schritte in ihrer Geistesentwickelung wird machen müssen, um zur Verwirklichung eines solchen Ideales zu kommen. Aber in dem geduldigen Sich-Hingeben an diese Schritte liegt dasjenige, was die anthroposophische Bewegung vorzugsweise betätigen muß.

Nun möchte ich innerhalb dieser hier jetzt zu haltenden anthroposophischen Vorträge von einem besonderen Gesichtspunkte aus gerade über diesen jetzt charakterisierten Impuls der anthroposophischen Bewegung sprechen. Wenn ich meine Ausführungen getan haben werde, werden Sie vielleicht sehen, welches eigentlich die tiefere Veranlassung zu diesen Auseinandersetzungen ist. Und ich möchte im voraus bemerken, daß heute schon anthroposophische Bewegung längst nicht mehr zusammenfällt mit Anthroposophischer Gesellschaft, aber daß die Anthroposophische Gesellschaft, wenn sie ihr Wesen verwirklichen will, tatsächlich voll tragen muß den Impuls der anthroposophischen Bewegung.

Die anthroposophische Bewegung hat weitere Kreise ergriffen als bloß die Anthroposophische Gesellschaft. Das machte notwendig, daß in der letzten Zeit die Art des Wirkens für die anthroposophische Bewegung eine etwas andere sein mußte als in derjenigen Zeit, in welcher im wesentlichen die anthroposophische Bewegung in der Anthroposophischen Gesellschaft beschlossen war. Aber die Anthroposophische Gesellschaft kann nur ihr Wesen erfüllen, wenn sie sich als Kern der anthroposophischen Bewegung fühlt.

Nun muß ich, um nicht bloß theoretisch, sondern real verständlich zu werden, in bezug auf dasjenige, was ich jetzt gesagt habe, Ihnen einiges von dem mitteilen, was sich mit Bezug auf eine andere Bewegung als die anthroposophische es ist, in der letzten Zeit zugetragen hat, weil, wenn ich das nicht täte, leicht Mißverständnisse entstehen könnten. Ich will deshalb heute episodisch erzählen, in welcher Form eine religiös-kultische Bewegung entstanden ist, die mit der anthroposophischen Bewegung allerdings viel zu tun hat, aber nicht mit ihr verwechselt werden sollte: die religiös-kultische Bewegung, welche sich nennt «Bewegung für religiöse Erneuerung», zur Erneuerung des Christentums. Die Stellung dieser Bewegung zur anthroposophischen Bewegung wird verständlich werden, wenn zunächst zum Behufe der Herstellung dieses Verständnisses von den Formen ausgegangen wird, in denen sich diese Bewegung für religiöse Erneuerung entwickelt hat.

Es ist jetzt eine Zeitlang her, da kamen eine geringe Anzahl begeisterter jüngerer Theologen zu mir, christlicher Theologen, die darinnenstanden, ihr theologisches Studium zu beenden, um ins praktische Seelsorgerwirken überzutreten. Sie kamen zu mir und sagten mir etwa dieses: Derjenige, der heute mit einem wirklich hingebungsvollen christlichen Herzen als Studierender aufnimmt die ihm universitätsmäßig gebotene Theologie, fühlt sich zuletzt, wie wenn er für sein zu erwartendes praktisches Seelsorgerwirken keinen festen Boden unter den Füßen hätte. – Die theologisch-religiöse Bewegung hat allmählich Formen angenommen, die ihr nicht gestatten, dasjenige wirklich hineinzugießen in das Seelsorgerwirken, was lebendig ausgehen muß von dem Mysterium von Golgatha, was lebendig ausgehen muß von dem Bewußtsein, daß durch das Mysterium von Golgatha die Christus-Wesenheit, die vorher in geistigen Welten weilte, sich verbunden hat mit dem menschlichen Erdenleben und im menschlichen Erdenleben weiterwirkt. Man machte mir ungefähr bemerklich, daß in den Seelen derer, die da kamen, die Empfindung lebt, daß eine Erneuerung des ganzen theologischen Impulses und des ganzen religiösen Impulses notwendig sei, wenn das Christentum lebendig erhalten werden soll, wenn das Christentum so erhalten werden soll, daß es auch die wirklich lebendige Kraft für unser ganzes geistiges Leben sein kann. Und es ist klar, daß der religiöse Impuls nur dadurch seine wahre Bedeutung hat, daß er den Menschen in seinem Wesen so tief ergreift, daß er allerdings alles andere, was der Mensch aus seinem Denken, Fühlen und Wollen hervorbringt, durchdringt.

Ich bemerkte zunächst denjenigen, die zu mir kamen, damit ich ihnen helfe in dem, was sie anstrebten und woanders nicht finden konnten als da, wo anthroposophische Geisteswissenschaft heute in die Welt tritt, ich bemerkte zunächst diesen nach einer religiösen Erneuerung suchenden Menschen, daß es notwendig sei, nicht aus irgendeinem Einzelenthusiasmus heraus zu wirken, sondern daß es darauf ankommt, dasjenige, was in weiteren Kreisen ein wenn auch mehr oder weniger unbewußt vorhandenes gleiches Streben ist, gewissermaßen zu sammeln. Ich bemerkte diesen Persönlichkeiten, daß ihr Streben selbstverständlich kein vereinzeltes ist, sondern daß sie vielleicht intensiver als manche andere, aber dennoch nur dasjenige in ihrem Herzen fühlten, was zahlreiche Menschen der Gegenwart fühlen, daß aber, wenn es sich handelt um religiöse Erneuerung, zunächst von der breiten Basis ausgegangen werden muß, innerhalb welcher zu finden sind eine größere Anzahl von Menschen, aus deren Herzen heraus das Streben nach religiöser Erneuerung quillt.

Nach einiger Zeit kamen dann die betreffenden Persönlichkeiten wieder zu mir. Sie hatten das als berechtigt durchaus hingenommen, was ich ihnen gesagt habe, und sie bemerkten mir dann, daß sich zu ihnen gesellt hätte bereits eine größere Anzahl jüngerer Theologen, die in der gleichen Lage wären, aus der Unbefriedigtheit des gegenwärtigen theologisch-religiösen Universitätsstrebens heraus in das Pfarramt, das heißt in die praktische Seelsorge überzutreten, und daß Aussicht vorhanden sei, daß der Kreis sich erweitere. Ich sagte: Es ist ganz selbstverständlich, daß es zunächst nicht allein darauf ankommt, daß gewissermaßen eine Anzahl von Predigern und Seelsorgern da sei, und daß nicht nur diejenigen in die religiöse Erneuerung hineingezogen werden sollten, welche zu lehren und die Seelsorge auszuüben haben, sondern vor allen Dingen diejenigen, die mit dem Charakter des reinen hingebungsvollen Bekenners heute zahlreich vorhanden seien; daß man sich bewußt sein müsse, daß zahlreiche Menschen heute in der Welt leben, die – mehr oder weniger dumpf – in ihrem Gemüte einen starken religiösen Trieb haben, und zwar einen spezifisch christlich-religiösen Trieb, daß aber dieser christlich-religiöse Trieb durch dasjenige, was heute nach der Entwickelung, die eben das Theologisch-Religiöse genommen hat, nicht befriedigt werden kann.

Ich deutete darauf hin, wie es also Bevölkerungskreise gibt, die nicht innerhalb der anthroposophischen Bewegung stehen, die auch zunächst keinen Weg finden aus der Verfassung ihrer Seele, aus der Verfassung ihres Herzens heraus zur anthroposophischen Bewegung hin. Ich bemerkte weiter auch, daß für die anthroposophische Bewegung es zunächst darauf ankomme, klar und deutlich das zu durchschauen, daß wir in einem Zeitalter leben, in dem einfach durch die Entwickelung der Welt eine Summe von geistigen Wahrheiten, Wahrheiten über einen wirklichen geistigen Weltinhalt, von den Menschen, wenn sie Geistesforscher werden, gefunden werden könne – wenn sie Geistesforscher werden wollen; daß jedoch, wenn sie nicht Geistesforscher werden wollen, aber nach der Wahrheit streben, wie sie heute dem Menschen sich erschließen muß, wenn er sich seiner menschlichen Würde bewußt ist, von solchen Menschen diese von Geistesforschern gefundenen Wahrheiten verstanden werden können mit dem gewöhnlichen gesunden, aber eben wirklich gesunden Menschenverstand.

Ich bemerkte, daß die anthroposophische Bewegung darauf beruht, daß derjenige, der den Weg findet zur anthroposophischen Bewegung, zunächst weiß, daß es in der Hauptsache darauf ankommt, daß die heute der Menschheit zugänglichen geistigen Wahrheiten die Herzen und die Seelen ergreifen als Erkenntnisse. Alles dasjenige, worauf es im wesentlichen ankommt, ist, daß diese Erkenntnisse zunächst in das menschliche Geistesleben eintreten. Es kommt selbstverständlich nicht darauf an, wie derjenige, der innerhalb der anthroposophischen Bewegung steht, etwa in diesem oder jenem Wissenschaftlichen bewandert ist. In der anthroposophischen Bewegung kann man stehen, ohne daß man irgendwie einen wissenschaftlichen Drang oder eine wissenschaftliche Anlage hat, denn, wie gesagt, für den Menschenverstand, der gesund ist, sind die anthroposophischen Wahrheiten, wenn er sich nur durch kein Vorurteil trüben läßt, durchaus verständlich. Und ich bemerkte: wenn eine genügend große Anzahl von Menschen heute schon aus ihrer Herzens- und Seelenanlage heraus den Weg zur anthroposophischen Bewegung fände, dann würde sich alles dasjenige, was für die religiösen Ziele und religiösen

Ideale notwendig ist, mit der anthroposophischen Erkenntnis allmählich auch aus der anthroposophischen Bewegung heraus ergeben.

Aber es gibt sehr zahlreiche Menschen, welche den angedeuteten Drang und Trieb nach einer religiösen Erneuerung haben, namentlich nach einer christlich-religiösen Erneuerung, und die einfach dadurch, daß sie in gewissen Kulturzusammenhängen drinnenstehen, den Weg in die anthroposophische Bewegung nicht finden können. Für diese Menschen ist das heute Notwendige dies, daß auf eine für sie geeignete Weise der Weg in das der heutigen Menschheit gemäße Geistesleben hinein gefunden werde.

Ich bemerkte, daß es dabei ankommt auf Gemeindebilden, daß dasjenige, was erreicht werden soll, von dem Anthroposophischen zunächst allerdings innerhalb der einzelnen Individualität erreicht werden kann, daß aber aus dieser Erkenntnis heraus, die sich auf individuelle Weise ergibt, ganz durch innere Notwendigkeit jenes soziale Wirken, ethisch-religiös soziale Wirken, folgen müsse, welches die Zukunft der Menschheit braucht.

Es kommt also darauf an, denjenigen Menschen etwas zu geben, die zunächst – man muß da die historisch gegebene Notwendigkeit ins Auge fassen – nicht in der Lage sind, unmittelbar den Gang zur anthroposophischen Bewegung anzutreten. Für sie muß durch Gemeindebilden in herzlichem, seelischem und geistigem Zusammenwirken der Geistesweg gesucht werden, welcher heute der der menschlichen Entwickelung angemessene ist. So daß dasjenige, was ich damals aus den Notwendigkeiten unserer Menschheitsentwickelung heraus diesen suchenden Persönlichkeiten zu sagen hatte, sich etwa zusammenfassen läßt mit den Worten: Es ist notwendig für die heutige Menschheitsentwickelung, daß die anthroposophische Bewegung immer mehr und mehr wachse, wachse aus ihren Bedingungen heraus, nicht gestört werde in diesem Wachsen aus ihren Bedingungen heraus, die namentlich darinnen bestehen, daß jene geistigen Wahrheiten, die einfach aus der geistigen Welt zu uns wollen, zunächst unmittelbar in die Herzen eindringen, so daß die Menschen durch diese geistigen Wahrheiten erstarken. Dann werden sie den Weg finden, der auf der einen Seite ein künstlerischer, auf der andern Seite ein religiös-ethischsozialer sein wird. Diesen Weg geht die anthroposophische Bewegung, seit sie besteht. Für diese anthroposophische Bewegung ist, wenn nur dieser Weg richtig verstanden wird, kein anderer notwendig.

Die Notwendigkeit eines andern Weges ergibt sich für diejenigen Menschen, welche diesen Weg unmittelbar nicht gehen können, welche durch Gemeindebilden, im Zusammenarbeiten innerhalb der Gemeinde, einen andern Weg gehen müssen, der, ich möchte sagen, mit dem anthroposophischen erst später zusammenführt. So daß dadurch die Perspektive eröffnet war für zwei nebeneinanderhergehende Bewegungen: Die anthroposophische Bewegung, die dann ihre wirklichen Ziele erreicht, wenn sie dasjenige, was ursprünglich in ihr lag, wirklich auch sinn- und kraftgemäß verfolgt und sich in dieser Verfolgung nicht beirren läßt durch irgendwelche spezielle Arbeitsgebiete, die sich in ihrem Lauf eröffnen müssen. Auch das wissenschaftliche Arbeitsgebiet darf zum Beispiel nicht beeinträchtigen den Impuls der allgemeinen anthroposophischen Bewegung. Wir müssen uns klar sein darüber, daß der anthroposophische Impuls es ist, der die anthroposophische Bewegung ausmacht, und daß, wenn in der neuesten Zeit diese und jene wissenschaftlichen Arbeitsgebiete innerhalb der anthroposophischen Bewegung geschaffen worden sind, durchaus die Notwendigkeit besteht, daß dadurch die Kraft und Energie des allgemein-anthroposophischen Impulses nicht abgeschwächt werde, daß namentlich nicht in einzelne Wissenschaftsgebiete hinein, in die Denk- und Vorstellungsform einzelner Wissenschaftsgebiete hinein der anthroposophische Impuls so gezogen werde, daß von dem heutigen Wissenschaftsbetrieb, der gerade belebt werden sollte durch den anthroposophischen Impuls, wiederum so viel abfärbt, daß die Anthroposophie etwa chemisch wird, wie die Chemie heute ist, physikalisch wird, wie die Physik heute ist, biologisch wird, wie die Biologie heute ist. Das darf durchaus nicht sein. Das würde an den Lebensnerv der anthroposophischen Bewegung gehen. Es handelt sich darum, daß die anthroposophische Bewegung ihre spirituelle Reinheit, aber auch ihre spirituelle Energie bewahre. Dazu muß sie das Wesen der anthroposophischen Spiritualität verkörpern, muß in ihm leben und weben, muß alles dasjenige tun, was aus den geistigen Offenbarungen der Gegen-

168

wart heraus auch zum Beispiel in das wissenschaftliche Leben eindringen soll.

Nebenher, so meinte ich dazumal, könne eine solche Bewegung für religiöse Erneuerung gehen, die ganz selbstverständlich für diejenigen, die in die Anthroposophie hinein den Weg finden, keine Bedeutung hat, sondern für diejenigen, die ihn zunächst nicht finden können. Und da diese zahlreich vorhanden sind, ist natürlich eine solche Bewegung nicht nur berechtigt, sondern auch notwendig.

Darauf rechnend also, daß die anthroposophische Bewegung das bleibe, was sie war und was sie sein soll, gab ich, unabhängig von aller anthroposophischen Bewegung, einer Anzahl von Persönlichkeiten, die von sich heraus, nicht von mir aus, für die Bewegung für religiöse Erneuerung wirken wollten, dasjenige, was ich in der Lage war zu geben in bezug auf den Inhalt desjenigen, was eine künftige Theologie braucht: den Inhalt auch des Kultusmäßigen, das eine solche neue Gemeinschaftsbildung braucht.

Was da gegeben worden ist, ist von mir durchaus so gegeben worden, daß ich als Mensch andern Menschen dasjenige gegeben habe, was ich ihnen aus den Bedingungen der geistigen Erkenntnis der Gegenwart geben konnte. Das, was ich diesen Persönlichkeiten gegeben habe, hat nichts zu tun mit der anthroposophischen Bewegung. Ich habe es ihnen als Privatmann gegeben, und habe es so gegeben, daß ich mit notwendiger Dezidiertheit betont habe, daß die anthroposophische Bewegung mit dieser Bewegung für religiöse Erneuerung nichts zu tun haben darf; daß aber vor allen Dingen nicht ich der Gründer bin dieser Bewegung für religiöse Erneuerung; daß ich darauf rechne, daß der Welt das durchaus klargemacht werde, und daß ich einzelnen Persönlichkeiten, die von sich aus begründen wollten diese Bewegung für religiöse Erneuerung, die notwendigen Ratschlüsse gegeben habe, Ratschlüsse, die allerdings geeignet waren, einen gültigen und spirituell kräftigen, spirituell von Wesenheit erfüllten Kultus auszuüben, in rechtmäßiger Weise mit den Kräften aus der geistigen Welt heraus zu zelebrieren. Ich selber habe bei der Erteilung dieser Ratschläge niemals irgendeine Kultushandlung ausgeführt, sondern nur denjenigen, die in diese Kultushandlung hineinwachsen wollten, gezeigt, Schritt für Schritt, wie eine solche Kultus-handlung zu geschehen hat. Das war notwendig. Und heute ist es auch notwendig, daß innerhalb der Anthroposophischen Gesellschaft dies richtig verstanden wird.

Die Bewegung ist also begründet worden, unabhängig von mir, un-abhängig von der Anthroposophischen Gesellschaft, lediglich auf meine Ratschläge hin. Und derjenige, der den Ausgangspunkt gebildet hat, der sozusagen die erste Urkultushandlung begangen hat inner-halb dieser Bewegung, hat sie zwar nach meiner Anleitung begangen, nicht aber bin ich irgendwie an der Gründung dieser Bewegung be-teiligt. Sie ist eine Bewegung, die aus sich selbst heraus entstanden ist, und die die Ratschläge von mir bekommen hat aus dem Grunde, weil, wenn jemand berechtigten Rat auf irgendeinem Gebiete fordert, es Menschenpflicht ist, wenn man den Rat erteilen kann, ihn auch wirklich zu erteilen.

So muß im strengsten Sinne des Wortes das verstanden werden, daß sich neben der anthroposophischen Bewegung eine andere Be-wegung aus sich selbst heraus, nicht aus der anthroposophischen Be-wegung heraus begründet hat, begründet hat aus dem Grunde, weil außerhalb der Anthroposophischen Gesellschaft zahlreiche Menschen sind, die den Weg in die anthroposophische Bewegung hinein selber nicht finden, die später mit ihr zusammenkommen können.

Daher muß streng unterschieden werden zwischen dem, was anthro-posophische Bewegung ist, dem, was Anthroposophische Gesell-schaft auch ist, und demjenigen, was die Bewegung für religiöse Er-neuerung ist. Und es ist wichtig, daß man nicht die Anthroposophie für die Begründerin dieser Bewegung für religiöse Erneuerung hält.

Das hat nichts zu tun damit, daß in aller Liebe und auch mit aller Hingabe an diejenigen geistigen Mächte, welche eine solche religiöse Bewegung heute in die Welt hereinsetzen können, die Ratschläge er-teilt worden sind, welche diese religiöse Bewegung zu einer wirklichen geistigen Gemeinschaftsbildung in heute der Menschenentwickelung gemäßem Sinne machen. So daß diese Bewegung dann in richtiger Weise entstanden ist, wenn sie betrachtet das, was innerhalb der anthroposophischen Bewegung ist, als dasjenige, was ihr vorlaufend ist, was ihr den sicheren Boden gibt, wenn sie sich anlehnt ihrerseits an die anthroposophische Bewegung, wenn sie Hilfe und Rat sucht bei denjenigen, welche innerhalb der anthroposophischen Bewegung stehen und so weiter. Gerade mit Rücksicht darauf, daß die Gegnerschaft der anthroposophischen Bewegung heute so geartet ist, daß ihr jeder Angriffspunkt recht ist, müssen solche Dinge völlig klar sein. Und ich muß schon sagen, daß eigentlich jeder, der es ehrlich meint mit der anthroposophischen Bewegung, überall so etwas zurückweisen müßte, wenn etwa gesagt würde: In Dornach ist im Goetheanum und durch das Goetheanum die Bewegung für religiöse Erneuerung begründet worden –, wenn geradezu die anthroposophische Bewegung als die Begründerin hingestellt würde. Denn das ist nicht der Fall. Es ist so, wie ich es eben jetzt dargestellt habe.

Und so habe ich mir vorstellen müssen gerade aus der Art und Weise, wie ich selber dieser Bewegung für religiöse Erneuerung auf die Beine geholfen habe, daß diese Bewegung bei der anthroposophischen Bewegung ihre Anlehnung sucht, daß sie die anthroposophische Bewegung als ihre Vorläuferin ansieht, daß sie Bekenner sucht außerhalb der Anthroposophischen Gesellschaft, und daß sie es als einen schweren Fehler ansehen würde, wenn sie etwa mit derjenigen Bestrebung, die gerade notwendig ist außerhalb der Anthroposophischen Gesellschaft, in die Anthroposophische Gesellschaft hineingreifen würde. Denn die Anthroposophische Gesellschaft wird von demjenigen nicht verstanden, der sich nicht so auffaßt, daß er ein Rater und Helfer sein kann dieser religiösen Bewegung, daß er aber nicht unmittelbar in ihr untertauchen kann. Wenn er dieses tut, so arbeitet er an zweierlei: erstens arbeitet er an der Zertrümmerung und Zerschmetterung der Anthroposophischen Gesellschaft, zweitens arbeitet er an der Fruchtlosigkeit der Bewegung für religiöse Erneuerung. Denn innerhalb der Menschheit müssen doch alle diejenigen Bewegungen, welche in berechtigter Weise entstehen, wie in einem organischen Ganzen zusammenwirken. Das muß aber in der richtigen Weise geschehen.

Es ist für den menschlichen Organismus schlechterdings unmöglich, daß das Blutsystem Nervensystem werde und das Nervensystem Blutsystem werde. Die einzelnen Systeme müssen in reinlicher Trennung voneinander im menschlichen Organismus wirken. Dann werden sie gerade in der richtigen Weise zusammenwirken. Daher ist es notwendig, daß ohne Rückhalt die Anthroposophische Gesellschaft mit ihrem Inhalte Anthroposophie bleibe, ungeschwächt durch die neuere Bewegung; daß derjenige, der versteht, was anthroposophische Bewegung ist, alles das – nun nicht in irgendeinem überheberischen, hochmütigen, sondern in einem mit den Aufgaben unserer Zeit wirklich rechnenden Sinne –, worauf es ankommt, in die Worte zusammenfaßt: Diejenigen, die den Weg einmal in die Anthroposophische Gesellschaft gefunden haben, brauchen keine religiöse Erneuerung. Denn was wäre die Anthroposophische Gesellschaft, wenn sie erst religiöse Erneuerung brauchte!

Aber religiöse Erneuerung wird in der Welt gebraucht, und weil sie gebraucht wird, weil sie eine tiefe Notwendigkeit ist, wurde die Hand zu ihrer Begründung geboten. Richtig werden also die Dinge verlaufen, wenn die Anthroposophische Gesellschaft bleibt, wie sie ist, wenn diejenigen, die sie verstehen wollen, wirklich auch ihr Wesen ergreifen und nicht glauben, daß sie es nötig haben, einer andern Bewegung anzugehören, die ja ihren Inhalt hat, trotzdem es in realem Sinne richtig ist, daß nicht die Anthroposophie begründet hat diese religiöse Erneuerungsbewegung; aber die religiöse Erneuerungsbewegung, die sich selbst begründet hat, hat ihren Inhalt von der Anthroposophie her genommen.

Wer also diese Dinge nicht sinngemäß auseinanderhält, arbeitet, indem er für den eigentlichen Impuls der anthroposophischen Bewegung lässiger wird, daran, Boden und Rückgrat auch für die religiöse Erneuerungsbewegung wegzuschaffen und die anthroposophische Bewegung zu zertrümmern. Derjenige, der, auf dem Boden der religiösen Erneuerungsbewegung stehend, etwa meint, daß er diese auf die anthroposophische Bewegung ausdehnen müsse, entzieht sich selber den Boden. Denn dasjenige, was Kultusmäßiges ist, muß zuletzt sich auflösen, wenn das Rückgrat der Erkenntnis aufgehoben wird.

172

Gerade zum Gedeihen der beiden Bewegungen ist es notwendig, daß sie reinlich auseinandergehalten werden. Daher ist es für den Anfang durchaus notwendig – weil diese Dinge in unserer Zeit, wo alles darauf ankommt, daß wir Kraft entwickeln für dasjenige, was wir wollen –, es ist in der ersten Zeit durchaus notwendig, daß strenge darauf gesehen wird, daß die Bewegung für religiöse Erneuerung nach allen Richtungen in Kreisen wirkt, die außerhalb der anthroposophischen Bewegung liegen. Daß sie also weder in bezug auf die Beschaffung ihrer materiellen Mittel – ich muß schon, damit die Dinge verstanden werden, auch über diese Dinge reden – hineingreift in dasjenige, was die heute ohnedies sehr schwierig laufenden Quellen für die anthroposophische Bewegung sind, ihr also gewissermaßen nicht den materiellen Boden abgräbt, noch daß sie aber auf der andern Seite, weil es ihr nicht gleich gelingt, unter Nichtanthroposophen Bekenner zu finden, nun ihre Proselyten innerhalb der Reihe der Anthroposophen macht. Dadurch wird ein Unmögliches getan, dasjenige getan, was zum Untergang der beiden Bewegungen führen müßte.

Es kommt heute wirklich nicht darauf an, daß wir mit einem gewissen Fanatismus vorgehen, sondern daß wir uns bewußt sind, daß wir das Menschennotwendige nur tun, wenn wir aus der Notwendigkeit der Sache heraus wirken. Dasjenige, was ich jetzt als Konsequenzen sage, war zu gleicher Zeit die Voraussetzung für das Handbieten zur Gründung der Bewegung für religiöse Erneuerung, denn nur unter diesen Bedingungen konnte man die Hand dazu bieten. Wenn diese Voraussetzung nicht gewesen wäre, so wäre durch meine Ratschläge die Bewegung für religiöse Erneuerung niemals entstanden.

Daher bitte ich Sie, eben zu verstehen, daß es notwendig ist, daß die Bewegung für religiöse Erneuerung wisse: daß sie bei ihrem Ausgangspunkte stehenbleiben müsse, daß sie versprochen hat, ihre Anhängerschaft außerhalb der Kreise der anthroposophischen Bewegung zu suchen, weil sie dort auf naturgemäße Weise zu finden ist und weil sie dort gesucht werden muß.

Dasjenige, was ich zu Ihnen gesprochen habe, habe ich nicht aus dem Grunde gesprochen, weil ich etwa besorgt bin, daß der anthroposophischen Bewegung irgend etwas abgegraben werden könnte, ich habe es gewiß nicht gesprochen aus irgendwelchen persönlichen Intentionen heraus, sondern aus der Notwendigkeit der Sache heraus. Mit dieser Notwendigkeit ist auch verbunden, daß verstanden werde, wie allein es möglich ist, in richtiger Weise auf dem einen und auf dem andern Gebiete zu wirken. Es ist schon notwendig, daß für wichtige Dinge klar ausgesprochen wird, um was es sich handelt, denn es besteht gar zu viel Tendenz heute, die Dinge zu verwischen, sie nicht klar zu nehmen. Aber Klarheit ist heute auf allen Gebieten notwendig.

Wenn daher etwa jemand sagen würde: Nun hat der selbst diese Bewegung für religiöse Erneuerung in die Welt gesetzt und spricht jetzt so – ja, meine sehr verehrten Anwesenden und lieben Freunde, es handelt sich darum, daß, wenn ich jemals anders hätte gesprochen über diese Dinge, so hätte ich nicht die Hand geboten zur Begründung dieser Bewegung für religiöse Erneuerung. Sie muß bei ihrem Ausgangspunkt stehenbleiben. Was ich ausspreche, ist selbstverständlich nur ausgesprochen, damit innerhalb der Anthroposophischen Gesellschaft die Dinge richtig verstanden werden, damit nicht etwa, wie es vorgekommen sein soll, gesagt werde: Nun ging es mit der anthroposophischen Bewegung nicht, jetzt wurde die Bewegung für religiöse Erneuerung als das Richtige begründet. – Ich bin zwar überzeugt, daß die ausgezeichneten, hervorragenden Persönlichkeiten, welche die Bewegung für religiöse Erneuerung begründet haben, jeder solchen Legende mit aller Kraft entgegentreten werden, und daß diese hervorragenden, ausgezeichneten Persönlichkeiten es mit aller Kraft ablehnen werden, innerhalb der anthroposophischen Bewegung ihre Proselyten zu machen. Aber es muß das Richtige innerhalb der anthroposophischen Bewegung verstanden werden.

Ich weiß, wie es immer wiederum einzelne gibt, die solche Auseinandersetzungen, die von Zeit zu Zeit notwendig werden – nicht zur Klage nach der einen oder andern Richtung hin, auch nicht zur Kritik, sondern lediglich zur Darstellung desjenigen, was nun einmal in aller Klarheit erfaßt werden sollte –, ich weiß, daß es immer einzelne gibt, denen das unangenehm ist, wenn man an Stelle der nebulosen Unklarheit die Klarheit setzen will. Aber zum Gedeihen, zur Gesundheit sowohl der anthroposophischen Bewegung wie der Bewegung für religiöse Erneuerung ist das durchaus notwendig. Es kann nicht die Bewegung für religiöse Erneuerung gedeihen, wenn sie irgendwie die anthroposophische Bewegung beeinträchtigen wird.

Das aber müssen insbesondere Anthroposophen ganz gründlich verstehen, damit sie überall da, wo es sich darum handelt, für die Richtigkeit der Sache einzutreten, auch wirklich für diese Richtigkeit der Sache eintreten können. Wenn es sich daher um die Stellung eines Anthroposophen zur religiösen Erneuerung handelt, so kann es nur diese sein, daß er Rater ist, daß er dasjenige gibt, was er geben kann an geistigem Gut, daß er, wenn es sich darum handelt, an den Kultushandlungen sich zu beteiligen, sich immer bewußt bleibt, daß er das tut, um diesen Kultushandlungen auf den Weg zu helfen. Ein geistiger Helfer allein für diese religiöse Erneuerungsbewegung kann derjenige sein, der sich als Anthroposoph versteht. Aber nach jeder Richtung hin muß diese Bewegung für religiöse Erneuerung von Menschen getragen werden, die noch nicht den Weg in die Anthroposophische Gesellschaft hinein selber finden können durch die besondere Konfiguration und durch die Anlage ihres Geisteslebens.

Also ich hoffe, daß jetzt nicht irgend jemand geht zu irgend jemandem, der aktiv tätig ist in der religiösen Erneuerungsbewegung, und sagt: In Dornach ist gegen sie dies oder jenes gesagt worden. – Es ist nichts gegen sie gesagt worden; sie ist in Liebe und in Hingebung an die geistige Welt und in berechtigter Weise aus der geistigen Welt heraus mit Ratschlägen so versorgt worden, daß sie sich selbst begründen konnte. Aber von Anthroposophen muß gewußt werden, daß sie sich selbst aus sich heraus begründet hat, daß sie zwar nicht den Inhalt ihres Kultus, aber die Tatsache ihres Kultus aus eigener Kraft heraus, aus eigener Initiative heraus formiert hat; daß das Wesen der anthroposophischen Bewegung nichts zu tun hat mit der Bewegung für religiöse Erneuerung. Es gibt ganz gewiß keinen Wunsch, der so groß sein kann, wie der von mir, daß die Bewegung für religiöse Erneuerung unermeßlich gedeihe, aber unter Einhaltung der ursprünglichen Bedingungen. Es dürfen nicht etwa die anthroposophischen Zweige in Gemeinden für religiöse Erneuerung umgestaltet werden, weder in materieller noch in geistiger Beziehung.

Das mußte ich heute aus dem Grunde sagen, weil ja da Ratschläge für einen Kultus gegeben werden sollten, dessen Gedeihen in der Gegenwart sehr, sehr von mir gewünscht wird. Damit nicht Mißverständnisse entstehen, indem man hinblickt auf diesen so gegebenen Kultus, wenn ich nun überhaupt über die Bedingungen des Kultuslebens in der spirituellen Welt morgen sprechen werde, mußte ich dieses heute als Episode einfügen. Es ist eine episodische Betrachtung zum besseren Verständnis desjenigen, was ich morgen in Fortsetzung der gestern gegebenen Auseinandersetzungen zu sagen haben werde.

ZWÖLFTER VORTRAG

Dornach, 31. Dezember 1922

Ich habe vorgestern davon gesprochen, wie man den Jahreskreislauf auch im Menschen finden kann. Ich habe aufmerksam darauf gemacht, wie die Naturwirkungen, die um uns herum sind, sich gewissermaßen in einem zeitlichen Organismus während eines Jahreskreislaufes abspielen, so daß man eine Art Zusammenwirken, Ineinanderwirken desjenigen schauen kann, was man sonst als einzelne Naturvorgänge, Naturtatsachen sich im Laufe eines Jahres abspielen sieht. Nun ist aber zwischen diesem Naturkreislaufe und seiner Abspiegelung im Menschen der wesentliche Unterschied, daß dasjenige, was für ein gewisses Erdengebiet sich nacheinander abspielt, im Menschen gleichzeitig ist. Zwar ist der Mensch als Ganzes dem Erdenganzen auch dadurch gleich, daß, wenn auf der einen Erdenhälfte Sommer ist, auf der andern Winter ist und so weiter. Aber bei der Erde ist es so, daß die entsprechenden Winterwirkungen einer Gegend und die Sommerwirkungen einer andern Gegend gewissermaßen dem weiten Weltenraume gegenüber voneinander getrennt stehen, so daß, wenn wir die Winterwirkungen einer Gegend, die Sommerwirkungen einer andern Gegend in ihrer Gleichzeitigkeit nehmen, sie auseinanderfließen, sich also gegenseitig in ihrem Dasein nicht irgendwie abschwächen, nicht stören.

Beim Menschen ist es aber so, daß, wenn er schlafend ist, sein physischer Leib und auch sein Ätherleib in einer Art Sommerzustand, in einem sprießenden, sprossenden Leben sind. Das geistige Schauen zeigt uns für den Schlaf, wenn das Ich und der astralische Leib getrennt sind vom physischen und dem Ätherleibe, diesen sprießenden, sprossenden Sommerzustand des physischen und Ätherleibes. Man kann schon sagen, während der Mensch schläft, ist in seinem zurückgelassenen physischen Ätherorganismus aufeinanderfolgend eine Art Frühlings- und Sommerzustand. Aber sein nun doch mit diesem gesamten Menschenorganismus in Wechselwirkung stehender astralischer Leib und sein Ich sind zu derselben Zeit in einer Art Winterzustand. So daß hier gleichzeitig Sommer- und Winterzustand sind, daß sie aber ineinanderwirken, nicht also voneinander abgewendet sind, sondern ineinanderwirken. Ebenso ist es aber auch beim menschlichen Wachzustand. Wenn der Mensch wacht, sind sein physischer und sein ätherischer Leib in einer Art Herbst- und Winterzustand. Dagegen sind, angeregt durch die Eindrücke der Außenwelt, angeregt durch die Gedanken, die sich der Mensch über diese Außenwelt macht, der astralische Leib und die Ich-Organisation in einem vollen Sommer- oder vollen Frühlingszustand. Wiederum wirken da der innere Frühling, der innere Sommer und der innere Winter im Menschen zusammen, sind nicht voneinander abgewendet, sondern durchstrahlen sich.

Das ergibt sich tatsächlich der geisteswissenschaftlichen Forschung, daß gewissermaßen, wenn wir die Gesamterde voll mit dem Menschen vergleichen wollten mit Bezug auf die Vorgänge des Winters und des Sommers, wir die einander entgegengesetzten Erdenhälften umwenden müßten. Beim Menschen ist es so, wie wenn wir bei der Erde den Sommer der einen Hälfte durch Umwendung der Erde unmittelbar auffallen lassen würden auf den Winter der andern Hälfte. Dadurch aber würde tatsächlich etwas entstehen, was damit charakterisiert werden kann, daß man sagt: Die Winterwirkungen heben die Sommerwirkungen, die Sommerwirkungen die Winterwirkungen zu einer Art von Gleichgewichtszustand auf. Das ist ein wichtiges Ergebnis, zu dem bis heute die äußere Wissenschaft nicht gekommen ist und wodurch sie eigentlich die im Menschen wesende Natur ganz verkennen muß. Im Menschen ist das Naturwirken in der Tat so, daß Winter und Sommer – wenn ich dieser Ausdrücke mich bedienen darf, denn sie beziehen sich wirklich auf ein sie rechtfertigendes Geschehen –, daß Sommer- und Winterzustand einander aufheben.

Der Mensch trägt allerdings die ihn umgebende Natur in sich, aber die Wirkungen heben sich gegenseitig auf, und es tritt ein Zustand ein, der wirklich im Grunde genommen das Naturwirken im Menschen zur Ruhe bringt. Wie bei einer Waage, wenn sie an beiden Seiten mit Gewichten beschwert wird, in der Mitte des Waagebalkens ein Ruhepunkt ist, auf den weder die rechte noch die linke Kraftentwickelung wirkt, ein Gleichgewichtszustand in bezug auf das ist, was sonst auf den Waagebalken wirkt, so ist tatsächlich im Menschen eine Ausgeglichenheit entgegengesetzter Naturwirkungen.

Wer den dreigliedrigen Menschen betrachtet, so wie ich ihn im Anhange zu meinem Buche «Von Seelenrätseln» skizziert habe, wirklich richtig betrachtet, wie man es heute noch nicht gewöhnt ist, wird in der Tat folgendes finden. Wir gliedern den Menschen in eine Nerven-Sinnesorganisation, in eine rhythmische Organisation und in eine Stoffwechsel-Gliedmaßenorganisation. Diese drei Organisationen wirken ineinander. Man kann sagen, die Nerven-Sinnesorganisation wirkt hauptsächlich im Kopfe; aber der ganze Mensch ist in gewisser Beziehung funktionell wieder Kopf. Ebenso ist es mit den andern Systemen, der rhythmischen Organisation, der Gliedmaßen-Stoffwechselorganisation.

Nun können wir schematisch den Menschen etwa in folgender Art darstellen, wenn wir auf seine dreigliedrige Wesenheit Rücksicht nehmen. Wir haben also die Nerven-Sinnesorganisation, die rhythmische Organisation und die Gliedmaßen-Stoffwechselorganisation.

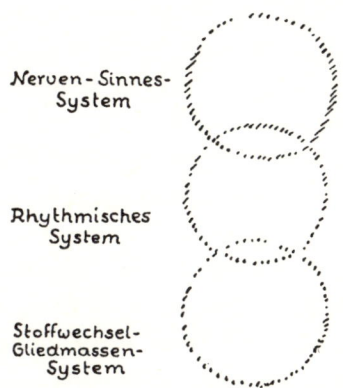

Nerven-Sinnes-System

Rhythmisches System

Stoffwechsel-Gliedmassen-System

Nun ist in der Tat, wenn wir die beiden äußeren Organisationssysteme des Menschen nehmen, die Nerven-Sinnesorganisation und die Stoffwechsel-Gliedmaßenorganisation, ein Gegensatz zwischen beiden vorhanden, der sich für eine geisteswissenschaftliche Anatomie

179

und Physiologie sehr deutlich zeigt. Wenn wir zum Beispiel gehen, so haben wir in unserem Gliedmaßenorganismus eine Bewegung, die sogar eine Bewegung im Raume ist. Dieser Bewegung entspricht in einem gewissen Teil unserer Nerven-Sinnesorganisation, in einem gewissen Teil unserer Kopforganisation eine Ruhe in demselben Maße, in dem die Gliedmaßenorganisation in Bewegung ist. Ich bitte Sie, den Versuch zu machen, die Sache richtig zu verstehen. Ich habe gesagt «in demselben Maße in Ruhe ist». Ruhe nimmt man gewöhnlich als einen absoluten Begriff. Wer sitzt, der sitzt, und man unterscheidet nicht, ob man mit mehr Intensität sitzt oder mit weniger Intensität. Man hat auch für das gewöhnliche Leben in einer gewissen Beziehung recht damit. Da unterscheiden sich diese Dinge nicht sehr stark voneinander.

Aber mit unserer Nerven-Sinnesorganisation ist es anders. Wenn wir schneller laufen, wenn wir mit unserer Gliedmaßenorganisation schneller laufen, so ist eine gewisse Ruhetendenz in unserer Nerven-Sinnesorganisation, die als Ruhetendenz, als Ruhigbleibenwollen, stärker ist, als wenn wir langsam gehen. Und allem, was mit unserer Gliedmaßenorganisation vor sich geht, auch was mit unserer Stoffwechselorganisation vor sich geht, wenn zum Beispiel die Nahrungssäfte ihren Weg durch die Bewegung der Gedärme machen, entspricht eine Ruhetendenz in unserem Nerven-Sinnesorganismus. Es drückt sich das auch äußerlich aus.

Der Kopf, welcher der hauptsächlichste Sitz des Nerven-Sinnesorganismus ist, ist eigentlich in bezug auf unseren Gliedmaßenorganismus ein Faulpelz. Er benimmt sich ungefähr so, wie einer, der sich bequem in eine Droschke setzt und vom Pferde fahren läßt. Der bleibt ruhig. So ist unser Kopf fortwährend ruhig sitzend auf unserem übrigen Organismus. Es interessiert ihn nicht einmal, wenn ich zum Beispiel mit den Armen fuchtele. Da bewirkt das Fuchteln mit meinem linken Arm eine ruhige Tendenz in meiner rechten Kopfhälfte, wenn ich mit dem rechten Arme fuchtele, bewirkt das eine ruhige Tendenz in meiner linken Kopfhälfte. Und durch diese ruhige Tendenz ist es möglich, daß wir unsere Bewegungen mit Gedanken, mit Vorstellungen begleiten.

180

Es ist ganz unrichtig, wenn etwa eine materialistische Weltanschauung meint, Vorstellungen beruhen auf Nervenbewegungen. Sie beruhen im Gegenteil, wenn sie Vorstellungen von irgendeiner Bewegung im Raume sind, auf ruhigen Tendenzen des Nervensystems. Das Nervensystem beruhigt sich, und dadurch, daß sich das Nervensystem beruhigt, sich sogar in seiner Lebenstätigkeit abdämpft, dringen in diese Ruhe die Gedanken ein, werden wirklich. Wer am Menschen geisteswissenschaftlich zu beobachten vermag, was sich beim Denken, beim Vorstellen abspielt, der kann unmöglich Materialist werden, weil er weiß, daß in demselben Maße die Gedanken regsam und tätig wirken als geist-seelische Substanz, in dem gerade die Nerven ruhig werden und sogar an Lebensintensität verlieren, sogar abgelähmt werden. Das Nervensystem muß durch Aufhören seiner materiellen Tätigkeit dem Geist-Seelischen der Gedanken erst Platz machen. Gerade an solchen Dingen sehen wir, warum wir einen Materialismus haben. Wir haben einen Materialismus seit der Zeit, wo die Wissenschaft die Materie nicht kennt. Das ist gerade das Charakteristische der materialistischen Wissenschaft, daß sie keine Ahnung hat von dem Wesen der materiellen Vorgänge und ihnen daher allerlei Dinge andichtet, die nicht da sind.

Da sehen Sie schon, wie entgegengesetzte Zustände, die aber nach einem Gleichgewichte tendieren, im Menschen vorhanden sind. Geradeso wie im Hochsommer entgegengesetzte Naturwirkungen im Verhältnisse zum Tiefwinter vorhanden sind, so verteilen sich auch auf den menschlichen Organismus entgegengesetzte Wirkungen, die aber einander das Gleichgewicht halten. Wir werden aber nur dann richtig über diese einander entgegengesetzten, einander das Gleichgewicht haltenden Wirkungen denken, wenn wir den Menschen noch in folgender Weise gliedern. Wenn wir sein mittleres System, sein rhythmisches System in zwei Teile gliedern, so unterscheiden wir im wesentlichen – es ist nicht ganz genau – den Atmungsrhythmus und den Blutzirkulationsrhythmus, und dann sprechen wir von einem oberen mittleren rhythmischen System und einem unteren mittleren rhythmischen System. Dann aber ist in der Mitte dieses rhythmischen Systems zwischen dem Oben und Unten diejenige Partie des Menschen, die am meisten zum Gleichgewicht strebt, weil sie von oben und unten in entgegengesetzter Weise von Naturwirkungen durchzogen, beeinflußt, beeindruckt wird.

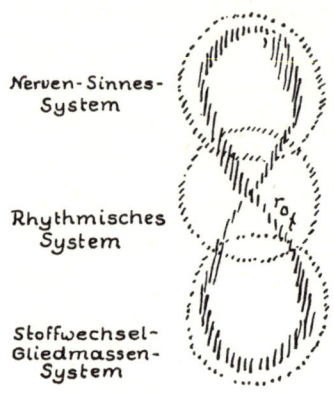

Nerven-Sinnes-System

Rhythmisches System

Stoffwechsel-Gliedmassen-System

Will ich daher in meine schematische Zeichnung hier diesen Tatbestand von den entgegengesetzten Naturwirkungen im Menschen einfügen, so muß ich diese schematische Zeichnung in der folgenden Weise (rot) ergänzen: ich habe in dem oberen Teil dieser Achterlinie schematisch umgrenzt die Naturwirkungen, welche in entgegengesetzter Art gerichtet sind als diejenigen Naturwirkungen, die ich umgrenzt habe mit dem unteren Teil der Achterlinie.

So zerfällt der Mensch gewissermaßen in zwei Hälften, in ein Oberes und in ein Unteres. Das Obere umfaßt das Nerven-Sinnessystem, das sich natürlich über den ganzen Menschen ausdehnt. Die Zeichnung ist schematisch. Manchmal muß man hier das «Oben» in der großen Zehe suchen, weil dort auch Nerven-Sinnesorgane sind. Also die Zeichnung ist schematisch, aber Sie werden sich leicht diese schematische Zeichnung auf die Wirklichkeit angewendet denken können. Ich habe also mir vorzustellen, wie auf der einen Seite das Nerven-Sinnessystem und dazugehörig im wesentlichen das Atmungssystem, auf der andern Seite, wie das Blutzirkulationssystem und das Stoffwechsel-Gliedmaßensystem entgegengesetzte Naturwirkungen haben. Die heben sich gegenseitig auf.

Dasjenige Organ im Menschen, in dem der Ausgleich stattfindet, in dem eigentlich von unten nach oben und von oben nach unten fortwährend nach Gleichgewicht gestrebt wird, das ist das menschliche Herz, das nicht etwa im Sinne der heutigen Physiologie eine Pumpe ist, die das Blut durch den Leib pumpt, sondern welches darstellt das Gleichgewichtsorgan für das obere und untere System des Menschen. So daß sich auch im äußeren physischen Organismus des Menschen das, was geistig in ihm bewirkt wird, dadurch ausdrückt, daß immer gleichzeitig in ihm sich Sommer- und Winterwirkungen aufheben.

Auf irgendeinem Erdengebiete kann nur dadurch Winter sein, daß nicht gleichzeitig Sommer ist, sonst würde der Sommer den Winter in einen Gleichgewichtszustand bringen, das heißt, es wäre kein Sommer und kein Winter da, sondern ein Gleichgewichtszustand. So ist es aber wirklich im Menschen. Der Mensch ist in sich ein Stück Natur, aber weil die Naturwirkungen im menschlichen Organismus einander entgegengesetzt gerichtet sind, heben sie sich auf, und der Mensch ist so, wie wenn er gar nicht Natur wäre. Dadurch ist der Mensch aber ein freies Wesen. Man darf auf ihn nicht die Gesetze der Naturnotwendigkeit anwenden, denn es gibt nicht eine Naturnotwendigkeit, sondern zwei einander entgegengesetzt orientierte Naturwirkungen, und die heben sich im Menschen auf. Und in diesem Gebiete sich aufhebender Naturwirkungen ist nun das Geist-Seelische des Menschen, unbeeinflußt von den Naturwirkungen, und muß aus seiner eigenen Gesetzlichkeit heraus erkannt werden. Sie sehen daraus, wie wir zu fundamentaler Umfassung der Beobachtung gehen müssen, wenn wir den Menschen verstehen wollen, und wie eigentlich die bloße Anwendung der äußeren Naturgesetze, die immer nur nach einer Richtung orientiert sind, auf den Menschen nicht angängig ist.

Nun aber, nachdem wir uns auf der einen Seite die eigentliche menschliche Wesenheit vor die Seele gestellt haben, betrachten wir einmal, was das für eine Konsequenz hat. Man lernt den Menschen erst kennen, wenn man ihn so betrachtet: er trägt ein Stück Natur in sich, so daß sich die entgegengesetzten Naturwirkungen aufheben. Lernt man aber nun dieses Stück Natur durch geisteswissenschaftliche Anschauung kennen, so zeigt es sich für den Schlafzustand des Menschen in bezug auf den physischen und den Ätherleib als in sich durchdrungen von mineralischen und pflanzlichen Wirkungsweisen, die, wenn wir nur auf das hinschauen, was beim schlafenden Menschen im Bette zurückgeblieben ist, den sommerlichen Zustand darstellen. Aber jetzt lernt man dadurch, daß man in der richtigen Weise dieses sprießende, sprossende Leben betrachten kann, es erst in seiner wahren Bedeutung kennen. Wann sprießt es, wann sproßt es? Wenn das Ich und der astralische Leib nicht dabei sind, wenn das Ich und der astralische Leib während des Schlafens draußen sind. Und woher kommt denn das Sprießen und Sprossen? Das zeigt sich gerade durch geisteswissenschaftliche Betrachtung.

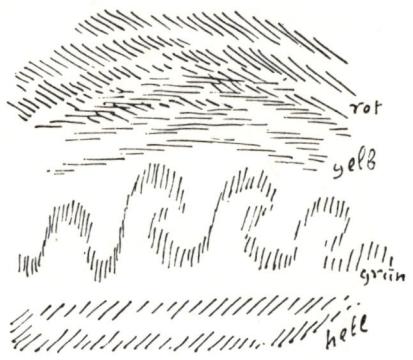

Wenn ich Ihnen dies schematisch zeichnen wollte, so müßte ich es in folgender Art tun. Das wäre das Schema des schlafenden Menschen (hell, grün, gelb, rot). Die untere hell-grüne Linie ist der im Bette liegende physische Leib und Ätherleib, der sich für die geisteswissenschaftliche Anschauung zeigt, wie Erdboden, Mineralisches, aus dem herausprießt das pflanzliche Leben, natürlich in anderer Form, aber erkennbar für die geisteswissenschaftliche Anschauung. Darüber glimmt wie eine Flamme, die sich nicht nähern kann, das Ich und der astralische Leib, dargestellt in der rot-gelben Linie, die darüber ist. Man hat also gewissermaßen, wenn man den Menschen im Schlafe betrachtet, sprießendes, sprossendes Erdenstück im Bette und zu ihm gehörendes, abgesondertes glimmendes Astral-Ichliches.

184

Wie ist es im Wachen? Nun, da müßte ich das Schema in folgender Weise (hell, rot, grün, gelb) gestalten: welkendes, untenliegendes Mineralisches, Pflanzliches, und gleichsam dieses Mineralische, Pflanzliche verbrennend, in es hineinglimmend, das Astralisch-Ichliche. Da haben wir also den wachenden Menschen mit in sich zerbröckelndem Seelischen, Mineralischen, welkendem Pflanzlichen. Es zerbröckelt das Mineralische während des Tagwachens im Menschen. Das vegetabilische Wirken macht gleichsam überall einen solchen Eindruck – wenn es auch ganz anders ausschaut – wie die Bäume im Herbste, wie die niederhängenden, welkenden Pflanzenblätter, alles ersterbend, abnehmend, aber wie von Flammen, von Flämmchen durchglüht und durchglimmt. Diese Flammen und Flämmchen, die das durchglühen und durchglimmen, sind der im physischen Leibe und Ätherleib lebende astralische Leib und das Ich. Und die Frage taucht auf: Ja, wie ist es denn nun eigentlich mit dem flammenden Glimmen während des Schlafes, wo es abgesondert ist im Ich und astralischen Leib von dem physischen und Ätherleibe?

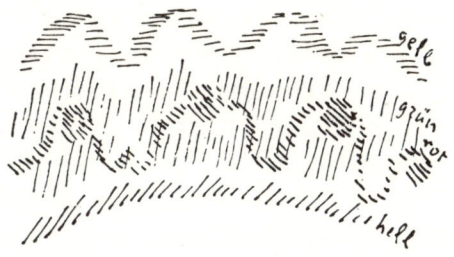

Wenn man dem nun mit geisteswissenschaftlicher Forschung zu Leibe rückt – und das können Sie aus der Zusammenhaltung verschiedener Darstellungen, die ich im Laufe der Zeit gegeben habe, gewissermaßen sich selber als Konsequenz bilden –, so kommt man auf das Folgende. Dasjenige, was da zunächst vor allen Dingen das Flammen und Glimmen des Ich und astralischen Leibes herausstößt und was dann das sprießende, sprossende, vegetabilische Leben des sommerlichen, schlafenden physischen Leibes und dieses in sich auch eine Art Leben entwickelnde Mineralische anregt, was da bewirkt, daß die Bröselchen, möchte ich sagen, die Teilchen, das Atomisierende des Mineralischen im physischen Leibe wiederum so ausschaut, als ob sich die Atome auflösen würden, als ob sich aus dem Ganzen eine kontinuierliche, in sich bewegliche, überall regsame, mineralflüssigluftförmige Masse bildete, die überall von sprossendem Leben durchzogen ist – diese innere Kraft, die das bewirkt, was ist sie? Nun, das, was dadrinnen vibriert, während wir schlafen, im physischen und im Ätherleibe, das ist die noch nachklingende Welle unseres Lebens vom vorirdischen Dasein. Die bringen wir während unseres wachen Erdenlebens zum Stillstand.

Wenn dieses flammende Flimmern des astralischen Leibes und des Ichs eins sind mit dem physischen und Ätherleib, dann bringen wir jene Anregungen, die während des Schlafes aus dem vorirdischen Leben vorhanden sind, zur Ruhe. Und jetzt lernen wir erst aus dem, was wir an uns selber lernen, in richtiger Weise auf die äußere Natur hinzuschauen, lernen hinzuschauen auf diese äußere Natur so, daß wir uns sagen: Alles, was in der äußeren Natur regsam ist an Naturgesetzen, an Naturkräften im mineralischen und im vegetabilischen Leben, das ist gleich demjenigen, was in uns während des Schlafes mineralisches und vegetabilisches Leben ist, sommerliches, sprießendes, sprossendes Leben. – Das heißt, gerade so, wie wir, wenn wir unseren schlafenden physischen und Ätherleib betrachten, auf unsere Vergangenheit gewiesen werden, auf das Geistleben, das wir im vorirdischen Dasein gehabt haben, so weist uns die äußere Natur, insofern sie mineralisch und vegetabilisch ist, hin auf die Vergangenheit.

Wenn wir richtig verstehen wollen die wirksamen Naturkräfte und Naturgesetze in der uns umgebenden Natur, mit Ausnahme des Tierischen und des Physisch-Menschlichen, dann müssen wir uns sagen: In den Naturgesetzen und Naturkräften werden wir hingewiesen auf die Vergangenheit der Erde, auf das Ersterben der Erde. – Wenn wir uns also Gedanken über die äußere Natur machen, so sind diese Gedanken gewidmet dem ersterbenden Elemente des Erdendaseins. Soll dieses ersterbende Erdendasein wiederum belebt werden, Zukunftsimpulse in sich haben, dann kann es nur auf dieselbe Weise geschehen, wie es beim Menschen geschieht, dadurch, daß sich in das Mineralische und Vegetabilische Seelisches und Geistiges hineinschieben. Seelisches schiebt sich bei den Tieren hinein, Geistiges dann beim Menschen.

Dadurch aber teilt sich uns das gesamte Weltenwesen eigentlich in zwei Glieder. Wir schauen in die äußere Natur hinaus, und insofern sie – und das ist die Hauptsache in der äußeren Natur – mineralischer und pflanzlicher Art ist, dürfen wir sie nur vergleichen mit unserem schlafenden physischen und ätherischen Organismus. Wenn wir auf die äußeren physischen Wirkungen sehen, so müssen wir uns auch sagen: Von diesen Wirkungen der äußeren Natur im Mineralischen und Vegetabilischen hängen auch alle andern physischen Wirkungen ab. – Denn wenn Sie die physischen Wirkungen ansehen, die sich an die Ernährung der Wesen knüpfen, so müssen Sie sagen: Es beginnt die Ernährung mit der Aufnahme der mineralischen und pflanzlichen Stoffe. Das Tier verarbeitet sie dann weiter mit der Ernährung für den Menschen. – Aber zunächst hängt alles, was äußere Natur ist, in ihren äußeren physischen und auch ätherischen Wirkungen von solcher Wesenheit ab, die wir in unserem schlafenden physischen und ätherischen Organismus finden. Was wir aber in uns tragen als das Ich und den astralischen Organismus, was zum Beispiel während des Wachzustandes – wo der physische und ätherische Organismus in ihrem Winterschlafe sind, wenn ich mich so ausdrücken darf, es ist natürlich paradox zu der Wirklichkeit, wie Sie verspüren – in dem Sommerzustand ist, angeregt durch die äußeren Sinneswirkungen und durch die sich bildenden Gedanken, das bildet mit dem Winterzustand des physischen und ätherischen Leibes ein Gleichgewicht.

Aber wer nun geisteswissenschaftlich zu Werke geht, findet, wenn auch das, was er beim Menschen in Gleichzeitigkeit zu denken hat, für den Zeitenjahreslauf getrennt ist, immer doch zu dem Winterzustand der Erde einen geistigen Sommerzustand dazugehörig, zu dem Sommerzustand einen geistigen Winterzustand. Nur daß diese auf der Erde nicht einen Gleichgewichtszustand bilden, sondern sich an entgegengesetzten Erdenhälften geltend machen, so daß bei der Erde es so ist, daß der physische Winterzustand gestärkt wird durch den seelisch-geistigen Winterzustand, der physische Sommerzustand verstärkt wird durch den geistigen Sommerzustand. Damit aber ist darauf hingedeutet, daß so, wie der Mensch seine Vergangenheit und seine Gegenwart in sich trägt, auch die ganze uns umgebende Natur ihre Vergangenheit und ihre Gegenwart in sich trägt.

Wir haben Gegenwart eigentlich nur in unserem physischen Leibe in bezug auf die ihn durchdringende Tätigkeit und Gesetzmäßigkeit, wenn wir wachen. Wir haben das Hereinwirken der Vergangenheit, und zwar einer Vergangenheit, die im Geistigen zugebracht worden ist, für den physischen und ätherischen Organismus im Schlafzustand. Das Entsprechende finden wir auch in der uns vorliegenden, auf uns wirkenden mineralischen und vegetabilischen Natur: sie sind im Grunde genommen die Ergebnisse vergangenen Daseins, und Gegenwart werden sie nur dadurch, daß die Erde ebenso umhüllt wird von Geistig-Seelischem, wie der Mensch durchdrungen wird von Geistig-Seelischem. Und in der Gegenwart ist bereits der Keim zur Zukunft.

Aber wenn es wahr ist – und es ist wahr, was ich Ihnen dargestellt habe –, daß wir im physischen und im ätherischen Organismus, gerade wenn sie unabhängig von geistig-seelischer Tätigkeit sind, Wirkungen der Vergangenheit in uns haben, dann dürfen wir das Hinüberwirken in die Zukunft nur in unserem Ich und in unserem astralischen Leibe suchen, dürfen aber auch für die Erde die Zukunft nur im Geistigen suchen.

Der Mensch ist heute so weit, daß er durch selbstverständlich elementarische Gewalten das Ich und den astralischen Leib hinzugesellt hat zum physischen und ätherischen Organismus. Die mineralische und pflanzliche Erdenwelt hat das noch nicht hinzugesellt. Sie umhüllen geistig und seelisch die Erde, aber sie durchdringen nicht die mineralische und vegetabilische Wirkungsweise der Erde. Die mineralische Wesenheit der Erde zeigt sich, so wie wir sie vor uns haben, wie etwas, das den Geist und die Seele nicht in sich hineinläßt, sondern sich nur umglimmen und umhüllen läßt von Geist und Seele.

Die pflanzliche Natur zeigt sich so, daß sie das Seelische auch nicht in sich hineinläßt, aber sich in ihren obersten Partien in gewisser Weise, ich möchte sagen, berührt mit dem Geistig-Seelischen. Denn für die geisteswissenschaftliche Forschung zeigt sich bei der Pflanze das Folgende: Wenn ich unten die Wurzel, in der Mitte den Stengel und oben die Blüte der Pflanze habe, so habe ich diese Blüte so anzusehen, daß sich in der Blüte die nach oben strebende Pflanze mit dem Astralischen berührt, das nicht in sie eindringt, aber sie berührt. Dadurch entsteht die Blüte, daß eine Berührung zwischen dem obersten Teil der Pflanze und dem Astralischen, das die Erde umhüllt, eintritt. Ich habe das öfters ausgesprochen in einem Vergleiche, der aber natürlich entsprechend dezent genommen werden muß, daß das Blühen der Pflanze im wesentlichen der Kuß ist, den die Sonne, das Sonnenlicht, mit der Pflanze selber austauscht. Das ist eine Astralwirkung, die aber ein bloßes Berühren ist.

Wenn wir also hinausschauen in die uns umgebende Natur, dann sehen wir nicht unmittelbar in dem Mineralischen, in dem Pflanzlichen dasselbe, was wir in uns als Menschen sehen. In uns als Menschen sehen wir zusammengehörig eine mineralische Natur, eine pflanzliche Natur, eine astralische Natur, eine Ich-Natur. Die Tiere müssen wir jetzt abrechnen. Wir werden in der Zukunft noch über sie sprechen. Aber das, wovon die physischen Wirkungen im wesentlichen abhängen, müssen wir in der mineralischen und pflanzlichen Welt finden. Die zeigt sich uns, ich möchte sagen, in der äußeren Natur entblößt vom Astralgedanklichen und von dem, was Erlebnis des Ichs ist: dem selbstbewußten Geistsinn. Die sind nicht draußen, nicht im Mineralischen, nicht im Pflanzlichen. Das Mineralische und Pflanzliche sind im Grunde genommen Ergebnisse der Vergangenheit.

Wer richtig den mineralischen Boden, die heraussprießenden Pflanzen auf der Erde betrachtet, muß sich eigentlich gegenüber dem Erdenleben sagen: In euch Kristallformen, in euch Bergesgebilden, in euch sprießenden und sprossenden Pflanzen schaue ich die Denkmäler des einstmals Schaffenden, Lebenschaffenden, das ersterbend ist. Aber im Menschen selber – wenn wir in der richtigen Weise dieses Ersterbende zu gliedern verstehen, dieses aus dem vorirdischen Dasein Hereinkraftende und im physischen und ätherischen Leibe sich Ablähmende, Ersterbende – sehen wir den physischen und ätherischen Organismus von demjenigen durchsetzt, was in die Zukunft hinüberleuchtet von dem astralischen und Ich-Wesen, was als gedanklich vorstellungsgemäßes Leben sich auf der Gleichgewichtslage der Naturwirkungen in freier Weise im Menschen entfaltet.

Wir sehen gewissermaßen im Menschen nebeneinander Vergangenheit und Zukunft. Wenn wir in die Natur hineinschauen, insofern sie mineralisch und vegetabilisch ist, sehen wir bloße Vergangenheit. Dasjenige, was im Menschen schon in der Gegenwart als Zukunft wirkt, das gibt ihm gerade das Wesen der Freiheit. Dieses Wesen der Freiheit ist in der äußeren Natur nicht vorhanden. Wäre die äußere Natur dazu verurteilt, so zu bleiben, wie sie durch ihr mineralisches und pflanzliches Reich ist, so wäre sie auch dazu verurteilt, zu sterben, so wie der bloß physische und ätherische Organismus des Menschen stirbt im Weltenall. Der physische und der ätherische Organismus sterben, der Mensch stirbt nicht, weil die astralische Wesenheit und die Ich-Wesenheit in ihm nicht den Tod, sondern das Werden, das Entstehen in sich tragen.

Soll daher die äußere Natur nicht ersterben, dann muß ihr das gegeben werden, was der Mensch durch seinen astralischen und durch seinen Ich-Leib hat. Das heißt, da er durch seinen astralischen Leib und durch seinen Ich-Leib selbstbewußte Vorstellungen hat, so muß der Mensch, wenn er der sonst ersterbenden Erde die Zukunft sichern will, dasselbe in sie hineinstellen, was in ihm übersinnlich-unsichtbar ist. So wie er erwarten muß von dem, was in ihm übersinnlich und unsichtbar ist, die Wiederverkörperung in einem nächsten Erdendasein, dieses nicht erwarten kann von seinem absterbenden physischen und ätherischen Leibe, so kann auch nicht von dem, was mineralische und pflanzliche Erdkugel ist und als solche uns umgibt, eine Zukunft der Erde entstehen. Einzig und allein, wenn wir in diese Erde hineinzustellen vermögen etwas, was sie nicht hat, kann eine Zukunfterde entstehen. Aber das, was nicht von selbst auf der Erde vorhanden ist, das sind in erster Linie die wirksamen Gedanken des Menschen, die in seinem selbständigen, vom Gleichgewichtszustande in ihm unabhängigen Naturorganismus weben und leben. Verwirklicht er diese selbständigen Gedanken, dann gibt er der Erde Zukunft. Aber dazu muß er sie erst selber haben, diese selbständigen Gedanken, denn alle Gedanken, die wir uns machen über das, was ersterbend in der gewöhnlichen Naturerkenntnis ist, sind Spiegelgedanken, sind keine Wirklichkeiten. Die Gedanken, die wir aufnehmen aus der Geistesforschung, werden belebt in Imagination, Inspiration, Intuition. Nehmen wir sie auf, dann sind sie selbständig im Erdenleben existierende Gebilde.

Von diesen schöpferischen Gedanken konnte ich einstmals in meinem kleinen Büchelchen über die Erkenntnistheorie der Goetheschen Weltanschauung sagen: Dieses Denken stellt dar die geistige Form des Kommunizierens der Menschheit. – Denn indem der Mensch sich überläßt seinen Spiegelgedanken über die äußere Natur, wiederholt er nur die Vergangenheit, lebt er in Leichnamen des Göttlichen. Indem er seine Gedanken selber belebt, verbindet er sich durch seine eigene Wesenheit, kommunizierend, die Kommunion empfangend, mit dem die Welt durchdringenden, ihre Zukunft sichernden Göttlich-Geistigen.

So ist spirituelle Erkenntnis eine wirkliche Kommunion, der Beginn eines der Menschheit der Gegenwart gemäßen kosmischen Kultus, der dann wachsen kann dadurch, daß der Mensch nun gewahr wird, wie er seinen physisch-mineralischen und seinen vegetabilischen Organismus mit seinem astralischen und Ich-Organismus durchzieht, wie er dadurch, daß er in sich selber den Geist lebendig macht, nun auch in das, was sonst als Totes, als Ersterbendes ihn umgibt, den Geist hineinbannt.

Da erlebt es dann der Mensch, daß, wenn er auf seinen in festem Zustand wirkenden Organismus hinsieht, er sich in diesem verbunden fühlt mit der Sternenwelt, insofern sie ruhendes Wesen ist. Insofern die Sternenwelt ruhendes Wesen ist, zum Beispiel sich in den Bildern des Tierkreises ruhig im Weltenraum zur Erde verhält, insofern ist der Mensch zusammenhängend mit seinem physischen Organismus mit diesen Formgebilden des Weltenraumes. Aber indem er in sie, in diese Formgebilde, einströmen läßt sein Geistig-Seelisches, wandelt er selber die Welt.

Ebenso ist der Mensch durchzogen von seinem Säftestrom. Im Säftestrom lebt schon der ätherische Organismus. Dasjenige, was das Blut in uns kreisen läßt, was die andern Säfte in uns in Bewegung bringt, ist der ätherische Organismus. Mit diesem ätherischen Organismus steht der Mensch nun in Verbindung, ich möchte sagen, mit den Sternentaten, mit der Bewegung der Planeten. Geradeso wie die ruhenden Bilder des Fixsternhimmels auf die in sich fixe Form des menschlichen Organismus wirken oder mit ihr in Beziehung stehen, so mit dem Säftestrom die Planetenbewegungen des Planetensystems, zu dem wir gehören.

Aber so, wie es im unmittelbaren Anblicke ist, ist das eine tote Welt. Der Mensch wandelt sie von seinem eigenen Geistigen aus, wenn er von seinem Geistigen der Welt mitteilt, indem er die Gedanken belebt zur Imagination, Inspiration, Intuition, indem er die geistige Kommunion der Menschheit vollführt.

Davon muß der Mensch zuerst ein Bewußtsein haben. Dieses Bewußtsein muß immer lebendiger und immer reger erhalten werden, dann findet der Mensch immer mehr und mehr den Weg zu dieser geistigen Kommunion.

Ich möchte Ihnen heute nur eine kleine Grundlage dafür geben, indem ich Ihnen zunächst mitteile jene Worte, die, wenn man sie richtig auf die Seele wirken läßt, wenn man sie immer wiederum in der Seele lebendig macht, so daß man ihren vollen Sinn, ihren beweglichen Sinn in der Seele erlebt, etwas in der Menschenseele entstehen lassen, wodurch das Tote in der Welt, mit dem der Mensch in Beziehung steht, sich in ein Lebendiges umwandelt, wodurch die Vergangenheit belebt wird, damit sie aus ihrer Totheit das Leben der Zukunft werden kann. Das kann nur geschehen, wenn man in folgender Weise sich seiner Zusammengehörigkeit mit dem Kosmos bewußt wird. Ich werde eine erste Formel aufschreiben nach dieser Richtung:

Es nahet mir im Erdenwirken

– ich stelle mir vor den Erdenstoff, den ich aufnehme mit demjenigen, was das feste Gebilde meines Organismus bildet –

Es nahet mir im Erdenwirken,
In Stoffes Abbild mir gegeben,
Der Sterne Himmelswesen –

Es ist ja so, daß, wenn wir hinschauen auf irgendein Gebilde der Erde, das wir als unsere Nahrung in uns aufnehmen, wir in ihm dann ein Abbild haben der ruhigen Sterngruppierungen. Das nehmen wir auf. Wir nehmen das Sternenwesen, das Himmelswesen in uns auf mit dem Stoff der Erde, der im Erdenwirken enthalten ist. Aber wir müssen uns bewußt sein, daß wir als Menschen in unserem Wollen, in unserem von Liebe durchzogenen Wollen dasjenige, was Stoff geworden ist, in Geist zurückwandeln, eine wirkliche Transsubstantiation vollziehen, wenn wir uns unseres Darinnenstehens in der Welt bewußt werden, so daß das gedanklich-geistige Leben in uns lebendig wird.

> Es nahet mir im Erdenwirken,
> In Stoffes Abbild mir gegeben,
> Der Sterne Himmelswesen:
> Ich seh' im Wollen sie sich liebend wandeln.

Und wenn wir an dasjenige denken, was wir so aufnehmen, daß es unseren flüssigen Teil des Organismus durchdringt, die Säftewirkung, die Blutzirkulation, dann ist das, insofern es von der Erde herrührt, ein Abbild jetzt nicht des Himmels Wesen oder der Sterne Wesen, sondern der Sterne Taten, das heißt der Bewegungen der Planeten. Und ich kann mir bewußt werden, wie ich das vergeistige, wenn ich richtig in der Welt darinnenstehe, durch folgende Formel:

> Es dringen in mich im Wasserleben,
> In Stoffes Kraftgewalt mich bildend,
> Der Sterne Himmelstaten –

Das heißt die Taten der Planetenbewegungen. Und jetzt:

> Ich seh' im Fühlen sie sich weise wandeln.

Während ich der Sterne Wesen und Weben im Wollen sehen kann, wie es sich liebend wandelt in den spirituellen Gehalt der Zukunft, so sehe ich im Fühlen sich weise wandeln dasjenige, was mir hier auf der

Erde gegeben wird, indem ich in dem, was meinen Säfteorganismus durchdringt, aufnehme das Abbild der Himmelstaten. So hineingestellt, kann der Mensch wollend und fühlend sich erleben. Hingegeben an das Allwalten des ihn umgebenden Weltendaseins, des kosmischen Daseins, kann er erleben dasjenige, was durch ihn ausgeführt wird in dem großen Tempel des Kosmos als Transsubstantiation, indem er opfernd darinnensteht in rein geistiger Art.

Was sonst nur abstrakte Erkenntnis wäre, wird zu einem fühlenden und wollenden Verhältnis zur Welt. Die Welt wird zum Tempel, die Welt wird zum Gotteshaus. Der erkennende Mensch, sich aufraffend im Fühlen und Wollen, er wird zum opfernden Wesen. Das Grundverhältnis des Menschen zur Welt steigt auf vom Erkennen zum Weltenkultus, zum kosmischen Kultus. Daß all dasjenige, was unser Verhältnis zur Welt ist, zunächst sich als kosmischer Kultus erkennt im Menschen, das ist der erste Anfang dessen, was geschehen muß, wenn Anthroposophie ihre Mission in der Welt vollziehen soll.

Das wollte ich Ihnen zunächst als einen Anfang sagen. Fortsetzen dieses, was das Wesen des Kultischen im Verhältnis zum Naturerkennen ist, werde ich am nächsten Freitag. Heute wollte ich dies insbesondere sagen. Ich habe diesen Vortrag auf diesen Tag aus dem Grunde hintendiert, damit gerade heute dieser Inhalt herauskomme, weil ich meine, daß dann, wenn uns wiederum einmal jenes Wesen der Zeit vor die Seele tritt, das im Jahreskreislauf gegeben ist, wenn ein solcher Jahreskreislauf wenigstens für das äußere Anschauen, für das äußere Erleben sich vollendet, uns da zum Bewußtsein kommen soll, wie unser Verhältnis zur Zeit sich gestalten soll, wie wir aus der Vergangenheit heraus suchen sollen die Zukunft, wie wir wissen sollen, für die Zukunft zu schaffen, um das Geistige zu schöpfen.

Heute nachmittag fing eines der Gedichte, die rezitiert wurden, damit an: Jedes neue Jahr trifft neue Gräber. – Tief wahr ist es! Aber ebenso wahr ist es: Jedes neue Jahr trifft neue Wiegen. – Wie es Vergangenheit trifft, so trifft es Zukunft. Heute ist es vor allen Dingen an den Menschen, diese Zukunft zu erfassen, daran zu denken, daß das sprießende und sprossende Leben, wie es uns äußerlich entgegentritt, den Tod in sich enthält, daß wir aber das Leben aus unserer eigenen Tatkraft suchen müssen. Und jedes Jahres Erneuerung ist uns Symbolum dafür. Schauen wir, wenn wir auch mit Recht auf der einen Seite auf die Gräber schauen, auf der andern Seite auf das sich erneuernde Leben, das wartet, den Keim in die Zukunft in sich zu empfangen.

Das ist heute unsere große Aufgabe: zu bemerken, wie in der Welt Silvesterstimmung, Hingehendes, Absterbendes ist, wie aber im Herzen derjenigen Menschen, die sich ihres wahren Menschentums, ihres Gottesmenschentums bewußt werden, Neujahrsstimmung sein muß, Neuzeitstimmung, Auflebestimmung. Richten wir unsere Gedanken nicht nur in trivial-festlich philiströser Weise von dem symbolischen Silvester zu dem symbolischen Neujahr, richten wir sie, damit sie tatkräftig und schaffend werden, wie die Erdenentwickelung sie braucht, von dem, was uns jetzt überall im Zivilisationsleben als Absterbendes, als alte Gräber entgegentritt, vom Silvester hin zum Neujahr, zum Weltenneujahr! Das wird aber nur kommen, wenn der Mensch sich entschließt dazu, daran zu schaffen.

> Es nahet mir im Erdenwirken,
> In Stoffes Abbild mir gegeben,
> Der Sterne Himmelswesen:
> Ich seh' im Wollen sie sich liebend wandeln.
>
> Es dringen in mich im Wasserleben,
> In Stoffes Kraftgewalt mich bildend,
> Der Sterne Himmelstaten:
> Ich seh' im Fühlen sie sich weise wandeln.

I

Bericht über die Reise nach Holland und England, vorangegangen dem Vortrag vom 26. November 1922

Wir haben als anthroposophische Bewegung – das möchte ich heute einleitend bemerken – wiederum eine Reihe von Veranstaltungen über Anthroposophie und Eurythmie, und zwar in Holland und in London, hinter uns. Ich möchte darüber nur einige Bemerkungen machen. Vor allen Dingen möchte ich auf die außerordentlich erfreuliche Tatsache hinweisen, daß in bezug auf die Aufnahme der anthroposophischen Vorträge in der Öffentlichkeit wie auch der eurythmischen Darstellungen gegenüber dem letzten Mal ein außerordentlicher Fortschritt zu verzeichnen ist. In Holland konnte ich in Den Haag drei öffentliche Vorträge halten, zwei im engeren Sinne über anthroposophische Themata und einen über ein ausgesprochen pädagogisches Thema: über die moralische und religiöse Erziehung vom anthroposophischen Gesichtspunkte. In Rotterdam hatte ich einen allgemeinen anthroposophischen Vortrag zu halten. In der Stadt der holländischen technischen Hochschule, in Delft, hatte ich zu sprechen über die Beziehungen der Anthroposophie zur Wissenschaft. Und es werden gewiß die Teilnehmer, die ja auch von hier anwesend waren, bestätigen können, daß ein Interesse für dasjenige vorhanden war, was sowohl über das engere anthroposophische Gebiet wie über das Erziehungsgebiet gesagt werden konnte.

Es ist ja allerdings bei allen diesen Dingen zu bemerken, daß der allgemeine Rückgang in der Zivilisation der Gegenwart sich außerordentlich stark bemerkbar macht, so daß die Besucherzahl natürlich längst nicht die Höhe erreicht, die sie erreichen würde, wenn wir nicht in einer im allgemeinen so außerordentlich schwierigen Zeit lebten. Das ist ja überall zu bemerken, und das ist etwas, was um so mehr dazu auffordert, das, was Anthroposophie dieser Zivilisation der Gegenwart geben kann, in einer intensiven Weise zur Geltung zu bringen. Ich möchte sagen: jeder Schritt nach vorwärts beweist einem gerade dieses.

196

Zu meiner ganz besonderen Befriedigung habe ich zu bemerken, daß gerade in Den Haag in dieser Zeit die eurythmischen Vorstellungen, die dort in dem Hause der Königlichen Schauburg stattfinden konnten, in einer außerordentlich günstigen Weise aufgenommen worden sind. Es ist nach den Vorstellungen die Ansicht von den verschiedensten Seiten geäußert worden, daß man, je öfter man solche eurythmischen Vorstellungen sieht, desto mehr in den eigentlichen Geist dieses Versuches einer künstlerischen Neuschöpfung eindringen kann.

In London konnte ich drei halböffentliche Vorträge und drei Zweigvorträge halten. In Den Haag habe ich auch einen Zweigvortrag zum Schluß noch gehalten. Es war mir besonders auch noch befriedigend, daß einer der öffentlichen Vorträge in London auch das Erziehungsthema behandeln konnte. Sie wissen ja vielleicht schon, daß ich in England zum Teil unter dem Eindruck derjenigen Vorträge sprechen konnte, die ich hier vorige Weihnachten hielt, und bei denen ja zahlreiche englische Bekenner der anthroposophischen Bewegung und sonstige für die Pädagogik interessierte Persönlichkeiten anwesend waren. Teils unter dem Eindrucke dieser Weihnachtsvorträge, teils unter dem Eindrucke meiner im Sommer dieses Jahres gehaltenen Oxforder Vorträge über anthroposophische Pädagogik, hat sich in England nach dem Muster des Waldorfschulvereins eine Erziehungsunion begründet, welche bestrebt ist, dasjenige, was anthroposophische Pädagogik geben kann, durch die Begründung von Schulen auch in England geltend zu machen. Diese Erziehungsunion hat dann den einen der öffentlichen Vorträge namentlich für Lehrer veranstaltet, und man kann eben daran sehen, daß auch das pädagogische Thema durchaus in England Interesse findet.

Wir waren ja diesmal in einer verhältnismäßig recht ungünstigen Zeit nach London gekommen, mitten in die Wahlzeit hinein. Namentlich die eurythmischen Vorstellungen fanden während der Wahltage statt. Aber dennoch darf gesagt werden, daß gerade gegenüber den eurythmischen Vorstellungen in London von Vorstellung zu Vorstellung das Interesse und die Freudigkeit, mit der die Sache aufgenommen wurde, gewachsen ist, so daß man wirklich sagen kann, von dieser Seite her kann man schon finden, daß Anthroposophie und das, was zu ihr gehört, einen guten Fortschritt macht.

II

Im Anschluß an den Vortrag von Freitag, 1. Dezember 1922, kündigte Rudolf Steiner nochmals das am Sonntagnachmittag im Goetheanum stattfindende Konzert der Schwestern Svärdström an und schloß mit folgenden Worten:

«Als zweites habe ich zu erwähnen, daß wiederum Serien gemacht werden von den Eurythmiefiguren, hier im Atelier von *Miss Maryon*. Es werden die Figuren, die jetzt halbfertig sind, in etwa 10 Tagen fertig sein. Eine Serie davon wird jetzt etwas billiger zu stehen kommen. 20 Stück werden zu 250 Franken zu haben sein; einzelne Figuren werden zu 13 Franken zu haben sein. – Ich möchte bemerken, daß ja jetzt die Weihnachtszeit kommt, und man auf diese Weise zu sehr schönen Weihnachtsgeschenken kommen könnte.»

Am nächsten Abend bemerkte Rudolf Steiner dann noch das Folgende:

«Ich habe nur die Kleinigkeit noch zu dem gestern Gesagten hinzuzufügen, die ich vergessen habe in bezug auf diese Figuren. Ich sagte: sie können ein hübsches Weihnachtsgeschenk abgeben, und ich habe damit eine kleine Anspielung gemeint. Ich habe vergessen zu sagen, daß das Gesamtergebnis, das dadurch für solche Weihnachtsgeschenke einkommen würde, eben dem Goetheanum zugute kommen wird, das es jetzt braucht!»

III

Im Zusammenhang mit dem Vortrag vom 30. Dezember 1922 folgt ein Bericht von Rudolf Steiner, der von ihm 1924 für das Nachrichtenblatt «Was in der Anthroposophischen Gesellschaft vorgeht» geschrieben wurde:

Worte, die ich anläßlich des im September am Goetheanum abgehaltenen Kurses über die Apokalypse aussprechen möchte.

In die Kurse, die zwischen dem 4. und 23. September hier am Goetheanum gehalten worden sind, war ein solcher für die Priester der Christengemeinschaft eingefügt. Er war im strengsten Sinne nur auf diesen Kreis beschränkt. Nur die Mitglieder des Vorstandes am Goetheanum waren die einzigen Teilnehmer außerhalb dieses Kreises.

Die Priesterschaft hatte schon vor längerer Zeit den Wunsch ausgedrückt, für den Inhalt dieses Kurses die Apokalypse zugrunde zu legen.

Es existiert ein vormals für die Mitglieder der Anthroposophischen Gesellschaft gedruckter, von mir in Nürnberg vor den Mitgliedern der damals Theosophischen Gesellschaft 1908 gehaltener Vortragszyklus «Theosophie an der Hand der Apokalypse».

Mit dem damals Gesagten konnte sich das diesmal Vorgebrachte nicht decken. Damals waren unsere lieben Freunde aus der Mitgliedschaft von der Erwartung erfüllt, vor allem die Erkenntnisse kennenzulernen, die der Mensch über die Entwickelung der Menschheit auf Erden und der Erde innerhalb des Sternensystems durch die Anschauung der übersinnlichen Welt haben kann. Mit einem solchen Thema kann man an den Inhalt der Apokalypse anknüpfen. Denn dieser Inhalt ist eigentlich ein Rätsel für alle diejenigen Persönlichkeiten, die die Bibel lesen. Er steht ja am Ende dieses Buches. Und er enthält in einem prophetischen Charakter Angaben über die Erd- und Menschheitsentwickelung. Indem ich in dem Nürnberger Vortragszyklus zeigen konnte, wie man in der Bildsprache des Apokalyptikers dasjenige vielfach wiederfinden könne, was von den ins Geistige weitergeführten, aber im Sinne neuerer wissenschaftlicher Gewissenhaftigkeit gehaltenen Forschungen der Anthroposophie über die Entwickelung der Menschheit und der Erde innerhalb des Sonnensystems gesagt werden kann, war es möglich, das Verhältnis auch der esoterischen Wahrheiten des Christentums zur Anthroposophie in das rechte Licht zu stellen. Ich konnte gewissermaßen damals die Einsicht vor die Zuhörer stellen davon, daß man ewige, die Menschenseele tief berührende Wahrheiten von zwei Seiten hören könne: von der Seite des im esoterischen Christentum erworbenen Schauens und von der des geisteswissenschaftlichen Erkennens; und man hört ein Gleiches, wenn man richtig hört.

Diesmal hatte ich eine andere Aufgabe. Und obwohl ich *nicht* über das berichten werde, was seiner Wesenheit nach eben nur für den Priesterkreis bestimmt sein kann, fühle ich mich doch verpflichtet, hier das zu sagen, was Anthroposophen über einen Vorgang wissen sollen, der sich innerhalb der Anthroposophischen Gesellschaft abspielt.

Was als geistige Substanz durch die Priesterschaft der Christen-gemeinschaft strömt, ist ihr vor zwei Jahren innerhalb des seither abgebrannten Goetheanum aus der geistigen Welt durch meine Ver-mittlung gereicht worden. Dieses Darreichen war ein solches, daß die Christengemeinschaft gegenüber der Anthroposophischen Gesellschaft völlig *selbständig* dasteht. Es konnte bei der Begründung gar nichts anderes als eine solche Selbständigkeit angestrebt werden. Denn diese Bewegung für christliche Erneuerung ist *nicht* aus der Anthroposophie herausgewachsen. Sie hat ihren Ursprung bei Persönlichkeiten ge-nommen, die vom Erleben im Christentum heraus, nicht vom Erleben in der Anthroposophie heraus, einen neuen religiösen Weg suchten. Sie empfanden den Drang, in einem lebendigen Ergreifen des über-sinnlichen Gehaltes des Christentums die Verbindung der Menschen-seele mit ihrer ewigen Wesenswelt zu finden. Sie glaubten fest daran, daß es ein solches lebendiges Ergreifen geben müsse. Aber sie emp-fanden, daß die Wege, die sich ihnen gegenwärtig für die Erlangung des Priesteramtes öffnen, sie zu diesem Ergreifen *nicht* führen können. So kamen denn diese Zöglinge eines ehrlich und geistgemäß gemein-ten Priestertums vertrauensvoll zu mir. Sie hatten Anthroposophie kennengelernt. Sie waren überzeugt, daß ihnen Anthroposophie ver-mitteln könne, was sie suchten. Aber sie suchten nicht den anthropo-sophischen Weg, sie suchten einen spezifisch religiösen.

Ich verwies sie darauf, daß der Kultus und die ihm zugrunde lie-gende Lehre allerdings durch die Anthroposophie dargereicht werden können, trotzdem die anthroposophische Bewegung die Pflege des gei-stigen Lebens von andern Seiten aus als ihre Aufgabe betrachten müsse.

Es gelang dann, an *Dr. Rittelmeyer* mit den Bestrebungen dieser Zöglinge eines geistig orientierten christlichen Priestertums heran-zutreten. In ihm war eine Persönlichkeit vorhanden, die christlicher Priester *und* Anthroposoph im wahrsten Sinne des Wortes war. Er hatte, zwar ohne den Kultus, aber in weitem Sinne dem Geiste nach, die christliche Erneuerung in dem Wirken seiner Person dargelebt. Aus der Anthroposophischen Gesellschaft heraus für die christliche Erneuerung etwas darreichen, forderte wie selbstverständlich die praktische Frage heraus: wie wird Rittelmeyer das Dargereichte aufnehmen? Wie wird er sich zu der Verwirklichung des Gewollten stellen? Denn die anthroposophische Bewegung mußte in Rittelmeyer das Vorbild einer Persönlichkeit sehen, die Christentum und Anthroposophie in der inneren Harmonie des Herzens und in der äußeren Harmonie des Wirkens vereint hatte.

Und Rittelmeyer sagte aus vollem Herzen heraus «Ja». Damit war für die selbständige Bewegung für christliche Erneuerung ein fester Ausgangspunkt gewonnen. Und es konnte, was geschehen sollte, hier im Goetheanum vor zwei Jahren inauguriert werden.

Seither ist die Priestergemeinschaft der christlichen Erneuerung ihren Weg in der energischsten Weise gegangen. Sie entfaltet eine segensreiche und heilsame Tätigkeit.

Nach zwei Jahren – der Jahrestag der eigentlichen Begründung fiel in die Kurszeit – empfanden nun diese Priester das Bedürfnis, in ein näheres Verhältnis zur Apokalypse zu treten.

Ich glaubte für ein solches näheres Verhältnis etwas tun zu können. Meine Geisteswege hatten mir ermöglicht, den Spuren des Apokalyptikers nachzugehen.

Und so meinte ich, daß ich in diesem Kurse eine Darstellung ermöglichen werde, die dieses «Priesterbuch» im wahren Sinne dem «Priester» als geistigen Führer übermitteln kann. Die Menschen-Weihehandlung steht in der Mitte des Priesterwirkens; von ihr strahlt aus, was durch Kultusart von der Geistwelt in die Menschenwelt dringt. Die Apokalypse kann in der Mitte der Priesterseele stehen; von ihr kann in alles Priesterdenken und Priesterempfinden einstrahlen, was die opfernde Menschenseele aus der Geistwelt gnadevoll empfangen soll. –

So dachte ich über die Aufgaben dieses Kurses für Priester, als an mich der Wunsch herangetreten ist, ihn zu halten. In diesem Sinne habe ich ihn nun gehalten.

HINWEISE

Zu den «Veranstaltungen im Goetheanum in Dornach, Weihnachten 1922» hatten die Vereinigung der Naturforscher am Goetheanum und der Zweig am Goetheanum der Anthroposophischen Gesellschaft eingeladen. Im Mittelpunkt dieser Weihnachtstagung stand der Vortragskurs von Rudolf Steiner «Der Entstehungsmoment der Naturwissenschaft in der Weltgeschichte und ihre seitherige Entwickelung» (Bibl.-Nr. 326, Gesamtausgabe Dornach). In der Ankündigung durch die Wochenschrift «Das Goetheanum» heißt es: «Zutritt zu diesen Vorträgen hat jedes Mitglied der Anthroposophischen Gesellschaft und solche Persönlichkeiten, die ein offenes Interesse für unsere Bewegung haben. Anmeldungen dieser letzteren erbeten durch Vermittlung eines Mitgliedes der Anthroposophischen Gesellschaft.»

Regelmäßig waren in Dornach – abgesehen von den durch die Reisen Rudolf Steiners ausfallenden Tagen – an jedem Wochenende (Freitag, Samstag und Sonntag) Vorträge Rudolf Steiners für die Mitglieder der Anthroposophischen Gesellschaft, und am Sonntagnachmittag fanden öffentliche künstlerische, meist eurythmische Darbietungen unter der Leitung von Marie Steiner statt. In der Einladung heißt es weiter: «Am 23., 24., 29., 30., 31. Dezember, 5., 6., 7. Januar wird Herr Dr. Steiner seine am Goetheanum fortlaufend gehaltenen Vorträge über Anthroposophie geben, zu denen alle Kursteilnehmer Zutritt haben.» Dann folgt die genaue Angabe der künstlerischen Veranstaltungen: Weihnachtspiele aus altem Volkstum und Eurythmiedarbietungen.

Der Kurs begann am 24. Dezember, Sonntag, am Vormittag; abends war ein allgemein zugänglicher Mitgliedervortrag. Den Kursvortrag vom 28. Dezember (Donnerstag) schloß Rudolf Steiner mit folgenden Worten: «Morgen also — Freitag, Samstag, Sonntag um 8 Uhr — werde ich spezifisch anthroposophische Vorträge hier für alle Teilnehmer halten.» Am Montag, den 1. Januar 1923, fand der Kurs seine eigentliche Fortsetzung. Die Brandkatastrophe ereignete sich während dieser Tagung in der Silvesternacht 1922/23.

Der Vortrag vom 2. Dezember 1922 «Des Menschen Äußerung durch Ton und Wort», welcher anläßlich eines Konzertes der Schwestern Svärdström innerhalb dieses Zyklus gehalten wurde, ist veröffentlicht in dem Band der Gesamtausgabe «Das Wesen des Musikalischen und das Tonerlebnis im Menschen», Bibl.-Nr. 283.

Textgrundlagen: Die Vorträge wurden von der Berufsstenographin Helene Finckh mitgeschrieben, die seit 1917 regelmäßig die Vorträge im Auftrage von Rudolf Steiner aufnahm. Dem Druck liegt ihre Übertragung in Klartext zugrunde.

Der Titel des Bandes wurde 1927 von Marie Steiner der 1. Auflage gegeben.

Werke Rudolf Steiners innerhalb der Gesamtausgabe (GA) werden in den Hinweisen mit der Bibliographie-Nummer angegeben. Siehe auch die Übersicht am Schluß des Bandes.

11   *sollen ,diese Vorträge handeln:* Bei der Erstveröffentlichung 1927 gab Marie Steiner der Vortragsreihe vom 26. November bis 22. Dezember den Titel «Das Verhältnis der Sternenwelt zum Menschen und des Menschen zur Sternenwelt.»

    innerhalb der letzten Vorträge hier: Gemeint ist der unter der Bezeichnung «Französischer Kurs» (Semaine française) gehaltene Zyklus von zehn Vorträgen über Philosophie, Kosmologie und Religion, vom 6. bis 15. September 1922 in Dornach. Autoreferate in «Kosmologie, Religion und Philosophie», (1922) GA Bibl.-Nr. 25, ferner als Vortragszyklus «Die Philosophie, Kosmologie und Religion in der Anthroposophie», GA Bibl.-Nr. 215.

22   *von der ich in der nächsten Zeit sprechen werde:* Siehe den Vortrag vom 9. Februar 1923 in «Erdenwissen und Himmelserkenntnis», GA Bibl.-Nr. 221, und den Vortrag vom 27. Juli 1923 in «Initiationswissenschaft und Sternenerkenntnis», GA Bibl.-Nr. 228.

27   *Die Osterinsel:* Nach dem chilenischen Erdbeben im September 1922 wurde irrtümlicherweise gemeldet, bei dem furchtbaren Seebeben sei auch die Osterinsel versunken.

31   *in den Vorträgen, die ich hier vor kurzem gehalten habe:* Siehe vor allem den fünften Vortrag innerhalb des Französischen Kurses, vgl. Hinweis zu S. 11.

41   *in meiner «Theosophie»:* «Theosophie. Einführung in übersinnliche Welterkenntnis und Menschenbestimmung» (1904), GA Bibl.-Nr. 9.

50   *in meiner «Geheimwissenschaft»:* «Die Geheimwissenschaft im Umriß» (1910), GA Bibl.-Nr. 13.

53   *im sogenannten Französischen Kurs:* Siehe Hinweis zu S. 11.

73   *zum Vortrag vom 16. Dezember 1922:* Der Kampf luziferischer und ahrimanischer Wesenheiten um die Menschennatur wird auch dargestellt in den drei Londoner Vorträgen am 12., 16. und 19. November 1922, in «Geistige Zusammenhänge in der Gestaltung des menschlichen Organismus», GA Bibl.-Nr. 218.

76   *Gnomen und Sylphen in den Mysteriendramen:* Rudolf Steiner «Der Seelen Erwachen», viertes Mysteriendrama, 2. Bild. «Vier Mysteriendramen» (1910–13), GA Bibl.-Nr. 14.

96   *vor einiger Zeit:* Siehe Vortrag vom 22. September 1922 «Das Hereinwirken der geistigen Welt in das geschichtliche Handeln des Menschen» in «Die Grundimpulse des weltgeschichtlichen Werdens der Menschheit», GA Bibl.-Nr. 216.

114   *eine Auseinandersetzung, die ich vor kurzem hier gegeben habe:* Siehe Hinweis zu S. 73, Vortrag vom 20. Oktober 1922.

117   *Morgen wird mein Vortrag:* Siehe Hinweis zu S. 11. Die folgenden fünf Vorträge vom 23. bis 31. Dezember erschienen 1927 als Band mit dem Titel «Die geistige Kommunion der Menschheit».

120   *Goethe konnte noch das große Wort aussprechen:* «Rom, 28. Januar 1787 ... Die zweite Betrachtung beschäftigt sich ausschließlich mit der Kunst der Griechen und sucht

zu erforschen, wie jene unvergleichlichen Künstler verfuhren, um aus der menschlichen Gestalt den Kreis der göttlichen Bildung zu entwickeln, welcher vollkom-
men abgeschlossen ist und worin kein Hauptcharakter so wenig als die Übergänge
und Vermittlungen fehlen. Ich habe eine Vermutung, daß sie nach eben den
Gesetzen verfuhren, nach welchen die Natur verfährt und denen ich auf der Spur
bin. Nur ist noch etwas anderes dabei, das ich nicht zu sagen wüßte.» (Italienische
Reise.)

124 *Goethe beschreibt als den Dreizehnten in seinen «Geheimnissen»:* Humanus, in «Die
Geheimnisse», ein Fragment, 1784–86. Siehe auch Rudolf Steiner «Die Geheimnisse. Ein Weihnachts- und Ostergedicht von Goethe». Vortrag, gehalten am
25. Dezember 1907 in Köln. Dornach 1977.

133 *einem auch von der Geschichte anerkannt blödsinnigen französischen König:* Unter Karl IX.
(1550–1574) wurde 1564 für Frankreich der Jahresanfang auf den 1. Januar
angesetzt. Der 1. Januar ist der von den Römern übernommene Anfangstermin des
julianischen (und damit auch gregorianischen) Jahres.

142 *die Sonnenkraft, sie ward durch die Erde zugedeckt:* Zu dieser Ausführung findet sich
in einem Notizbuch Rudolf Steiners neben den Eintragungen für diesen Vortrag
der Spruch:

> Erde verdecket die Sonne.
> Sehende Kräfte erzwingen
> Von Elementen der Erde
> Freies Erblicken.

Enthalten in «Wahrspruchworte», GA Bibl.-Nr. 40, Dornach 1981, Seite 139.

145 *die Worte, die in dem Evangelium angeführt sind:* Joh., 21, 25.

150 *aus der anderen Klasse von Vorträgen:* «Der Entstehungsmoment der Naturwissenschaft in der Weltgeschichte und ihre seitherige Entwickelung», Neun Vorträge
in Dornach vom 24. Dezember 1922 bis 6. Januar 1923. GA Bibl.-Nr. 326.

160 *Da tritt in der Tat der Moment ein, wo wissenschaftliche Betrachtung in künstlerische
Betrachtung einmündet:* Es finden sich in dem Notizbuch mit den Eintragungen für
den Vortrag folgende Spruchformen:

> Wachsein
>
> In den Weltengeisteskreisen
> Steht des Menschen Raumgestalt.
> In den Weltenseelenreichen
> Webt des Menschen Lebenskraft.
>
> Schlafen
>
> In dem Seelenfreiheitkreise
> Ruht des Menschen Triebgewalt.
> In dem Geistes Sonnenreiche
> Schafft des Menschen Denkermacht.

Die beiden Vierzeiler finden sich in einer ersten Fassung auch in einem anderen
Notizbuch. Abgedruckt in «Wahrspruchworte», GA Bibl.-Nr. 40, Dornach 1981,
Seite 141.

161 *Goethe . . . sagte:* «Das Schöne ist eine Manifestation geheimer Naturgesetze, die uns ohne dessen Erscheinung ewig wären verborgen geblieben.» «Goethes Naturwissenschaftliche Schriften», herausgegeben und kommentiert von Rudolf Steiner in Kürschners «Deutscher National-Litteratur» 1883–1897 (Nachdruck in 5 Bänden Dornach 1975), Band V, Seite 494. Rudolf Steiner bemerkt dazu (1897): «Die Kunst und das Schöne sind nichts willkürlich vom Menschen Hervorgebrachtes. Sie sind höhere Formen des allgemeinen Weltprozesses, der sich ebensogut in den künstlerischen Produktionen wie in dem Fall eines Steines ankündigt. Der Künstler liefert Werke, die im höchsten Sinne Naturwerke sind. Er kann nur Würdiges schaffen, wenn sich ihm Naturgeheimnisse enthüllen. Diese verkörpert er in seinen Werken.»

161 *Und hat man einmal diesen Weg gemacht:* Vergleiche dazu Goethe in «Zahme Xenien»:

> Wer Wissenschaft und Kunst besitzt,
> Hat auch Religion;
> Wer jene beiden nicht besitzt,
> Der habe Religion.

164 *Die Stellung der Bewegung für religiöse Erneuerung zur anthroposophischen Bewegung:* Siehe u. a. auch: Stuttgart 23. Januar 1923 «Worte des Schmerzes, der Gewissenserforschung»; Stuttgart 30. Januar 1923 «Urteilsbildung auf Grund von Tatsachen»; Stuttgart 27. Februar 1923 «Zwei Vorträge zur Delegiertenversammlung» (I); Dornach 3. März 1923 «Anthroposophische Gemeinschaftsbildung»; alle enthalten in «Anthroposophische Gemeinschaftsbildung», GA Bibl.-Nr. 257. Siehe ferner Anhang III, S. 198f. in diesem Band.

Es ist jetzt eine Zeitlang her: In der Pfingstzeit 1921.

177 *Vortrag vom 31. Dezember 1922:* Dieses war der letzte Vortrag, den Rudolf Steiner im ersten Goetheanumbau gehalten hat. In der Silvesternacht fiel der Bau einer Brandkatastrophe zum Opfer.

179 *zu meinem Buche «Von Seelenrätseln»:* «Von Seelenrätseln» (1917), GA Bibl.-Nr. 21. In diesem Werke hat Rudolf Steiner zum ersten Male «den dreigliedrigen Menschen» öffentlich dargestellt. (IV. Skizzenhafte Erweiterung des Inhaltes dieser Schrift. 6. Die physischen und die geistigen Abhängigkeiten der Menschen-Wesenheit.)

191 *in meinem kleinen Büchelchen über die Erkenntnistheorie der Goetheschen Weltanschauung:* «Grundlinien einer Erkenntnistheorie der Goetheschen Weltanschauung, mit besonderer Rücksicht auf Schiller» (1886), GA Bibl.Nr. 2, Dornach 1979, Seite 113: «Unsere Weltansicht ... hat uns zu der Ansicht geführt, daß der Kern der Welt in unser Denken einfließt, daß wir nicht nur *über* das Wesen der Welt denken, sondern daß das Denken ein Zusammengehen mit dem Wesen der Wirklichkeit ist.» (Das Natur-Erkennen. Die organische Natur.) – Ferner: Rudolf Steiner, «Goethes Naturwissenschaftliche Schriften. Einleitungen», (1883–97) «Das Gewahrwerden der Idee in der Wirklichkeit ist die wahre Kommunion des Menschen.» GA Bibl.-Nr. 1, Dornach 1973, S. 126 (Nachdruck in 5 Bänden Dornach 1975, Band II, S. II).

194 *am nächsten Freitag:* Siehe die Vorträge vom Januar 1923, in «Lebendiges Naturerkennen. Intellektueller Sündenfall und spirituelle Sündenerhebung», GA Bibl.-Nr. 220.

194 *wenn uns wiederum einmal jenes Wesen der Zeit vor die Seele tritt:* Vergleiche die Vortragsreihe «Der Jahreskreislauf als Atmungsvorgang der Erde und die vier großen Festeszeiten», Dornach 31. März bis 8. April 1923, GA Bibl.-Nr. 223.

Jedes neue Jahr trifft neue Gräber: «Neuem Jahr begegnen immer neue Gräber…». «Zum neuen Jahr», Gedicht von Wladimir Solovjeff, übertragen von Marie Steiner. Dornach 1969.

198 *Eurythmie-Figuren:* Siehe Vortragszyklus vom 24. Juni bis 12. Juli 1924 am Goetheanum «Eurythmie als sichtbare Sprache», GA Bibl.-Nr. 279, und «Entwürfe zu den Eurythmiefiguren», Mappe mit 41 Reproduktionen in Originalgrößen, Dornach 1984.

Miss Maryon: Edith Maryon, Bildhauerin, Mitarbeiterin von Rudolf Steiner auf dem Gebiete der plastischen Kunst, an der «plastischen Mittelpunktsgruppe für das Goetheanum». Edith Maryon «wurde auf der Weihnachtstagung 1923 zur Leitung der Sektion für bildende Kunst bestimmt». «Von ihr gingen die Anregungen aus, die dazu führten, die eurythmischen Bewegungsformen in bemalten Holzfiguren festzuhalten. Sie hat mit eigener Hand bis in die Zeit ihres Krankenlagers hinein diese Figuren gearbeitet.» Edith Maryon starb in Dornach am 1. Mai 1924. Zitate aus dem Aufsatz «Totenfeiern» von Rudolf Steiner in «Was in der Anthroposophischen Gesellschaft vorgeht. Nachrichten für deren Mitglieder», 1. Jahrgang, Nr. 18, 11. Mai 1924. Innerhalb der Gesamtausgabe in: «Die Konstitution der Allgemeinen Anthroposophischen Gesellschaft und der Freien Hochschule für Geisteswissenschaft. Der Wiederaufbau des Goetheanum», GA Bibl.-Nr. 260a.

199 *1908 gehaltener Vortragszyklus:* «Die Apokalypse des Johannes», GA Bibl.-Nr. 104.

200 *Dr. Friedrich Rittelmeyer,* 1872–1938, Protestantischer Geistlicher. Von 1902–1916 bekannter Prediger in Nürnberg, dann an der «Neuen Kirche» Berlin. Verfasser theologischer Schriften. Seit 1911 Verbindung zu Rudolf Steiner; Herausgeber des Sammelwerkes «Vom Lebenswerk Rudolf Steiners», 1921. Mitbegründer und erster Erzoberlenker der 1922 begründeten «Christengemeinschaft», Bewegung für religiöse Erneuerung. Von 1923 an auch im Vorstand der Deutschen Anthroposophischen Gesellschaft.

ÜBER DIE VORTRAGSNACHSCHRIFTEN

Aus Rudolf Steiners Autobiographie
«Mein Lebensgang» (35. Kap., 1925)

Es liegen nun aus meinem anthroposophischen Wirken zwei Ergebnisse vor; erstens meine vor aller Welt veröffentlichten Bücher, zweitens eine große Reihe von Kursen, die zunächst als Privatdruck gedacht und verkäuflich nur an Mitglieder der Theosophischen (später Anthroposophischen) Gesellschaft sein sollten. Es waren dies Nachschriften, die bei den Vorträgen mehr oder weniger gut gemacht worden sind und die – wegen mangelnder Zeit – nicht von mir korrigiert werden konnten. Mir wäre es am liebsten gewesen, wenn mündlich gesprochenes Wort mündlich gesprochenes Wort geblieben wäre. Aber die Mitglieder wollten den Privatdruck der Kurse. Und so kam er zustande. Hätte ich Zeit gehabt, die Dinge zu korrigieren, so hätte vom Anfange an die Einschränkung «Nur für Mitglieder» nicht zu bestehen gebraucht. Jetzt ist sie seit mehr als einem Jahre ja fallen gelassen.

Hier in meinem «Lebensgang» ist notwendig, vor allem zu sagen, wie sich die beiden: meine veröffentlichten Bücher und diese Privatdrucke in das einfügen, was ich als Anthroposophie ausarbeitete.

Wer mein eigenes inneres Ringen und Arbeiten für das Hinstellen der Anthroposophie vor das Bewußtsein der gegenwärtigen Zeit verfolgen will, der muß das an Hand der allgemein veröffentlichten Schriften tun. In ihnen setzte ich mich auch mit alle dem auseinander, was an Erkenntnisstreben in der Zeit vorhanden ist. Da ist gegeben, was sich mir in «geistigem Schauen» immer mehr gestaltete, was zum Gebäude der Anthroposophie – allerdings in vieler Hinsicht in unvollkommener Art – wurde.

Neben diese Forderung, die «Anthroposophie» aufzubauen und dabei nur dem zu dienen, was sich ergab, wenn man Mitteilungen aus der Geist-Welt der allgemeinen Bildungswelt von heute zu übergeben hat, trat nun aber die andere, auch dem voll entgegenzukommen, was aus der Mitgliedschaft heraus als Seelenbedürfnis, als Geistessehnsucht sich offenbarte.

Da war vor allem eine starke Neigung vorhanden, die Evangelien und den Schrift-Inhalt der Bibel überhaupt in dem Lichte dargestellt zu hören, das sich als das anthroposophische ergeben hatte. Man wollte in Kursen über diese der Menschheit gegebenen Offenbarungen hören.

Indem interne Vortragskurse im Sinne dieser Forderung gehalten wurden, kam dazu noch ein anderes. Bei diesen Vorträgen waren nur Mitglieder. Sie waren mit den Anfangs-Mitteilungen aus Anthroposophie bekannt. Man konnte zu ihnen eben so sprechen, wie zu Vorgeschrittenen auf dem Gebiete der Anthroposophie. Die Haltung dieser internen Vorträge war eine solche, wie sie eben in Schriften nicht sein konnte, die ganz für die Öffentlichkeit bestimmt waren.

Ich durfte in internen Kreisen in einer Art über Dinge sprechen, die ich für die öffentliche Darstellung, wenn sie für sie von Anfang an bestimmt gewesen wären, hätte anders gestalten *müssen*.

So liegt in der Zweiheit, den öffentlichen und den privaten Schriften, in der Tat etwas vor, das aus zwei verschiedenen Untergründen stammt. Die ganz öffentlichen Schriften sind das Ergebnis dessen, was in mir rang und arbeitete; in den Privatdrucken ringt und arbeitet die Gesellschaft mit. Ich höre auf die Schwingungen im Seelenleben der Mitgliedschaft, und in meinem lebendigen Drinnenleben in dem, was ich da höre, entsteht die Haltung der Vorträge.

Es ist nirgends auch nur in geringstem Maße etwas gesagt, was nicht reinstes Ergebnis der sich aufbauenden Anthroposophie wäre. Von irgend einer Konzession an Vorurteile oder Vorempfindungen der Mitgliedschaft kann nicht die Rede sein. Wer diese Privatdrucke liest, kann sie im vollsten Sinne eben als das nehmen, was Anthroposophie zu sagen hat. Deshalb konnte ja auch ohne Bedenken, als die Anklagen nach dieser Richtung zu drängend wurden, von der Einrichtung abgegangen werden, diese Drucke nur im Kreise der Mitgliedschaft zu verbreiten. Es wird eben nur hingenommen werden müssen, daß in den von mir nicht nachgesehenen Vorlagen sich Fehlerhaftes findet.

Ein Urteil über den Inhalt eines solchen Privatdruckes wird ja allerdings nur demjenigen zugestanden werden können, der kennt, was als Urteils-Voraussetzung angenommen wird. Und das ist für die allermeisten dieser Drucke *mindestens* die anthroposophische Erkenntnis des Menschen, des Kosmos, insofern sein Wesen in der Anthroposophie dargestellt wird, und dessen, was als «anthroposophische Geschichte» in den Mitteilungen aus der Geist-Welt sich findet.

210

RUDOLF STEINER GESAMTAUSGABE

Gliederung nach: Rudolf Steiner – Das literarische
und künstlerische Werk: Eine bibliographische Übersicht
(Bibliographie-Nrn. *kursiv* in Klammern)

A. SCHRIFTEN

I. Werke

Goethes Naturwissenschaftliche Schriften, eingeleitet und kommentiert von R. Steiner,
5 Bände, 1884–97, Neuausgabe 1975 *(1a-e);* separate Ausgabe der Einleitungen, 1925
(1)

Grundlinien einer Erkenntnistheorie der Goetheschen Weltanschauung, 1886 *(2)*

Wahrheit und Wissenschaft. Vorspiel einer ‹Philosophie der Freiheit›, 1892 *(3)*

Die Philosophie der Freiheit. Grundzüge einer modernen Weltanschauung, 1894 *(4)*

Friedrich Nietzsche, ein Kämpfer gegen seine Zeit, 1895 *(5)*

Goethes Weltanschauung, 1897 *(6)*

Die Mystik im Aufgange des neuzeitlichen Geisteslebens und ihr Verhältnis zur
modernen Weltanschauung, 1901 *(7)*

Das Christentum als mystische Tatsache und die Mysterien des Altertums, 1902 *(8)*

Theosophie. Einführung in übersinnliche Welterkenntnis und Menschenbestimmung, 1904 *(9)*

Wie erlangt man Erkenntnisse der höheren Welten? 1904/05 *(10)*

Aus der Akasha-Chronik, 1904–08 *(11)*

Die Stufen der höheren Erkenntnis, 1905–08 *(12)*

Die Geheimwissenschaft im Umriß, 1910 *(13)*

Vier Mysteriendramen: Die Pforte der Einweihung – Die Prüfung der Seele
Der Hüter der Schwelle – Der Seelen Erwachen, 1910–13 *(14)*

Die geistige Führung des Menschen und der Menschheit, 1911 *(15)*

Anthroposophischer Seelenkalender, 1912 *(in 40)*

Ein Weg zur Selbsterkenntnis des Menschen, 1912 *(16)*

Die Schwelle der geistigen Welt, 1913 *(17)*

Die Rätsel der Philosophie in ihrer Geschichte als Umriß dargestellt, 1914 *(18)*

Vom Menschenrätsel, 1916 *(20)*

Von Seelenrätseln, 1917 *(21)*

Goethes Geistesart in ihrer Offenbarung durch seinen Faust und durch das
Märchen von der Schlange und der Lilie, 1918 *(22)*

Die Kernpunkte der sozialen Frage in den Lebensnotwendigkeiten
der Gegenwart und Zukunft, 1919 *(23)*

Aufsätze über die Dreigliederung des sozialen Organismus und zur
Zeitlage 1915–1921 *(24)*

Kosmologie, Religion und Philosophie, 1922 *(25)*

Anthroposophische Leitsätze, 1924/25 *(26)*

Grundlegendes für eine Erweiterung der Heilkunst nach geisteswissenschaftlichen
Erkenntnissen, 1925. Von Dr. R. Steiner und Dr. I. Wegman *(27)*

Mein Lebensgang, 1923–1925 *(28)*

Die Bände der Rudolf Steiner Gesamtausgabe
sind innerhalb einzelner Gruppen einheitlich ausgestattet
Jeder Band ist einzeln erhältlich.